河南省"十四五"普通高等教育规划教材

小学全科教师培养系列教材

总主编 陈冬花 李跃进 刘会强 李社亮

U0653348

中小学教师职业道德

主　编　黄思记　荆怀福
副主编　冯凡英　魏延庆　张晓月
参　编　娄思思　魏臣宇　米鹏旭

南京大学出版社

图书在版编目(CIP)数据

中小学教师职业道德 / 黄思记,荆怀福主编. -- 南京:南京大学出版社,2021.7(2022.8重印)

ISBN 978-7-305-24723-1

Ⅰ. ①中… Ⅱ. ①黄… ②荆… Ⅲ. ①中小学—教师—职业道德 Ⅳ. ①G635.16

中国版本图书馆 CIP 数据核字(2021)第 137254 号

出版发行 南京大学出版社
社　　址 南京市汉口路 22 号　　　邮　编　210093
出 版 人 金鑫荣

书　　名 中小学教师职业道德
主　　编 黄思记　荆怀福
责任编辑 曹　森　　　　　　编辑热线　025-83592123
照　　排 南京南琳图文制作有限公司
印　　刷 南京新洲印刷有限公司
开　　本 787×1092　1/16　印张 12　字数 310 千
版　　次 2021 年 7 月第 1 版　2022 年 8 月第 2 次印刷
ISBN 978-7-305-24723-1
定　　价 36.00 元

网址：http://www.njupco.com
官方微博：http://weibo.com/njupco
官方微信号：njupress
销售咨询热线：(025)83594756

编 委 会

序

习近平总书记在 2018 年全国教育大会上指出,教师是人类灵魂的工程师,是人类文明的传承者,承载着传播知识、传播思想、传播真理,塑造灵魂、塑造生命、塑造新人的时代重任。作为人类灵魂的工程师,教师不仅仅要具备扎实的专业知识和技能,更为重要的是,要具备崇高的道德情操,才能更好地担起学生健康成长指导者和引路人的责任。教师职业道德对提高教师个体道德修养、教师队伍整体形象、完成"立德树人"教育之根本任务、促进学生发展和社会进步均具有重要意义。

教师职业道德课程是我国《教师教育课程标准(试行)》规定的中小学(幼儿园)职前教师教育的重要课程之一,是高等院校师范类专业的必修课程。本书即是根据《教师教育课程标准(试行)》以及落实新时代师德师风建设的新要求,结合教师职业道德课程教学实践与同类教材编写经验,为中小学职前教师教育编写的教师职业道德教材,供高等院校相关师范类专业使用。

全书共包括教师职业道德概述、新时代中小学教师职业行为准则(上)、新时代中小学教师职业行为准则(下)、违反教师职业道德行为的处理及教师权利救济、教师心理健康调适、中小学师德师风建设与评价六章。第一章由黄思记与张晓月编写,主要分析教师职业道德的概念、教师职业道德的基本范畴与我国教师职业道德历史发展等。第二章由魏延庆与娄思思编写,第三章由黄思记与张晓月编写,这两章主要从"内涵解读""具体要求""案例分析"三个方面全面分析《新时代中小学教师职业行为十项准则》。第四章由冯凡英编写,主要分析违反教师职业道德的处理原则、违反教师职业道德行为的种类及其认定、违反教师职业道德行为的处分、违反教师职业道德行为的处理程序和教师权利的救济等相关内容。第五章由荆怀福与米鹏旭编写,主要分析教师心理健康、压力与心理健康及教师职业倦怠预防三个方面的问题。第六章由魏延庆和魏臣宇撰写,主要分析新时代中小学师德师风建设的意义、总体要求、基本路径与方法,以及中小学师德师风评价的含义、价值、原则、类型、方法与基本程序等。

在编写上,本书凸显了时代性、实践性、综合性和丰富性等特点。

时代性。全书立足中国特色社会主义新时代,以马克思列宁主义、毛泽东思想、邓小平理论、"三个代表"重要思想、科学发展观和习近平新时代中国特色社会主义思想为指导,以提升师范生师德素养为旨归,围绕习近平总书记关于"四有好老师"等重要论述、新时代师德师风建设相关政策法规、新时代课程思政建设的相关要求等统筹全书内容的编排,如对《新时代中小学教师职业行为十项准则》《中小学教师违反职业道德行为处理办法(2018年修订)》的专题设置等,均彰显了本书鲜明的时代性。

实践性。道德是实践的哲学,实践性是道德、也是教师职业道德的重要特性。没有实践参与的道德教育,其结果往往使学习者形成记忆式的"知"和"虚情""假意",良好德行难以养成。我们在教师职业道德课程教学实践中也深刻体会到"实践性"的重要性,也因此把"实践性"作为我们教学团队的重要理念,贯穿于整体内容编写和教学实践改革之中,"指向实践的案例教学模式"就是我们基于教师职业道德课程的实践特性进行的教学改革与探索。这一理念和教学模式也融入了本书的编写之中,如结合事例编写理论知识、重视程序性知识的编排、设置案例分析模块、设置案例分析和实践调查类作业形式等,均凸显了本书编写的实践性。

综合性。教师职业道德课程内容涉及伦理、教育、法律、思想政治、心理等不同学科领域,学科综合性是其重要特征。本书在编写团队组成和内容设置两方面均体现了综合性:编写团队由多年从事伦理学、教育学、心理学、法学、思想政治等相关学科教学与研究的专家和教师组成,如心理学专家荆怀福教授、法学专家兼律师冯凡英副教授、思想政治教育专家魏延庆副教授等。编写过程中采用了分组编写与集体研讨相结合的工作方式,增进不同领域知识的有机整合;内容设置上除与教师职业道德相关的伦理学、思想政治内容外,还设置了以心理学、法学为学科基础的"教师心理健康与职业倦怠"和"违反教师职业道德行为处理及教师权利救济"专题,体现了本书编写的综合性。

丰富性。丰富性是本书课程资源供给方面的重要特点,除书本内容外,本团队还依托南京大学出版社提供的线上平台提供了大量不断更新的课程资源,主要有四类:一是各章节课件、视频等教学资源;二是各章节补充阅读材料;三是相关学习资源网站的推荐;四是与各章节相应的线上教学资源。线上所有课程资源均可直接扫码获取。

本书借鉴了刘济良教授、檀传宝教授等专家学者的相关研究成果与教材编写范式,得到了河南省小学教育专业系列教材项目组和南京大学出版社的大力支持,在此表示诚挚的感谢! 同时,还要由衷感谢责任编辑曹森女士对本书的大力支持与付出的诸多辛劳! 感谢荆怀福教授、冯凡英副教授和团队其他成员的不离不弃、持续努力!

本书主要内容虽然经过教学实践的检验,书稿也经过长时间的酝酿、编写与修改,但仍会有诸多不足之处,祈请各位专家、学者和使用者批评指正!

编者
2021年5月

目　录

第一章

教师职业道德概述

扫码查看
拓展资源

内容概要

　　本章主要解读了道德、教师职业道德等相关概念的内涵与相互联系,分析了教师义务、教师良心、教师公正、教师仁慈等教师职业道德基本范畴,阐释了教师职业道德对教师职业行为的引导和规范、对学生发展的影响和对社会发展的促进等作用。简要介绍了我国古代、近代和现代教师职业道德的历史发展。其中,重点介绍了进入中国特色社会主义新时代以来习近平总书记关于教师职业道德的重要论述和新时代教师职业道德建设的新特点、新举措。

第一节　道德与教师职业道德的内涵

一、道德

(一)"道"与"德"

　　从字源上来看,"道"和"德"二字最初是分开使用的。所谓"道",既是指"道路",即"道者,路也";亦是指宇宙的大法,即《老子》中,"有物混成,先天地生……可以为天下母。吾不知其名,字之为道"。可见,老子将"道"看作是万物的本源,是万物之"母"。《韩非子》中,"道者,万物之所以然也……万物之所以成也"。① 现代学者将"道"概括为三层含义:"一是存在意义上的道,是指一种在经验基础上形而上的预设,宇宙生天地,天地生万物,虽然无名、无题,却是宇宙间一切存在的根源,有无穷的潜在力、创造力;二是规律意义上的道,即万事万物所固有的因果性和规律性;三是生活所依循的道,自然而显现的特性,应该为人类所体验、所取法。"②现如今,"道"更多的引申为人们必须遵循的社会行为准则、规范、法则,决定了人在特定情况下,应该做什么,不应该做什么。而我们通常提倡的"合道而行",即是"走正路",行为要符合外在的社会评价标准。例如,"给老弱病残孕幼让座"

---

① 檀传宝.教师职业道德[M].北京:北京师范大学出版社,2015:10.
② 赵军华.中华伦理[M].北京:首都师范大学出版社,1997:60.

"先来后到，排队等车"等就是规则，它是一种外在的"道"。让座的行为将得到肯定，挤车不排队就会遭到谴责。

"合道而行"即为"德"。《礼记》有云："德者，得也。"得的是什么呢，"行道，有得于心，谓之德。"得的就是"道"。故而，简单来说，"德"就是将外在的规则和要求转化为内在的信念，并表现出符合"道"的行动。

由此可见，"道"与"德"是相互依存的关系："道"是"德"的前提，是"人所共由"的，是要求大家共同遵循的，没有"道"人将无从所得，也就谈不上人的内在所得了。"德"则是"道"的内在获得，没有"道"的内在获得，也就不会有"德"。例如，"红灯停，绿灯行"，是一种外在的"道"的约束，而只有当我们认同这一规则，将其转化为内在的信念，并自觉遵守，去践行此"道"，才能成为有"德"之人。

（二）道德

"道德"二字的合用，最早见于《荀子·劝学篇》："故学至乎礼而止也，夫是之谓道德之极。"荀子不但将"道"和"德"二字连用，而且赋予了它准确的含义，即指人们在各种伦常关系中表现的道德境界、道德品质和调整这种关系的原则和规范。同时，其中包含了道德意识、道德规范、道德活动和行为标准等广泛的内容。[①]

《简明社会科学词典》对"道德"的解释是：道德是一定社会为了调整人们之间以及个人和社会之间的关系所提倡的行为规范的总和。它通过各种形式的教育和社会舆论的力量，使人们具有善和恶、荣誉和耻辱、正义和非正义等概念，并逐渐形成一定的习惯和传统，以指导或控制自己的行为。它和法不同，没有强制性，这两种不同性质的行为规范在社会生活中是互相配合、互相补充的。道德由一定社会的经济基础所决定，并为一定的社会经济基础服务。任何道德都具有历史性，永恒不变地适用于一切时代的道德是没有的。在有阶级的社会中，道德具有强烈的阶级性，统治阶级的道德是占统治地位的道德。一切剥削阶级所提倡的道德都是维护和巩固其统治的工具，而劳动人民才是人类历史上优良道德品质的创造者。无产阶级道德是无产阶级和劳动人民利益的反映，是人类历史上最伟大最高尚的道德。[②] 道德与法律、法规、政治等行为规范相比，其独特性体现在以下三点[③]。

首先，道德规范具有利他性。道德规范是用来调整个人与他人、个人与社会利害关系的手段，在调整这些关系时，追求的是他人利益、公共利益和社会利益。如尊老爱幼是为了他人利益，不随意破坏公共财物、不随地吐痰等则是为了公共利益，而为灾区捐款或者为贫困学子献爱心等则在一定程度上为了社会的稳定发展，即社会的利益。

其次，道德规范主要是依靠人们的内心信念和道德自觉性来维系的，而不是像法律那样需要一种特殊的外在强制力量来维系。当然，道德也需要依靠社会舆论、传统习俗等外在力量来维持，因此在某种程度上是自律与他律的统一。然而，当个人的内心信念与社会

① 郑宽明. 教师职业道德［M］. 北京：北京师范大学出版社，2015：10.
② 《简明社会科学词典》编辑委员会. 简明社会科学词典［M］. 上海：上海辞书出版社，1982：1024.
③ 申继亮. 师德心语［M］. 北京：北京师范大学出版社，2006：6.

舆论、传统习俗发生冲突或不一致时,道德规范就难以起到约束作用。

最后,道德规范的作用表现为提倡性、规劝性、表扬性和示范性,它不同于法律以明确的命令或禁止的方式来发挥作用。如感动中国或者我们的榜样节目,都是通过表扬和示范这些道德模范的方式来使道德发挥作用,深入人心。而《今日说法》等则是法律以明确的命令或禁止的方式来发挥作用的。

(三)道德的分类

恩格斯认为:"每一个阶级,甚至每一个行为,都各有各的道德。"按照我国实践伦理学的分类体系,道德通常包括四个分支:个体道德、社会公德、职业道德、家庭美德。[①] 亦有学者基于德育的内容将道德分为私德、公德以及职业道德(见表1-1)。[②]

表1-1　现代学校德育内容分类框架

德门	德纲	德目
私德	自我定向的道德	热爱生活,珍惜生命,卫生健康,自尊,独立自主,自制,自我负责,正派,坚强勇敢,自强不息,自我完善等
	他人定向的道德	尊重他人,平等待人,忠诚,诚实,守信,友爱,关心他人,扶助弱小,孝敬父母,宽容,谦让等
公德	社会公德	遵纪守法,维护社会正义,维护社会公共秩序,爱护公共财物和设施,维护公共卫生与安全,保护环境,服务社会等
	国民公德	热爱祖国,捍卫宪法和民主制度,维护国家利益和安全,热爱人民,维护民族尊严和民族团结,热爱和维护和平等
职业道德	对待工作的道德	尽职,敬业,爱岗,忠于职守,勤恳工作,诚实劳动,团结合作,维护行业利益和声誉等
	对待服务对象的道德	诚实不欺,遵守信用,礼貌待客,办事公道,服务群众,奉献社会等

2001年,党中央颁布的《公民道德建设实施纲要》指出:"以社会公德、职业道德、家庭美德、个人品德为着力点。"[③]之后党的十七大提出:"要加强社会公德、职业道德、家庭美德、个人品德建设,发挥道德模范榜样作用,引导人们自觉履行法定义务、社会责任、家庭责任。"2019年10月中共中央国务院印发的《新时代公民道德建设实施纲要》再次指出"要把社会公德、职业道德、家庭美德、个人品德建设作为着力点。推动践行以文明礼貌、助人为乐、爱护公物、保护环境、遵纪守法为主要内容的社会公德,鼓励人们在社会上做一个好公民;推动践行以爱岗敬业、诚实守信、办事公道、热情服务、奉献社会为主要内容的职业道德,鼓励人们在工作中做一个好建设者;推动践行以尊老爱幼、男女平等、夫妻和

---

① 徐廷福.教师职业道德修养[M].北京:北京师范大学出版社,2015:7.

② 黄向阳.德育内容分类框架——兼析我国公德教育的困境[J].全球教育展望,2008(09):48-52.

③ 可参见,中共中央、国务院,公民道德建设实施纲要,http://www.gov.cn/zhengce/2019-10/27/content_5445556.htm。

睦、勤俭持家、邻里互助为主要内容的家庭美德,鼓励人们在家庭里做一个好成员;推动践行以爱国奉献、明礼遵规、勤劳善良、宽厚正直、自强自律为主要内容的个人品德,鼓励人们在日常生活中养成好品行"①。

1. 个体道德

其中,个体道德也称私德,是指一定社会成员为实现自我发展、自我完善的目标,并适应一定社会的客观要求而形成的道德意识、道德品质、修养境界、价值观念和指导自身行为选择的内心准则以及个体道德行为实践的总和。② 我们的祖先曾经囿于狭小的私人生活圈内,彼此相熟,知根知底。每个人的所作所为都影响着熟人,也受到熟人的监督。熟人圈里的生活容易使人体会到,自己的言行举止会影响到他人对自己的长期看法和做法,因此不想为自己行为负责几乎是不可能的。在熟人的眼皮底下,每个人的一举一动都必须小心谨慎。由此形成的习俗规范有效地调节着私人生活。③ 私德,简单来说即是指个人品德、作风、习惯以及个人私生活中的道德。私德具有私人性、自律性和自决性的特点。既包括热爱生活,珍惜生命,卫生健康,自尊,独立自主,自制,自我负责,正派,坚强勇敢,自强不息,自我完善等,也包括尊重他人,平等待人,忠诚,诚实,守信,友爱,关心他人,扶助弱小,孝敬父母,宽容,谦让等。

2. 家庭美德

家庭是社会的细胞,是人们接受道德教育最早的地方。家庭美德是每个公民在家庭生活中应该遵循的基本行为准则,它涵盖了夫妻、长幼、邻里之间的关系。家庭的稳定与和谐,是全社会安定和谐的基础,全社会弘扬家庭美德,就是要大力倡导以"尊老爱幼、男女平等、夫妻和睦、勤俭持家、邻里团结"为主要内容的思想道德,鼓励人们在家庭做一个好成员。

3. 社会公德

社会公德是社会公共生活的道德准则,是全体公民在社会交往和公共生活中应遵循的基本行为准则,它涵盖了人与人、人与社会、人与自然之间的关系。马克思在《德意志意识形态》中指出:随着分工的发展也产生了个人利益或单个家庭的利益与所有相互交往的人们的共同利益之间的矛盾;同时,这种共同利益不是仅仅作为一种"普遍的东西"存在于观念之中,而且首先是作为彼此分工的个人之间的相互依存关系存在于现实之中。社会既然有共同利益,必然也有反映社会共同利益的道德观念,这种道德可以成为共同的道德,"公共生活规则"就是共同的道德。马克思还指出,社会公德是每个人都应遵循的那种简单的道德和正义的准则。④ 具体来说,如表1-1所示,包括社会层面的遵纪守法,维护社会正义,维护社会公共秩序,爱护公共财物和设施,维护公共卫生与安全,保护环境,服

---

① 可参见,中共中央、国务院.新时代公民道德建设实施纲要,http://www.gov.cn/zhengce/2019 - 10/27/content_5445556.htm.

② 田秀云.社会道德与个体道德[M].北京:人民出版社,2004:273.

③ 黄向阳.德育内容分类框架——兼析我国公德教育的困境[J].全球教育展望,2008(9):48 - 52.

④ 马奇柯.社会公德、职业道德、家庭美德、个人品德关系论析[J].学术交流,2008(2):47 - 50.

务社会等。也包括国家层面的热爱祖国,捍卫宪法和民主制度,维护国家利益和安全,热爱人民,维护民族尊严和民族团结,热爱和维护和平等。

4. 职业道德

职业道德产生的最初是和社会道德混合在一起的,随着社会分工的发展,尤其是当社会出现了专门的职业时,职业道德才逐渐萌发。职业活动的相对稳定和复杂化,使人们在各自的职业实践中,产生了与其从事的职业相关的道德责任感,并进一步形成了本职业的道德准则、道德心理、道德习俗和道德理想。通常来说,职业道德包括政治道德、科学道德、医学道德、商业道德、教育道德、新闻道德等,几乎每个职业都有属于自己领域的道德规范,当人们在从事某种职业时,也自然会受到相关职业道德的约束。如公务员的"公正廉洁"、医生的"救死扶伤"、商人的"公平交易"、教师的"教书育人"等。[①] 而这也就意味着职业道德在职业领域的作用是一般道德或公德、家庭道德等无法替代的。当一个人步入社会,进入社会分工行业领域,职业道德的教育使人形成职业道德观念和意识,从而认识了集体以及个人的行为在集体中的作用,在与职业活动共生存、共命运的同时,在树立起职业信念和理想、养成好的职业道德和习惯的同时,走向成熟。[②] 中共中央 2001 年印发的《公民道德建设实施纲要》中指出:"职业道德是所有从业人员在职业活动中应该遵循的行为准则,涵盖了从业人员与服务对象、职业与职工、职业与职业之间的关系。随着现代社会分工的发展和专业化程度的增强,市场竞争日趋激烈,整个社会对从业人员职业观念、职业态度、职业技能、职业纪律和职业作风的要求越来越高。要大力倡导以爱岗敬业、诚实守信、办事公道、服务群众、奉献社会为主要内容的职业道德,鼓励人们在工作中做一个好建设者。"[③]进一步理解职业道德,还需要注意以下几点:

第一,在内容方面,职业道德是一种公德,但与一般公德相比,职业道德在某些方面具有更高和更具体的道德要求。职业道德鲜明地表达了职业义务、职业责任以及职业行为方面的道德准则,具有较大的稳定性和连续性,它通过特有的道德传统、道德习惯规范来造就本行业的从业人员,它使不同职业的人在道德面貌上表现出明显差异。当提到不同职业的时候人们脑海中总会不自觉地浮现不同职业的一些独有特征,比如说到医生即救死扶伤,这恰恰证明职业本身通常会有自然存在的一些标签或者人们的一种期望在。这其实就是职业道德的具体性、稳定性和差异性体现。

第二,在表现形式方面,职业道德往往比较具体、灵活、多样。它总是从职业行为的实际出发,采用制度、守则、承诺、誓言、条例,以及标语口号之类的表达形式。比如对教师职业道德的要求:"学而不厌,诲人不倦""教书育人""为人师表"……这些形式和内容既容易被从业人员理解和实行,也有利于被行业外的人员认识和接受,在业内业外普遍认同和接受的基础上,逐渐成为职业的传统和习惯。

---

① 郑宽明. 教师职业道德[M].北京:北京师范大学出版社,2015:10 - 11.
② 马奇柯. 社会公德、职业道德、家庭美德、个人品德关系论析[J].学术交流,2008(2):47 - 50.
③ 可参见,中共中央、国务院,公民道德建设实施纲要,http://www.gov.cn/zhengce/2019 - 10/27/content_5445556.htm.

第三,从调节的范围看,职业道德主要在从业人员的职业活动中发挥作用:一方面它用来调节从业人员的内部关系,加强职业、行业内部人员的凝聚力;另一方面,它也用来调节从业人员与其服务对象之间的关系,用来塑造本职业从业人员的形象。对于职业以外的人员,职业道德并不具有约束力。如在2020年新冠肺炎疫情突发期间,很多医护人员远赴他乡救死扶伤其实在某种程度上就是其职业道德的约束,然而对于其他行业的人来说我们并不会有这样的期待和要求。

第四,从产生的效果来看,职业道德是维护职业信念和尊严的基础,职业道德与职业生活相结合,有利于从业人员形成相对稳定的职业心理和职业习惯。各行各业都构筑良好的职业道德,所有从业人员都遵循职业道德,有利于该行业的良性发展,有利于提升社会整体的道德水平,促进社会经济稳定发展。教师对于无论是不是自己教的学生都应该有一种热爱、保护的心理;医生在公共场所也能够对突发疾病的人施以援手。[①]

二、教师职业道德

教师这一角色是随着人类生产的发展和社会职业分工的出现而发展起来的,教师职业道德(简称"师德")则是随着教师这一社会角色的出现而形成的,是一般社会道德在教师职业中的特殊显现,也是教师职业社会价值的根本体现。要全面理解教师职业道德的内涵及内容,需先厘清教师及教师职业本身的特点。

(一)教师劳动的特点

关于"教师",从广义上来说等同于我们常说的教育者,凡是能把知识、技能和技巧传授给别人的人,都可称之为教师。"在人与人所结成的各种社会关系中,彼此存在着相互影响的关系,诸如思想感情的交流、行为习惯的模仿等,如果其中的一方有意识地利用这种影响以使对方的身心发生某种变化,这可以称之为广泛意义上的教师。"[②]现如今,在我们日常生活中,"教师"一词也常作为一种尊称来使用,例如,单独师徒关系中的师傅、理发店的理发师、媒体艺人、出版行业工作人员等。而严格意义上来说,只有"在学校中与其特定的活动对象——学生发生联系,并通过'传道、授业、解惑'的中介因素来影响学生发展的人,我们才能称其为教师。"[③]也就是说,狭义上的教师,应当是指按照学校的要求,有目的、有计划、有组织地对学生的身心发展施加特定影响的专门的教育工作者。根据《中华人民共和国教师法》的规定,"教师是履行教育教学职责的专业人员,承担教书育人,培养社会主义事业建设者和接班人、提高民族素质的使命。教师应当忠诚于人民的教育事业。"一般来讲,教师职业道德语境中的"教师"指狭义上的教师,本书中的"教师"主要指向"中小学(幼儿园)教师"。教师劳动的特点主要表现为以下几方面。

1. 教书与育人的统一性

教书与育人的统一性是教师区别其他行业的首要特征,教师需要向学生传授知识,就

---

① 陈大伟. 教师职业道德[M]. 北京:高等教育出版社,2015:23.
② 徐廷福. 教师职业道德修养[M]. 北京:北京师范大学出版社,2015:16.
③ 张彦山. 论教师职业的产生与发展[J]. 新疆教育学院学报,1996(2).

是我们所说的"教书",更要对学生进行道德教育,相应为"育人",这也是价值观教育与引领。赫尔巴特说:"我不承认任何'无教育的教学',教学如果没有进行道德教育,只是一种没有目的的手段。"①正所谓,"教,上所施下所效;育,养子使作善"(许慎《说文解字》)。当前,为完成立德树人之根本教育任务,教师要不断提高自身的知识素养和道德修养,向学生传授科学文化知识,对学生进行包括政治思想教育在内的道德教育,引导学生践行社会主义核心价值观,使他们成为新时代德智体美劳全面发展的新时代建设者和接班人,为实现中华民族伟大复兴的中国梦贡献力量。

2. 复杂性与创造性

复杂性与创造性是教师劳动的重要特征,主要由对象的复杂性和劳动任务的复杂性等因素所致。

就教育对象而言,教师的劳动对象是一个个独特的、有差异的、活生生的、未成年的学生,他们决定了教师劳动只能是因材施教的、创造性的。由于人发展的不可逆性,也决定了教师的劳动不能采用实验的方法,要审慎地面对各异的学生采用正确的方法,这更需要教师的创造性。

就教师的劳动任务而言,教师不仅仅要传授科学文化知识,还要发展学生智力、培养学生能力,更重要的是培养学生的思想品德。这就需要教师根据"立德树人"整体教育要求,针对不同的学习内容,创造性地进行教学设计,提高育人效果。一本一本常见的、不起眼的"教案"就是教师创造性劳动的写照与结晶,教师对教学目标的创造性设置、对教材的创造性使用、对教学过程的创造性设计等,无不体现教师劳动创造性,而这创造性的缘起就是教师劳动的复杂性。

3. 主体性和示范性

教师的劳动具有主体性和示范性的显著特点。主体性是指教师自身可以成为活生生的教育因素和具有影响力的榜样;示范性是指教师的言行举止,如人品、才能、治学态度等都会成为学生学习的对象。正如"教"本意"教,上所施下所效",教师本人是学校里最重要的师表,是最直观的、最有效益的模范,是学生最活生生的榜样。因此,作为新时代的人民教师应该不断提高自身素养,以德立身,以德施教,以身示范。

4. 个体性与集体性

在学校教育中,教师劳动的个体性与集体性是相统一的,学生的成长需要每位教师的个体性劳动,如日复一日地备课、上课、作业批改与指导等,更需要教师形成合力的集体劳动,于家庭教育而言,这也是学校教育的重要优势。学校普遍设置的年级组、教研组等就是教师劳动集体性的重要体现。个体劳动是集体劳动的基础,集体劳动是个体劳动的增效与升华,在学校的不同组织中,教师要具有团队意识与团队合作能力,团结一致做好学生的教育教学工作。

---

① 檀传宝.走向新师德:师德现状与教师专业道德建设研究[M].北京:北京师范大学出版社,2009:4.

5. 广泛性与长期性

教师的劳动对学生的影响是广泛的,不单单是某一门课程的教学,教师的穿着打扮、言谈举止、品行修为都在不同程度地影响着学生,这就是教师的广泛性;教师劳动的长期性则指教师的劳动不仅仅影响学生的当下,还影响学生的将来,甚至是终生。知识的讹误、价值观的异同等都会影响到学生。如小学语文教师如果在教学中写错字形或读错字音,其所教授的学生很可能也会把这种错误的书写或读音继续传递下去。

6. 科学性与艺术性

教师劳动的科学性指教师对学生知识的正确传授和价值观导向的正向引领,这是教师劳动的基本特点或基本要求;教师的劳动是实践的艺术,就教学设计而言,教师要根据学生的特点、学科的性质、课型的异同,综合不同教学资源进行个性化的教学设计,更好地完成教学任务。因此,教师的每次备课就是一次独特的艺术创造。另外,教师在课堂上更是孜孜不倦地展示着教学的实践艺术。科学求真,艺术求美,教师的劳动就是与学生共同追求真与美的过程,教师应关注这一特点,享受这一过程。

(二) 教师职业道德的界定

教师职业道德,简称"师德",是教师和一切教育工作者在从事教育活动中必须遵守的道德规范和行为准则,以及与之相适应的道德观念、道德情操和道德品质。教师职业道德来自教师劳动本身,教师劳动的特殊性以及所处理的特殊的人际关系与道德关系,也决定了教师的职业道德较其他职业来说更具有独特性与针对性。具体来说,它是调整教师与学生、教师与集体(教师与教师、教师与学校领导、教师与学生家长)以及教师与社会其他方面关系的道德规范与行为准则的总称;它从道义上规定了教师在教育过程中应该以什么样的思想、情感、态度和作风去待人、接物、处理问题,以做好工作,为社会尽职尽责。[①]据此,我们可以从以下两方面来加以理解:

一方面,教师职业道德所关注的重点是教师职业工作中的人际关系,包括教师与学生、教师与集体以及教师与社会的关系等。其核心目标是规范和引导教师处理好这些人际关系,以道德的方式来协调人际行为,同时也以道德的方式来展开教学活动。[②] 首先,教师与学生之间的关系是教育过程中最基本、最重要的关系,是教师职业道德的核心方面。教师要热爱学生、了解学生、尊重学生、关心爱护学生。反之,学生也才会尊师重教。从而使师生之间形成一种相互尊重、相互信任、相互促进的关系,营造出尊师爱生的教育氛围。其次,教师也必须处理好与集体之间的关系,这个集体既包括同事群体,也包括学校其他成员即学校共同体。面对这些人际以及利益关系,教师必须从道德的逻辑出发去处理,在教师职业道德的引导下,做到严于律己,宽以待人,努力成为教师集体中的合格成员。再次,教师作为社会中的一分子,也必须在教育教学中履行社会职责,有效地传递社会的核心价值观念,通过自身的教学活动来培养人才,间接地促进社会发展。

---

① 申继亮. 师德心语[M]. 北京:北京师范大学出版社,2006:6.
② 檀传宝. 教师职业道德[M]. 北京:北京师范大学出版社,2015:13.

另一方面,教师职业道德不仅是一种外在的道德规范体系,更是一种内在的道德自律。这一点与道德的他律与自律的内涵一脉相承。"一种职业道德规范只有当它被道德主体所内化的时候,它才有可能成为道德主体的内心世界的有机组成部分,它才可能经由道德他律而走向道德自律,主导道德主体的道德生活。"①这也就意味着,教师必须处理好"自己与自己"的关系,以主体的身份把外在的道德规范内化为自身的道德素养,从而全面地提升自己的道德品质和道德境界。因为只有这样,作为外在规范的教师道德才会成为作为内在生命的教师德性,而"教师德性的提升有助于教育工作的改善,有助于学生的道德进步。更为重要的是,教师德性的提升是教师生命存在的确证,是教师生命成长的标志。所以,作为外在规范的教师道德一旦内化为教师内在的德性,就会成为稳定的精神动力,成为教师精神的核心成分"②。若非如此,所谓职业道德对教师来讲将只是一种外在的强加,教师如果仅仅将自身定位为单纯"教书匠"的角色,那就难以产生明确的身份和道德认同。

总而言之,教师职业道德即是社会向教师职业提出的相对客观的道德规范,也是教师应当主动吸收内化和践履的道德规范,体现着他律性与自律性的结合,社会性与个体性的结合。

(三)教师职业道德的特点

1. 教育性与示范性

所谓"师者,人之模范也",以及北京师范大学的校训"学为人师,行为示范",都体现了教师职业道德行为的强烈示范作用。在教育教学活动中,教师的职业道德直接构成和影响教育内容。一方面,教师的价值观既会影响显性的也影响隐性的教育内容。在显性教育方面教师会自动根据自己的价值观理解来处理每一节课的教学内容,凸显一些教学内容而相对忽略另一些教育内容;在隐性课程方面,教师的敬业精神以及教师对课程以外许多问题的看法也都会对学生产生不同程度的影响。此外,师生之间的互动方式也是教师价值观的体现,也会潜移默化地影响学生。另一方面,教师的人格特征本身就是教育内容。③ 正所谓"以身立教",孔子曰:"其身正,不令而行;其身不正,虽令不从。"教师的道德人格以及道德品质对学生来说都是无言的教育力量,在教育劳动过程中,教师是用智慧去激发智慧,用心灵去影响心灵,用人格去塑造人格。也正如俄国教育家乌申斯基所说:"固然许多事有赖于学校的一般规章,但是重要的东西永远取决于跟学生面对面交往的教师的个性。教师的个性对年轻人的心灵影响所形成的那种教育力量,是无论教科书、靠道德说教、靠奖惩制度都无法取代的。"

2. 教师职业道德的自觉性

教师道德意识的自觉性,主要是就教师职业意识和职业意志而言的,也就是指教师对教育事业伟大意义的深刻理解和认识,以及从事教育工作所应有的志向和意志。教师道

---

①　檀传宝. 教师职业道德[M]. 北京:北京师范大学出版社,2015:14.
②　宋晔. 教师德性的理性思考[J]. 教育研究,2005(8):49.
③　檀传宝. 教师职业道德[M]. 北京:北京师范大学出版社,2015:15.

德意识的自觉性反映在教师道德认识上，表现为强烈的社会责任心，对教育事业的意义有着深刻地理解和认识；反映在道德情感上，对学生充满真挚的感情和热爱，关心学生前途，关心学生的健康成长，尽其所能给学生提供帮助；反应在道德信念上，具有坚定的从事教育工作的信念和意志，并且自觉地进行自我命令和自我监督，自我激励和自我检查，"修身""内省"，克服自己的缺点和错误，不断提高思想觉悟和道德境界。[①]

3. 师德影响的广泛性和深远性

在道德影响的范围上，教师职业道德的影响较其他职业道德更广泛、更深远。广泛性是说师德不仅会影响和作用于每一个学生，而且会影响整个社会。学校是社会精神文明建设的重要基地之一，教师作为学校中的教育主体便是精神文明的推行者与实践者。教师师德对学生产生的深刻的心灵影响并非只局限于学生在校期间，这种影响一旦形成，不仅不会随着他们学业的结束而简单消失，而且还会继续影响他们之后乃至一生的思想和行为。而当学生走入社会，教师对学生产生的积极影响也会进而扩散到整个社会生活，净化社会环境，从而促进社会精神文明建设。[②]

总之，一般说来，与其他职业道德相比，教师职业道德具有"高""严""全"的特点。所谓"高"即层次高、标准高；所谓"严"即规范严、要求严；所谓"全"即全面完整，尽善尽美、近乎苛刻。例如，同样是不修边幅、举止不当、言语粗俗一类的问题，在其他职业从业人员来看，可能是不拘小节，可以付之一笑。如若发生在教师身上，则必然要受到社会成员一致的非议、谴责。[③]

➤ 扫章首二维码查看：阅读补充材料 W1－1：教师专业伦理

┌─────────────────────────────┐
│ **第二节　教师职业道德基本范畴** │
└─────────────────────────────┘

一、教师职业道德范畴的内涵

道德范畴是那些含有一类道德要求的规范。中国传统道德中的仁、义、礼、智、信，忠、孝、廉、耻、公，温、良、恭、俭、让，勤、诚、节、贞、勇之类，西方传统道德中的智慧、勇敢、节制、朴实、正直、公正、正义、感恩、博爱、慷慨、自信、自爱、尊严之类，以及在各个民族的道德中都存在的爱国、诚信、仁慈、慷慨、诚实、忠诚、谦虚、谨慎、乐观、开朗、豁达、坚毅、进取、敬业之类，都属于道德范畴之列。它们均是对人含有一类道德要求或多种具体道德要求的道德规范。比如中国传统道德的"孝"范畴，就包含着要子女对父母尊重、有礼、问安、

① 郑宽明，南锐. 教师职业道德[M]. 北京：北京师范大学出版社，2018：13.
② 郑宽明，南锐. 教师职业道德[M]. 北京：北京师范大学出版社，2018：14－15.
③ 檀传宝. 走向新师德：师德现状与教师专业道德建设研究[M]. 北京：北京师范大学出版社，2009：67.

伺奉、赡养、请教、唯命是从、子为父隐、送终、守灵、守孝和后人对先人祖宗要供奉、祭奠等等多种具体道德要求。道德范畴一般都是由一个字、一个词或一个词组表述的,与由句子表述的道德准则明显不同。这些字词虽形式高度抽象,从字面上通常看不出对人提出了什么样的道德要求,但内涵其实十分丰富,所包含的具体道德要求也相当多,只不过这些都需要再做进一步的解释才能使常人理解。①

教师职业道德范畴与道德范畴类似,所指的正是教师职业中最为核心的道德原则和概念体系,它体现了教师职业道德的本质属性。② 广义的教师职业道德范畴是指反映和概括教师职业道德现象的特征、方面和关系的本质的概念;狭义上的教师职业道德范畴,是指那些反映教师个人与社会,教师个人与他人之间最本质、最主要、最普遍的道德关系的概念。③ 随着教育的发展和教师道德的进步,教师职业范畴也处在变化发展中,分析教师职业道德范畴,有助于深刻理解教师职业道德的内涵,提高教师道德修养的方向性和自觉性,更好地完成立德树人之教育根本任务。

二、教师职业道德基本范畴分析

教师职业道德的基本范畴主要有教师义务、教师良心、教师公正、教师仁慈等。以下对其简要分析。

(一) 教师义务

所谓义务,就是承担和完成应该和适宜的职责。教师义务范畴所包含的社会内容,是由师德规范所规定的,是师德规范的信念化和内化。教师的义务包括一般道德义务和教育道德义务两种。作为普通的道德生活的主体,教师有在日常生活中遵守诺言、偿还债务、扶贫济困等的一般道德义务;同时,作为一个特定职业生活的主体,教师又有属于教育本身的一些教育道德义务。教师工作的特性之一是教师本身就是教育的中介或工具,劳动特点决定了教师必须正确面对上述两类义务:首先,教师必须比一般人更严格地履行一般道德义务,只有这样,他才能成为真正的道德榜样,成为真正的教育主体;其次,教师更应该严格地履行教育道德义务,努力完成教育任务。④ 1993 年颁布的《中华人民共和国教师法》第八条规定了教师的义务。

第八条　教师应当履行下列义务:⑤

(一)遵守宪法、法律和职业道德,为人师表;

(二)贯彻国家的教育方针,遵守规章制度,执行学校的教学计划,履行教师聘约,完成教育教学工作任务;

---

① 韩东屏. 道德准则、道德范畴、道德原则——论道德规范系统的层级结构[J]. 河南师范大学学报(哲学社会科学版),2011,38(03):1-4.

② 檀传宝. 教师职业道德[M]. 北京:北京师范大学出版社,2015:29.

③ 陈大伟. 教师职业道德[M]. 北京:高等教育出版社,2015:28.

④ 檀传宝. 教师伦理学专题[M]. 北京:北京师范大学出版社,2000:128-129.

⑤ 可参见,中华人民共和国教师法,http://www.gov.cn/banshi/2005-05/25/content_937.htm.

（三）对学生进行宪法所确定的基本原则的教育和爱国主义、民族团结的教育,法制教育以及思想品德、文化、科学技术教育,组织、带领学生开展有益的社会活动;

（四）关心、爱护全体学生,尊重学生人格,促进学生在品德、智力、体质等方面全面发展;

（五）制止有害于学生的行为或者其他侵犯学生合法权益的行为,批评和抵制有害于学生健康成长的现象;

（六）不断提高思想政治觉悟和教育教学业务水平。

（二）教师良心

西塞罗认为:"对于道德实践来说,最好的观众就是人们自己的良心。"

而黑格尔则说:"'良心'的出现,预示着'一个人的心'和'所有人的心'的统一。良心即所谓'德'。"

道德意义上的良心,是指主体对自身道德责任和道德义务的一种自觉意识和情感体验,以及基于此而形成的对于道德自我、道德活动进行评价与调控的心理机制。

良心由深刻的道德认识、强烈的道德感情和坚强的道德意志三种因素构成,是知、情、意的有机统一。

"教书是个良心活"是教师对自己工作的深切体悟。教师的良心首先表现为教师对个人教育责任的认识,也就是知道自己是干什么的,自己该干什么和不该干什么;其次也是一种情感体验,具体包含了无视责任、放弃责任所带来的愧疚和履行了责任而带来的心灵平静与满足;同时也是一种克服困难、承担教育责任的勇气和意志力。[①] 檀传宝将教师的职业良心概括为四个方面:恪尽职守、自觉工作、爱护学生、团结执教。[②]

恪尽职守是一种工作责任和纪律的要求。从职业规范上来说,教师的良心要求教师应当遵守工作纪律,按照社会和教育事业对教师的要求尽职尽责。比如认真备课、上课等。从教育效果来说,职业良心要求教师不能误人子弟,尽全力取得最佳的教育效果。

自觉工作意味着教师要努力做到"慎独",因为教师的教学行为是具有个体和自由性的,多数情况是无人监督的;此外教师的工作在一定意义上是没有边界和限度的。比如教师不仅要完成校内的工作,还应当与家长、社区等方面建立联系,"教"无止境,除了基本工作之外,怎样做才算完成了教师的任务,完全由教师主观决定。

爱护学生是教师的天职,教师必须对教育对象的成长负责。"师徒如父子"是传统中国对师生关系的描述,其中就包含着教师对学生像对待子女一样的关爱,像对待子女一样帮助学生成长。

团结执教是教师劳动的基本特点,是教师职业道德的重要体现。学生的人格成长,学生的知识及心智水平的提高都是教师群体合力劳动的产物。所以教师的同侪关系不仅是

---

① 陈大伟.教师职业道德[M].北京:高等教育出版社,2015:29-30.

② 檀传宝.教师职业道德[M].北京:北京师范大学出版社,2015:67-68.

一般的同事关系,而且是一种职业道德的本质要求。所以如马卡连科所说:"应当有这样的教师群体:有共同的见解,有共同的信念,彼此间相互帮助,彼此间没有猜忌,不追求学生对个人的爱戴。只有这样的集体才能够教育儿童。"①

（三）教师公正

1. 公正及其特性

幸福原理和公正原理是伦理学的基本原理。

幸福原理表明的是一个人怎样做一个人,而公正原理表明了一个人怎样对待一个人。②

公正是体现人格尊严、实现人的价值的不可或缺的前提,作为社会生活的基本需要,社会愈加进步,人们对公正的要求就越强烈。

公正就是公平正义,它是处理人际关系的基本的伦理原则。公正有以下三大特性:

一是对等性。即是对人、对己要一个原则、一个标准,不能对人一套,对己又是一套,采用双重标准;对待他人要一视同仁,不带偏见。

二是可互换性。即是在责任和利益分配面前,当事者可以互换位置并愿意接受。中国传统文化提倡的"己所不欲,勿施于人",就是一种心理互换、达成公平的思维方式。

三是最终价值判定的依赖性。真正的公正应该有利于促进和实现相关主体的幸福。判断是否公正的价值依据,一是看它是否有利于社会的发展,二是看它是否有利于个体幸福。当然,这两个根据本身又是统一的。由于幸福本身的价值性、利他性,又由于社会发展的终极目的仍然是个体的幸福,所以最终的依据应当是看这一标准是否真正有利于主体幸福的实现。③

2. 教育公正与教师公正

在诸多社会公正问题中,教育公正至关重要:一方面,教育公正是社会公正的重要内容;另一方面,教育公正是社会公正的基础,教育在提升竞争能力并实现人的纵向流动方面具有重要作用,具有保障起点公正的意义。

教师公正是指教师在自己的教育活动中对待不同利益关系所需要的公平和正义。尤其表现在教师对待学生是否公平公正,如有些学校流传的"东南拐（方言,东南角之意）西北拐,是人都有偏心眼""东南西北,教师偏心"等就是学生对教师不公平、不公正的"诉说"。

教师必须维持教室里的秩序,但千万别忘记纪律的基本真理:教师可以严格,但不公正的老师会被学生看不起。惩罚必须和"罪行"相称,然而现实往往并非如此。只要孩子们看见赏罚不公,你就失去人心了。④

---

① ［苏］马卡连科. 论共产主义教育［M］. 刘长松,等译. 北京:人民教育出版社,1979:305.

② 赵汀阳. 论可能生活［M］. 北京:中国人民大学出版社,2004:162.

③ 檀传宝. 教师伦理学专题［M］. 北京:北京师范大学出版社,2003:60.

④ ［美］雷夫·艾思奎斯. 第56号教室的奇迹:让孩子变成爱学习的天使［M］. 卡娜娜,译. 北京:中国城市出版社,2009:8.

教师公正表现在教师自身、教师与同事、教师与学生等人际关系之中。其中,公平、合理地对待和评价学生是最基本的要求。它包括在人格上给予学生平等的尊重,在学习上给予学生平等的机会和帮助指导,对学生的发展给予平等的、全面的关心,对学生评价要符合公认的道德准则。它要求教师具有追求真理、伸张正义的内在的公正信念,办事公道、赏罚分明,在待人时一视同仁,不带偏见。但是需要注意的是,这里的一视同仁不能理解为一种刻板机械的公正形式。在落实一视同仁、爱无差等原则时也要考虑到学生在个性、知识水平和智力程度等方面的差异,因材施"爱"、因材施"罚"。否则那种貌似的公正实际上却是不公正的。因为公正的原则既是"平等的应当平等地对待",也是"不平等的应当不平等地对待"。①

(四)教师仁慈

仁慈是一个与公正联系密切的概念。一方面,公正的基础之一应当是仁慈,因为去掉我们对他人的爱与尊重,我们就不可能做到真正意义上的公正;另一方面,公正的结果往往会造成一种价值的遗憾,这一遗憾也需要有一个补充的机制存在。所以正如美国伦理学家威廉·弗兰克纳所说:"正义只是道德的一部分,而不是它的全部。那么仁慈可能属于道德的另一部分,我认为这才是公正的说法。""即使人们认为仁慈不是道德的要求,而是某种非本质的、道德上的善的东西,人们仍然把仁慈看作是道德的一个重要方面——如果不是必要的,也是令人向往的。"仁慈是教育活动的本性和本质性要求之一,没有仁慈的教育将是一种缺乏关怀的教育,因此是机械、冷漠和无效的教育。因此,教师的仁慈与教师的公正一样成为教育伦理的最核心的道德范畴之一。

教师对学生仁慈的内涵首先表现在对学生心态的正、反两个方面。一是教师对学生无条件的爱心;二是教师对学生的高度宽容。无条件的爱心或者说无条件的仁慈,即无论儿童做了什么,都可以得到关怀。实际上仁慈在教育上的重要性不仅表现为对儿童发展的正面影响上,更重要的是对教育对象有问题的思想或行为的矫正上,对其是关怀而非抛弃。

苏霍姆林斯基说道:"教师要关怀人,就是说对待儿童犹如对待自己的儿子一样。儿童学习不好,落后;儿童难于像他的同班生那样学习;儿童或少年犯了流氓行为——所有这些都是糟糕的事。如果你的儿子遇到这种糟糕的事,你会怎么办?不见得会提出开除、减品行分数之类的处理办法。当然理智会提醒父母,这些办法也是需要的,但你首先会提出极端必要的办法去挽救儿子,只用惩罚是不能救人的。"②

> ➤ 扫章首二维码查看:阅读补充材料 W1-2:教师职业道德的意义

---

① 檀传宝. 教师职业道德[M]. 北京:北京师范大学出版社,2015:47.
② [苏]苏霍姆林斯基. 给教师的一百条建议[M]. 天津:天津人民出版社,1981:17.

第三节　我国教师职业道德的历史发展

我国教师职业道德发展演变经历了古代、近代和现代三个发展阶段，本部分主要从教育家、政治家对教师职业道德的论述以及教师职业道德制度建设两个方面简要介绍我国教师职业道德的历史发展。

一、古代教师职业道德的历史发展

我国是对世界文明发展做出重大贡献的四大文明古国之一，拥有源远流长且不断流的古代文化和以德为要的古代教育，其中就包括我国古代教师职业道德的孕育、形成、发展与完善。

原始社会末期我国教师职业道德就随着教育活动的开展而萌生，有文献记载的可远溯到尧舜时期，舜督促管理教化官员契要以宽厚为本，用五教（父义、母慈、兄友、弟恭、子孝）教化官民，以改变百官不亲睦，父母兄弟儿女之间关系不顺的现状。帝曰："契，百姓不亲，五品不逊。汝作司徒，敬敷五教，在宽。"[1]

夏、商、周逐渐形成了成熟的官学体系，这是一种"官师合一""政教合一"的教育制度，教师职业道德也因此同官员道德素养相似，呈现出浓郁的政治色彩。

春秋战国，天子失官、学在四夷，百家争鸣、私学兴起。各学派的教学实践推动了教师职业道德的发展。其中，以孔子为代表的儒家形成的教师职业道德体系最具代表性，《儒行》就被认为是我国古代第一部"教师守则"。[2] 孔子的"学而不厌、诲人不倦"和"有教无类"，孟子人生三乐之一的"得天下英才而教育之"，荀子的"师术有四""师者，所以正礼也"等奠基了我国古代教师职业道德体系。

秦朝以吏为师，官德即师德，"必精洁正直，慎谨坚固，审悉毋私，微密纤察，安静勿苛，审当赏罚"，即做到正直、廉洁、出以公心、谨慎、沉稳、治事得当。[3]

汉武帝"罢黜百家、独尊儒术"直至清代，我国主要以儒家伦理为基础构建教师职业道德体系。汉代董仲舒提出教师的任务与道德就是"化民成性"，唐代韩愈阐述教师的职责是"传道受业解惑也"，朱熹提出的关于教师自身修养的"成己方能成物，成物在成己之中"和师生关系的"师之义，即朋友"，王守仁关于教师率先提高自身修养的"明人者先自明"等，进一步推动了我国古代教师职业道德的发展。

---

①　利民，王健.尚书译注[M].上海：上海古籍出版社，2004：18.

②　梅汝莉，谭佛佑，施克灿.中国教育通史2先秦卷（下）[M].北京：北京师范大学出版社，2013：143.

③　李国钧，王炳照.中国教育制度通史（第一卷）[M].济南：山东教育出版社，1999：201.

二、近代教师职业道德的历史发展

近代我国教师职业道德的发展主要体现在对我国古代师德传统的继承、对西方师德元素的借鉴和早期共产党人马克思主义师德观的论述等方面。

我国教师职业道德是在清末"新旧之争""西学东渐"的背景下,特别是开办新式学堂的实践中进入近代的。维新派代表人物康有为认为"女傅(小学教师)当选德性仁慈、威仪端正、学问通达、诲诱不倦者为之"①。"中学之师,尤当妙选贤达之士,行谊方正,德行仁明,文学广博,思悟通妙,而又诲人不倦,慈幼有恒者,方当此任。全世界之人类才能德性皆系之,岂不重哉!"②

民国时期是我国近代教师职业道德发展的一个重要时期,这一时期不少教育家论述了教师职业道德,如蔡元培强调教师责任"一个小学教员在社会上的位置最重要,其责任比总统还大些。"陶行知有关教师奉献精神的名句"捧着一颗心来,不带半根草去"等。

这一时期中国共产党人也开始以马克思主义为理论基础论述教师职业道德问题,如中国共产党的主要创始人之一李大钊提出教师应该"做民众的先驱"。1937年8月毛泽东为延安抗日军政大学题词"忠于党的教育事业"等。

三、现代教师职业道德的历史发展

新中国成立后,我国教师职业道德得到新发展,呈现出新风貌。这一时期教师职业道德的发展主要体现在党和国家主要领导人对教师职业道德的相关论述,以及教师职业道德相关法规建设两个方面。这一阶段又可以大致分为三个时期:新中国成立至中国共产党十一届三中全会召开的"前三十年",中国共产党十一届三中全会至"十八大"之前的改革开放时期,"十八大"以来的中国特色社会主义新时代。

(一)"前三十年"

新中国成立后的前三十年间,我国还没有出台《教师职业道德规范》等教师职业道德制度类文件,相关规定和要求主要体现在这一时期发布的相关文件之中,如1963年3月23日由中共中央批准试行的《全日制小学暂行工作条例(草案)》《全日制中学暂行工作条例(草案)》等文件就有对教师职业道德的相关要求。其中,《全日制小学暂行工作条例(草案)》中规定"小学教师担负着培养祖国新生一代的光荣任务,必须不断地提高自己的政治、文化、业务水平"③。

"前三十年"教师职业道德建设很重要的一方面,就是毛泽东同志为教师职业道德建设指明了方向。如,1950年毛泽东给母校湖南第一师范学校的题词"要做人民的先生,先做人民的学生"。④ 这既是给湖南第一师范学校的题词,也是对新中国广大教师提出的新

---

① 康有为.大同书[M].上海:上海古籍出版社,2005:207.
② 康有为.大同书[M].上海:上海古籍出版社,2005:209.
③ 明安.教育学名词浅释[M].西宁:青海人民出版社,1982:376.
④ 李新芝.毛泽东题词题字珍闻[M].北京:台海出版社,2016:233.

要求。再如,1957 年 10 月毛泽东同志在党的八届三中全会上提出"我们各行各业的干部都要努力精通技术和业务,使自己成为内行,又红又专。"①"各行各业"也包括教师,"又红又专"是各行各业干部的素质要求,同时也是教师职业道德的重要内容。

(二) 改革开放时期

中国共产党第十一届三中全会后,党和国家主要领导人对教师职业道德建设都做出了重要论述,我国教师职业道德也开启了制度化与法制化建设进程,两者共同促进了教师职业道德在改革开放时期的健康发展。

1. 党和国家主要领导人对教师职业道德的论述

1978 年,邓小平在全国教育工作会议上谈到"一个学校能不能为社会主义建设培养合格人才,培养德智体全面发展、有社会主义觉悟的、有文化的劳动者,关键在教师"②"我们提倡学生尊重师长,同时也提倡师长爱护学生。尊师爱生,教学相长,这是师生之间革命的同志式关系"③"各级党委和学校的党组织,应该热情地关心和帮助教师思想和政治上的进步……我们希望广大教师努力在政治上、业务上不断提高,沿着又红又专的道路前进"④。

1999 年 6 月,江泽民在第三次全国教育工作会议上指出:"教师是人类灵魂的工程师。在我国,人民教师是社会主义精神文明的传播者和建设者……教师是学生增长知识和思想进步的导师,一言一行都会对学生产生影响,一定要在思想政治上、道德品质上、学识学风上全面以身作则,自觉率先垂范。"⑤

2007 年 8 月教师节前夕,胡锦涛亲切会见了各地优秀教师,并向教师们提出了"四个希望":一是希望广大教师爱岗敬业、关爱学生,忠诚于人民教育事业,把全部精力和满腔真情献给教育事业,做爱岗敬业的模范。二是希望广大教师刻苦钻研、严谨笃学,崇尚科学精神,拓宽知识视野,不断提高教学质量和教书育人本领。三是希望广大教师勇于创新、奋发进取,踊跃投身教育创新实践,积极探索教育教学规律,引导学生在发掘兴趣和潜能的基础上全面发展。四是希望广大教师淡泊名利、志存高远,自觉坚持社会主义核心价值体系,静下心来教书,潜下心来育人,努力做受学生爱戴、让人民满意的教师。⑥

2. 教师职业道德制度建设

这一时期我国颁布和修订了四个教师职业道德规范专门文件,同时也把教师职业道德要求写入了《中华人民共和国教师法》和《国家中长期教育改革和发展规划纲要(2010—2020 年)》等其他教育法规,全面开启了教师职业道德的制度化建设。

---

①　徐光春. 马克思主义大辞典[M]. 武汉:崇文书局,2018:834.

②　邓小平. 邓小平文选(第二卷)[M]. 北京:人民出版社,1994:108.

③　邓小平. 邓小平文选(第二卷)[M]. 北京:人民出版社,1994:109.

④　邓小平. 邓小平文选(第二卷)[M]. 北京:人民出版社,1994:109 - 110.

⑤　江泽民. 江泽民文选(第二卷)[M]. 北京:人民出版社,2006:338.

⑥　可参见,胡锦涛强调:大力倡导尊师重教大力发展教育事业,http://www. gov. cn/ldhd/2007 - 08/31/content_733312. htm.

（1）颁发四次教师职业道德规范专门文件

1984年10月13日，全国教育工会颁布了《中小学教师职业道德要求（试行草案）》，其主要内容是：教师要热爱祖国，热爱中国共产党，热爱社会主义；热爱人民教育事业，热爱学生；奉公守法、遵守纪律；衣着整洁、举止端庄；以身作则；为人师表。该规范成为我国师德规范建设的基础。

1991年8月31日，原国家教委和全国教育工会重新修订并颁布了《中小学教师职业道德规范》，其主要内容分为六条：教师要热爱社会主义祖国，拥护中国共产党的领导；执行教育方针，遵循教育规律；不断提高科学文化和教育理论水平；热爱、尊重、了解和严格要求学生；热爱学校，关心集体；衣着整洁、举止端庄，以身作则，为人师表。

1997年9月1日，国家教育委员会和全国教育工会联合颁布了修订版的《中小学教师职业道德规范》，共分八条：依法执教、爱岗敬业、热爱学生、严谨治学、团结协作、尊重家长、廉洁从教、为人师表。

2008年9月3日，教育部和中国教科文卫体工会全国委员会联合颁布了《中小学教师职业道德规范（2008年修订）》。其中《中小学教师职业道德规范（2008年修订）》首次把"保护学生安全"纳入规范，明确提出了抵制有偿家教，并且把"终身学习"单独列出。体现了以人为本、继承与创新相结合、广泛性与先进性相结合、倡导性要求与禁行性规定相结合、他律与自律相结合等原则。《中小学教师职业道德规范（2008年修订）》全文如下。

中小学教师职业道德规范（2008年修订）

一、爱国守法。热爱祖国，热爱人民，拥护中国共产党领导，拥护社会主义。全面贯彻国家教育方针，自觉遵守教育法律法规，依法履行教师职责权利。不得有违背党和国家方针政策的言行。

二、爱岗敬业。忠诚于人民教育事业，志存高远，勤恳敬业，甘为人梯，乐于奉献。对工作高度负责，认真备课上课，认真批改作业，认真辅导学生。不得敷衍塞责。

三、关爱学生。关心爱护全体学生，尊重学生人格，平等公正对待学生。对学生严慈相济，做学生良师益友。保护学生安全，关心学生健康，维护学生权益。不讽刺、挖苦、歧视学生，不体罚或变相体罚学生。

四、教书育人。遵循教育规律，实施素质教育。循循善诱，诲人不倦，因材施教。培养学生良好品行，激发学生创新精神，促进学生全面发展。不以分数作为评价学生的唯一标准。

五、为人师表。坚守高尚情操，知荣明耻，严于律己，以身作则。衣着得体，语言规范，举止文明。关心集体，团结协作，尊重同事，尊重家长。作风正派，廉洁奉公。自觉抵制有偿家教，不利用职务之便谋取私利。

六、终身学习。崇尚科学精神，树立终身学习理念，拓宽知识视野，更新知识结构。潜心钻研业务，勇于探索创新，不断提高专业素养和教育教学水平。

（2）教师职业道德要求写入其他教育法规

1993 年《中华人民共和国教师法》规定教师必须遵守宪法、法律和职业道德。第三条规定"教师是履行教育教学职责的专业人员，承担教书育人，培养社会主义事业建设者和接班人、提高民族素质的使命。教师应当忠诚于人民的教育事业。"第八条对教师义务的规定，教师职业道德是其主要内容，如第一款"遵守宪法、法律和职业道德，为人师表"和第四款"关心、爱护全体学生，尊重学生人格，促进学生在品德、智力、体质等方面全面发展"等。

2010 年《国家中长期教育改革和发展规划纲要（2010—2020 年）》中提出："努力打造一支师德高尚、业务精湛、结构合理、充满活力的高素质专业化教师队伍"，并要求"将师德表现作为教师考核聘任聘用和评价的首要内容"。

（三）中国特色社会主义新时代

进入中国特色社会主义新时代，习近平总书记对教师职业道德做了重要论述。同时，我国也进一步加快了教师职业道德制度建设的步伐，体现了鲜明的时代特征。

1. 习近平总书记关于教师职业道德的重要论述

习近平总书记关心教师与教师队伍建设，对教师给予了很高的赞誉和期盼："长期以来，广大教师为教育事业付出了辛劳、奉献了力量、贡献了才智，要在广大教师中、在全社会大力宣传和弘扬优秀教师的先进事迹和高尚品德。希望广大教师认清肩负的使命和责任，教育和引导学生热爱祖国、热爱人民、热爱中国共产党，教育和引导学生心中要有国家和民族、意识到肩负的责任，牢固树立为祖国服务、为人民服务的意识，立志成为党和人民需要的人才。"[1]就教师职业道德而言，习近平总书记的重要论述主要体现在"四个好老师""四个引路人""四个相统一""四个服务"，以及 2018 年全国教育大会上对教师的定位与要求等方面。

（1）四有好老师

2014 年 9 月 9 日上午，习近平总书记视察北京师范大学，发表了"四有"好老师重要讲话，专门强调，今天的学生就是未来实现中华民族伟大复兴中国梦的主力军，广大教师就是打造这支中华民族"梦之队"的筑梦人。打造一支有理想信念、有道德情操、有扎实学识、有仁爱之心的"四有"好老师队伍，是学校办学的重要任务。要切实加强教师思想政治工作，引导广大教师自觉做先进思想文化的传播者、党执政的坚定支持者，更好担起学生健康成长指导者和引路人的责任。

2016 年 9 月 9 日习近平在考察北京市八一学校时进一步指出了"好老师"的重要性：一个人遇到好老师是人生的幸运，一个学校拥有好老师是学校的光荣，一个民族源源不断涌现出一批又一批好老师则是民族的希望。习近平总书记关于"四有好老师"的重要论述成为新时代教师职业道德的主要参照。

---

① 习近平. 全面贯彻落实党的教育方针、努力把我国基础教育越办越好[N]. 人民日报，2016 - 09 - 10.

（2）四个引路人

2016年9月9日,习近平总书记在北京市八一学校考察时强调,广大教师要做"四个引路人",即:教师要做学生锤炼品格的引路人,做学生学习知识的引路人,做学生创新思维的引路人,做学生奉献祖国的引路人。

（3）四个相统一

全国高校思想政治工作会议2016年12月7日至8日在北京召开,习近平总书记在会上强调,教师是人类灵魂的工程师,承担着神圣使命。传道者自己首先要明道、信道。高校教师要坚持教育者先受教育,努力成为先进思想文化的传播者、党执政的坚定支持者,更好担起学生健康成长指导者和引路人的责任。要加强师德师风建设,坚持教书和育人相统一,坚持言传和身教相统一,坚持潜心问道和关注社会相统一,坚持学术自由和学术规范相统一,引导广大教师以德立身、以德立学、以德施教。

（4）四个服务

习近平总书记在全国高校思想政治工作会议（2016年12月）上的讲话中,谈及"扎实办好中国特色社会主义高校"时强调指出,我国高等教育发展方向要同我国发展的现实目标和未来方向紧密联系在一起,坚持"为人民服务,为中国共产党治国理政服务,为巩固和发展中国特色社会主义制度服务,为改革开放和社会主义现代化建设服务"。

（5）全教会上对教师的定位与要求

全国教育大会2018年9月10日在北京召开,习近平总书记出席会议并发表重要讲话,有关教师与教师职业道德,习近平总书记主要强调了以下六个方面。

其一,教师是人类灵魂的工程师,是人类文明的传承者,承载着传播知识、传播思想、传播真理,塑造灵魂、塑造生命、塑造新人的时代重任。

其二,每一个教师都要珍惜这份光荣,爱惜这份职业,严格要求自己,不断完善自己。

其三,做老师就要执着于教书育人,有热爱教育的定力、淡泊名利的坚守。

其四,教育投入要更多向老师倾斜,不断提高教师待遇。

其五,提高教师政治地位、社会地位、职业地位、让广大教师享有应有的社会声望。

其六,对教师队伍中存在的问题,要坚决依法依纪予以严惩。

习近平总书记关于教师职业道德的重要论述对我国新时代教师职业道德发展产生了重大影响,如2018年教育部等五部门发布的《教师教育振兴行动计划（2018—2022）》中就将习近平总书记提出的"四有好老师""四个引路人""四个相统一"和"四个服务"作为教师师德养成的重要内容和标准,再如2018年颁布的《新时代中小学教师职业行为十项准则》等一系列规章中"四有好老师"成为其重要的指导思想和广大教师提高自身道德修养、完成立德树人根本任务的主要标准与努力方向。

2. 教师职业道德制度建设

适应时代发展需要,回应社会对师德建设的期盼。这一时期我国教师职业道德制度建设步入了快车道,严格了对教师职业的考核与处理等。相关制度建设体现在十九大之前的"一票否决""十条红线""六禁令"和十九大之后的一系列准则与相应处理办法,以及其他相关制度的制定与出台。

（1）"一票否决"

"一票否决"是"严格师德考核"的重要体现。2013 年 9 月教育部颁发了《教育部关于建立健全中小学师德建设长效机制的意见》，提出"严格师德考核"，规定"师德考核不合格者年度考核应评定为不合格，并在教师资格定期注册、职务（职称）评审、岗位聘用、评优奖励和特级教师评选等环节实行一票否决。"

（2）"十条红线"

"十条红线"指 2014 年 1 月 11 日教育部颁布的《中小学教师违反职业道德行为处理办法》中规定的中小学教师在教育教学活动不得违反的 10 条行为，具体内容如下。

1. 在教育教学活动中有违背党和国家方针政策言行的；

2. 在教育教学活动中遇突发事件时，不履行保护学生人身安全职责的；

3. 在教育教学活动和学生管理、评价中不公平公正对待学生，产生明显负面影响的；

4. 在招生、考试、考核评价、职务评审、教研科研中弄虚作假、营私舞弊的；

5. 体罚学生的和以侮辱、歧视等方式变相体罚学生，造成学生身心伤害的；

6. 对学生实施性骚扰或者与学生发生不正当关系的；

7. 索要或者违反规定收受家长、学生财物的；

8. 组织或者参与针对学生的经营性活动，或者强制学生订购教辅资料、报刊等谋取利益的；

9. 组织、要求学生参加校内外有偿补课，或者组织、参与校外培训机构对学生有偿补课的；

10. 其他严重违反职业道德的行为应当给予相应处分的。[①]

（3）"六禁令"

"六禁令"一指《严禁教师违规收受学生及家长礼品礼金等行为的规定》，二指《严禁中小学校和在职中小学教师有偿补课的规定》，以下分别介绍。

2014 年 7 月 8 日，教育部颁布了《严禁教师违规收受学生及家长礼品礼金等行为的规定》，严禁了六条行为，内容如下。

一、严禁以任何方式索要或接受学生及家长赠送的礼品礼金、有价证券和支付凭证等财物。

二、严禁参加由学生及家长安排的可能影响考试、考核评价的宴请。

三、严禁参加由学生及家长安排支付费用的旅游、健身休闲等娱乐活动。

四、严禁让学生及家长支付或报销应由教师个人或亲属承担的费用。

五、严禁通过向学生推销图书、报刊、生活用品、社会保险等商业服务获取回扣。

六、严禁利用职务之便谋取不正当利益的其他行为。[②]

---

① 可参见，中华人民共和国教育部政府门户网站，教育部关于印发《中小学教师违反职业道德行为处理办法》的通知，http://www.moe.gov.cn/srcsite/A10/s7002/201401/t20140114_163197.html.

② 可参见，中华人民共和国教育部政府门户网站，教育部关于印发《严禁教师违规收受学生及家长礼品礼金等行为的规定》的通知，http://www.moe.gov.cn/srcsite/A25/s3144/201407/t20140709_171513.html.

2015 年 6 月 29 日,教育部颁布了《严禁中小学校和在职中小学教师有偿补课的规定》,①亦严禁了六条行为,内容如下。

一、严禁中小学校组织、要求学生参加有偿补课;

二、严禁中小学校与校外培训机构联合进行有偿补课;

三、严禁中小学校为校外培训机构有偿补课提供教育教学设施或学生信息;

四、严禁在职中小学教师组织、推荐和诱导学生参加校内外有偿补课;

五、严禁在职中小学教师参加校外培训机构或由其他教师、家长、家长委员会等组织的有偿补课;

六、严禁在职中小学教师为校外培训机构和他人介绍生源、提供相关信息。

(4)"十项准则"

为深入贯彻习近平新时代中国特色社会主义思想和党的十九大精神,深入贯彻落实全国教育大会精神,扎实推进《中共中央国务院关于全面深化新时代教师队伍建设改革的意见》的实施,进一步加强师德师风建设,2018 年 11 月 8 日教育部印发了《新时代高校教师职业行为十项准则》《新时代中小学教师职业行为十项准则》《新时代幼儿园教师职业行为十项准则》。同日,教师部还颁布了与准则相对应的处理办法:《关于高校教师师德失范行为处理的指导意见》《中小学教师违反职业道德行为处理办法(2018 年修订)》《幼儿园教师违反职业道德行为处理办法》。这在我国教师职业道德发展史上是第一次将"幼儿园教师职业道德"从"中小学教师职业道德"中独立出来,也是第一次将违反教师职业道德处理办法与教师职业道德规范同时颁布。这表明了我国教师职业道德制度体系日趋完成,也凸显了新时代教师职业道德建设的重要性、紧迫性与实践性。以下简要介绍"准则"出台的时代背景与意义、主要内容、全面理解和把握之要、确保落实之策,以及与《规范》、"红线"的关系。

第一,准则出台的背景与意义。教师是决胜全面建成小康社会、建设社会主义现代化强国的重要力量,是落实立德树人根本任务、培养德智体美劳全面发展的社会主义建设者和接班人的关键。我国各级各类学校有 1600 多万专任教师,他们中的绝大多数都敬重学问、关爱学生、严于律己、为人师表,受到学生尊敬和爱戴。但是也有极个别人理想信念模糊,育人意识淡薄,放松自我要求,甚至出现严重违反师德行为,损害教师队伍形象,影响学生健康成长。同时,我国发展新的历史方位下,人民群众对更好教育的需要日益增长,知识获取方式和传授方式、教和学关系都发生了革命性变化,这些都对教师队伍能力和水平提出了新的更高的要求。制定教师职业行为准则,明确新时代教师职业规范,针对主要问题、突出问题划定基本底线,加强师德师风建设,是建设政治素质过硬、业务能力精湛、育人水平高超的高素质教师队伍的重要举措,也为教师严格自我约束、规范职业行为、加强自我修养提供基本遵循。

---

① 可参见,中华人民共和国教育部政府门户网站,教育部关于印发《严禁中小学校和在职中小学教师有偿补课的规定》的通知,http://www.moe.gov.cn/srcsite/A10/s7002/201507/t20150706_192618.html.

第二，准则的主要内容。准则结合高校、中小学、幼儿园教师队伍的不同特点，分别提出十条针对性的要求，包括坚定政治方向、自觉爱国守法、传播优秀文化、爱岗敬业、关爱学生、诚实守信、廉洁自律等方面，每一条既提出正面倡导，又划定师德底线。其中，坚定政治方向、自觉爱国守法、传播优秀文化等是共性要求，爱岗敬业、关爱学生、诚实守信、廉洁自律等几个方面，结合高校、中小学、幼儿园教师中的不同表现、存在的问题及在不同阶段教师队伍的差异性，提出不同要求，更贴合实际、更具针对性。要特别指出的是，十条准则并不能涵盖教师职业行为的所有方面，只是针对主要问题、突出问题进行规范。

第三，全面理解把握准则之要。全面理解把握准则必须做到三要：一要提高政治站位，增强"四个意识"。要站在教师职业承担的重要使命和责任的位置上，从党和国家事业全局的角度理解准则的要求。处理好个人利益和国家、社会利益的关系，处理好个人理想和民族梦想的关系，集聚奋斗力量，做新时代的见证者、开创者、建设者。二要把握基本定位，增强底线意识。准则中的禁行性规定是底线，是从事教师职业的最低要求，是大中小幼职特各级各类学校教师必须遵守的，是不可触碰的红线。三要正确理解认识，取得思想一致。准则中的禁止性规定，不是体检结果，是预防保健手册，是对广大教师的警示提醒，是严管厚爱。

第四，确保落实之策。我们应从三个方面确保准则的落实：一是形成制度体系。配合准则出台，还制定了《教育部关于高校教师师德失范行为处理的指导意见》，对 2014 年印发的《中小学教师违反职业道德行为处理办法》进行了修订，制定了《幼儿园教师违反职业道德行为处理办法》，建立起违规惩处和责任追究机制。要求各地各校根据准则，结合实际制定教师职业行为负面清单和实施办法。二是做好宣传解读。要求各地各校坚持全覆盖、无死角，采取多种形式帮助广大教师全面理解和准确把握，深刻认识承担的职责使命。引导广大教师结合教书育人实践，增强行动自觉，时刻自重、自省、自警、自励，做以德立身、以德立学、以德施教、以德育德的楷模。三是强化督导检查。将适时对各地落实情况进行督查，对工作推进有力、落实到位、成效显著的地方和学校进行宣传表彰，对行动缓慢、敷衍塞责、问题突出的地方和学校进行通报。

第五，准则与"规范""红线""禁令"的关系。我们应从三个方面把准则与实施中的"规范""红线""禁令"的关系：首先，要理解准则是结合新时代、新要求、新形势、新问题制定的教师职业行为规范，既有正面倡导、高线追求，也有负面禁止、底线要求，是对之前教师职业道德规范和"十条红线""红七条"等师德底线的继承和发展。其次，要知道准则规范的不仅是教师职业道德行为，还对教师提高政治素质、传播优秀文化、积极奉献社会等方面提出要求。再次，要明确准则是原则性规定，此前制定的"红七条"等以及严禁教师违规收受学生及家长礼品礼金、严禁中小学校和在职中小学教师有偿补课的规定与准则结合执行。

➤ **扫章首二维码查看：阅读补充材料 W1－3：《新时代幼儿园教师职业行为十项准则》《幼儿园教师违反职业道德行为处理办法》**

（5）其他教师职业道德建设相关文件

其他师德师风建设相关文件主要指"十九大"之后颁布的《中共中央国务院关于全面深化新时代教师队伍建设改革的意见》《教师教育振兴行动计划（2018—2022）》和《关于加强和改进新时代师德师风建设的意见》，前两份文件把教师职业道德建设作为教师队伍建设的重要组成部分写进其中，后一是教师职业道德建设专门性文件，是新时代教师师德师风建设的纲领性文件，该文件将在第六章进行专题讲解，这里只简要介绍前两份文件中与教师职业道德相关的内容。

2018 年 1 月 20 日我国颁布的《中共中央国务院关于全面深化新时代教师队伍建设改革的意见》指出"弘扬高尚师德。健全师德建设长效机制，推动师德建设常态化长效化，创新师德教育，完善师德规范，引导广大教师以德立身、以德立学、以德施教、以德育德，坚持教书与育人相统一、言传与身教相统一、潜心问道与关注社会相统一、学术自由与学术规范相统一，争做'四有'好教师，全心全意做学生锤炼品格、学习知识、创新思维、奉献祖国的引路人。"①

2018 年 3 月教育部等五部门发布的《教师教育振兴行动计划（2018—2022）》中指出，落实师德教育新要求，增强师德教育实效性。将学习贯彻习近平总书记对教师的殷切希望和要求作为教师师德教育的首要任务和重点内容。加强师德养成教育，用"四有好老师"标准、"四个引路人""四个相统一"和"四个服务"等要求，统领教师成长发展，细化落实到教师教育课程，引导教师以德立身、以德立学、以德施教、以德育德。②

👉 思考与拓展

1. 举例分析教师劳动的特点。

2. 简要分析教师职业道德的内涵与特点。

3. 分析习近平总书记关于教师职业道德的重要论述。

4. 比较分析我国于 1984 年、1991 年、1997 年和 2008 年颁布的中小学教师职业道德规范的内容异同。

5. 拓展阅读链接

《中小学教师资格证考试标准》《中小学教师资格证笔试大纲》《中小学教师资格证面试大纲》中教师职业道德的相关考试要求。中国教育考试网

http://ntce.neea.edu.cn/html1/report/1508/339－1.htm2020－1－10

---

① 可参见,中国政府网,中共中央国务院关于全面深化新时代教师队伍建设改革的意见,http://www.gov.cn/zhengce/2018－01/31/content_5262659.htm。

② 可参见,中华人民共和国教育部政府门户网站,教育部等五部门关于印发《教师教育振兴行动计划（2018—2022 年）》的通知,http://www.moe.gov.cn/srcsite/A10/s7034/201803/t20180323_331063.html。

第二章

新时代中小学教师职业行为准则（上）

扫码查看
拓展资源

内容概要

本章详细阐述了《新时代中小学教师职业行为十项准则》的前五条——坚定政治方向、自觉爱国守法、传播优秀文化、潜心教书育人、关心爱护学生。分析了每一条准则的内涵与意义、具体要求，并通过具体案例简要探讨了在实际教育教学过程中的应当如何践行相关准则和要求，帮助学习者坚守为党育人、为国育才的初心，以德施教、以德育德，为成为新时代党和人民满意的"四有"好老师奠定基础。

第一节　坚定政治方向

坚定政治方向。坚持以习近平新时代中国特色社会主义思想为指导，拥护中国共产党的领导，贯彻党的教育方针；不得在教育教学活动中及其他场合有损害党中央权威、违背党的路线方针政策的言行。

——《新时代中小学教师职业行为十项准则》第一条

一、内涵解读

习近平总书记强调，政治方向是党生存发展第一位的问题，事关党的前途命运和事业兴衰成败。我们党从建党之日起就十分重视政治方向建设，坚持正确的政治方向是中国共产党的优良传统，它是我们党凝聚力量取得各项伟大事业胜利的重要法宝。坚定政治方向就是坚持中国共产党的领导，坚持走中国特色社会主义道路，坚持中国特色社会主义政治制度，全面贯彻党和国家的路线方针政策。坚定政治方向的基本内容主要包括以下几个方面：

（一）坚持中国特色社会主义道路

党的十八大对中国特色社会主义道路做出了明确地概括，即"在中国共产党领导下，立足基本国情,以经济建设为中心,坚持四项基本原则,坚持改革开放,解放和发展社会生产力,建设社会主义市场经济、社会主义民主政治、社会主义先进文化、社会主义和谐社会、社会主义生态文明,促进人的全面发展,逐步实现全体人民的共同富裕,建设富强民主文明和谐的社会主义现代化国家。"①改革开放以来,中国在政治、经济、文化各方面都取得了举世瞩目的成绩,中国的发展证明了坚持正确的政治方向的极度重要性,也充分证明了中国特色社会主义道路的正确性和科学性。

中国特色社会主义道路是教师坚定政治方向的理论基础,只有坚持中国特色社会主义道路理论才能立足于中国实际,自觉履行教书育人工作,才能在复杂的国际环境中保持清醒的头脑,用正确的政治理论武装学生头脑。

(二)坚持中国特色社会主义政治制度

习近平总书记在庆祝全国人民代表大会成立 60 周年的重要讲话中指出:"一个国家的政治制度决定于这个国家的经济社会基础,同时又反作用于这个国家的经济社会基础,乃至于起到决定性作用。"从这一重要论述可以看出,政治制度在一个国家经济社会发展中具有重要作用。中国特色社会主义政治制度包括人民代表大会制度、中国共产党领导的多党合作和政治协商制度、民族区域自治制度和基层群众自治制度。坚定政治方向必须坚持中国特色社会主义政治制度,把坚持党的领导、人民当家做主和依法治国有机统一起来。

(三)坚持贯彻党的路线方针

新时代贯彻党的教育方针,要坚持马克思主义指导地位,贯彻新时代中国特色社会主义思想,坚持社会主义办学方向,落实立德树人的根本任务,坚持教育为人民服务、为中国共产党治国理政服务、为巩固和发展中国特色社会主义制度服务、为改革开放和社会主义现代化建设服务,扎根中国大地办教育,同生产劳动和社会实践相结合,加快推进教育现代化、建设教育强国、办好人民满意的教育,努力培养担当民族复兴大任的时代新人,培养德智体美劳全面发展的社会主义建设者和接班人。

教师是党的教育方针的执行者,教育方针代表了党和国家对培养人才的要求。我国社会主义教育就是要培养社会主义的建设者和接班人,政治是灵魂,坚持正确的政治方向是第一位的。教师要以新时代中国特色社会主义思想为指导,践行社会主义核心价值观,以身作则,做学生的榜样,才能引领帮助学生把握好人生方向,"扣好人生的第一颗扣子",培养学生坚定走中国特色社会主义道路的信念,做到从思想上认同、理论上认同、感情上认同。教师要正确认识世界和中国发展大势,坚持以马克思主义为指导,全面贯彻党的教育方针,引导广大师生做社会主义核心价值观的坚定信仰者、积极传播者、模范践行者;树立为共产主义远大理想和中国特色社会主义共同理想而奋斗的信念和信心;正确认识时

① 胡锦涛在中国共产党第十八次全国代表大会上的报告[EB/OL]. http://cpc. people. com. cn/n/2012/1118/c64094 - 19612151 - 7. html.

代的责任和使命,抵制一切反马克思主义和反社会主义以及损害国家利益的言行。①

二、具体要求

(一) 坚持以习近平新时代中国特色社会主义思想为指导

新时代中国特色社会主义思想,是对马克思列宁主义、毛泽东思想、邓小平理论、"三个代表"重要思想、科学发展观的继承和发展,是马克思主义中国化最新成果,是党和人民实践经验和集体智慧的结晶,是中国特色社会主义理论体系的重要组成部分,是全党全国人民为实现中华民族伟大复兴而奋斗的行动指南,必须长期坚持并不断发展。②

教师要加强理论学习,真正用习近平新时代中国特色社会主义思想武装头脑,增强教师学习贯彻新思想的政治自觉,为提高教学质量和筑牢育人阵地提供最新指导思想。坚定理想信念,强化理论学习,注重实践锻炼,理直气壮地传播党的理论和思想,把党的理论和思想真情实意地融入教育教学的全过程,把学习成果转化为开展学生思想政治教育工作的抓手。加强师德师风建设,引导教师,以德立身、立学、立行,把思政育人贯穿学生教育的始终,全力帮助学生健康成长、成才。引导学生形成爱党、爱国、爱社会主义、爱人民的情感,坚定理想信念、传承红色基因,听党话、跟党走,用思想来指导行为,争做有理想有本领有担当的时代新人。

习近平总书记在第30个教师节前夕,考察北京师范大学时勉励教师要做有理想信念、有道德情操、有扎实学识、有仁爱之心的"四有"好老师。

教师的一言一行都体现在所教的学生身上,所以身教言教都十分重要,我从教6年,一直从事小学语文教学和班主任的工作,深知自己对学生的责任有多重要。做好老师,要有理想信念。我的教学信念是:培养出有血有肉的中国人! 这血肉既是作为中国人的自豪,也是作为中国人的忠诚,对小学生来说爱党爱国,先要爱红领巾,了解自己从戴上红领巾开始就是肩负了祖国的荣辱。班级中总会有丢红领巾的孩子,每当我捡到,就会折叠整齐后放在讲台上,既有仪式感又有尊重,亲自身教爱护红领巾,也就是爱国,孩子对待红领巾也更加珍惜。每当涉及国家荣誉感的大事,我总会和学生们一起去感受,比如国庆大阅兵、俄罗斯红场阅兵、神舟飞船升空等等,感受祖国强大从而激发自豪感,从内心感到祖国的富强与我们的息息相关。

——三环逸夫小学张娇《"四有"好教师之我行》

(二) 拥护中国共产党的领导,贯彻党的教育方针

中国共产党是中国工人阶级的先锋队,同时是中国人民和中华民族的先锋队,是中国特色社会主义事业的领导核心,代表中国先进生产力的发展要求,代表中国先进文化的前

---

① 可参见,顾明远,守住教书育人的底线,http://www.moe.gov.cn/jyb_xwfb/moe_2082/zl_2018n/2018_zl86/201811/t20181115_354889.html。

② 习近平. 在中国共产党第十九次全国代表大会上的报告[M]. 北京:人民出版社,2017:37。

进方向,代表中国最广大人民的根本利益。①

习近平在全国教育大会上强调,在党的坚强领导下,全面贯彻党的教育方针,坚持马克思主义指导地位,坚持中国特色社会主义教育发展道路,坚持社会主义办学方向,立足基本国情,遵循教育规律,坚持改革创新,以凝聚人心、完善人格、开发人力、培育人才、造福人民为工作目标,培养德智体美劳全面发展的社会主义建设者和接班人,加快推进教育现代化、建设教育强国、办好人民满意的教育。

新时代全面贯彻党的教育方针,有利于加快推进教育现代化、建设教育强国、办好人民满意的教育,有利于不断使教育同党和国家事业发展要求相适应、同人民群众期待相契合、同我国综合国力和国际地位相匹配,为实现"两个一百年"奋斗目标和中华民族伟大复兴的中国梦奠定更为坚实的基础。正如"人民教育家"——于漪,拥有一切为中华民族伟大复兴而教的信仰自觉。她把"树中华教师魂,立民族教育根"作为自己终生奋斗的目标,把"一切为民族"作为自己铸造师魂的基因,践行着"一辈子做教师,一辈子学做教师"的誓言。

(三)不得在教育教学活动中及其他场合有损害党中央权威、违背党的路线方针政策的言行

遵守党的政治纪律,最核心的就是坚持党的领导,坚持党的基本理论、基本路线、基本纲领、基本经验、基本要求,同党中央保持高度一致,自觉维护中央权威。在中国特色社会主义新时代,党员教师应增强"四个意识"坚定"四个自信"做到"两个维护"。不得有损害中央权威、妨碍党和国家方针政策实施等违反政治纪律的行为,比如拒不执行党和国家的方针政策以及决策部署,故意作出与党和国家的方针政策以及决策部署相违背的决定,擅自对应当由党中央决定的重大政策问题做出决定和对外发表主张等都是违反政治纪律的行为。

损害党中央权威的言行,是指以行动或者言语给中国共产党中央的权威造成实际损害或者有损害危险的行为,主要包括:第一,妄议党中央大政方针,破坏党的集中统一;第二,丑化党和国家形象,或者诋毁、诬蔑党和国家领导人、英雄模范,或者歪曲党的历史、中华人民共和国历史、人民军队历史;第三,制作、贩卖、传播有前述所列内容的书刊、音像制品、电子读物、网络音视频资料,或者私自携带、寄递这些资料进出国(边)境。

违背党的路线方针政策的言行,是指以行动或者言语公然反对党的路线方针政策、企图挑动他人对党的路线方针政策产生怀疑的行为,主要包括:第一,通过网络、广播、电视、报刊、传单、书籍等,或者利用课堂、讲座、论坛、报告会、座谈会等方式,公开发表坚持资产阶级自由化立场,反对四项基本原则,反对党的改革开放决策的文章、演说、宣言、声明;第二,通过网络、广播、电视、报刊、传单、书籍等,或者利用课堂、讲座、论坛、报告会、座谈会等方式,公开发表违背四项基本原则,违背、歪曲党的改革开放决策或者其他有严重政治问题的文章、演说、宣言、声明等;第三,制作、贩卖、传播有前述所列内容的书刊、音像制品、电子读物、网络音视频资料,或者私自携带、寄递这些资料进出国(边)境。

---

① 可参见中国共产党章程。

三、案例分析

案例 2-1

在2019年第35个教师节,中宣部授予陈立群"时代楷模"称号。陈立群原为浙江省杭州学军中学校长,他一向关注教育公平,首创了浙江省的第一个"宏志班"。2016年退休后,他婉拒民办学校的高薪聘请,抱着教育扶贫的理想告别九旬的老母,义务到贵州省黔东南苗族侗族自治州台江县民族中学担任校长。台江县是国家级贫困县,而在他所任职的中学里,3000多名学生中就有1300多名来自贫困家庭。

陈立群首先为学校解决长期遗留下的硬件问题,更为学校立了各种规矩,使教育教学有了基本的保障和秩序;他坚信教育扶贫的根本就是教师队伍,通过"小荷工程""青蓝工程""名师工程"提升各个层次教师的教学水平,他还通过自己的各种人脉,开展"请进来,走出去"系列活动,通过交流来提升教师的水平;他意识到校长在教育扶贫中的价值,在贵州专门成立了"陈立群名校长领航工作室",努力为贫困地区培养一支留得下、靠得住、教得好的校长和教师队伍;他始终把帮助贫困家庭孩子求学成长作为己任,关爱他们的学业,更关心他们的身心健康、他们的志向,还会关心他们的家庭境遇;支教期间他翻山越岭、走寨访户,家访并资助100多户苗族贫困家庭,足迹遍布台江县所有乡镇。

两年多时间里,台江县民族中学招生录取分数线提高了近200分,考上本科的学生数从全州垫底冲到了全州最前列。当地老百姓对教育的信心又回来了:2018年台江中考前100名学生,留在本地读书的有95人。

【来源】可参见,2019年中国基础教育30个典型案例,https://www.sohu.com/a/377764934_120207018。

【分析与点评】

上述案例中,陈老师遵循《新时代中小学教师职业行为十项准则》第一条"坚定政治方向"的规定。本条准则的具体要求是教师要"坚持以习近平新时代中国特色社会主义思想为指导,拥护中国共产党的领导,贯彻党的教育方针。"

陈老师有纯真的心、坚定的信念和意志,用实际行动践行教育扶贫。同时,他的经验还告诉我们,教育扶贫不能只关注一方或一届的学子,要有更长远的眼光,要能给贫困地区提供长期的造血功能:从教师校长队伍建设、观念的改变和播种、制度建立和完善等方面做出影响深远的改变。

第二节　自觉爱国守法

　　自觉爱国守法。忠于祖国,忠于人民,恪守宪法原则,遵守法律法规,依法履行教师职责;不得损害国家利益、社会公共利益,或违背社会公序良俗。

——《新时代中小学教师职业行为十项准则》第二条

一、内涵解读

(一) 爱国

　　热爱祖国,这是一种最纯洁、最敏锐、最高尚、最强烈、最温柔、最有情、最有温存、最严酷的感情。一个真正热爱祖国的人,在各个方面都是一个真正的人。

——[苏联]选自苏霍姆林斯基 《给儿子的信》

　　爱国是大家的,爱国是每个人的本分。我觉得凡是脚站在中国的土地嘴吃中国五谷,身穿中国衣服的无论男女老少,都应当爱国。

——陶行知

　　爱国,是公民必须拥有的道德情操,是中华民族最重要的传统,也是社会主义核心价值观最主要的部分。爱国是各族人民重要的精神支柱,也是中华民族继往开来的精神支柱。在历史发展过程中,中华民族表现出了强大的生命力,中华文明一脉相承延续发展成为人类文明史上的一道奇观。这有着非常深刻的原因,其中毋庸置疑的是,千百年来深深融入民族意识之中的爱国主义优良传统,成为鼓舞中华民族艰苦奋斗、继往开来的重要精神支柱。回顾中国历史,正是在这种真挚的爱国热情的激励下,无数中华儿女才能在列强侵略时顽强抗争、在山河破碎时浴血奋战、在一穷二白时发愤图强,书写了波澜壮阔的中华历史画卷。当代社会中,我国各族人民众志成城,抗击新冠病毒性肺炎疫情、驰援汶川大地震、成功举办北京奥运会、抵御国际金融危机,表现出极大的爱国热情,民族凝聚力空前高涨。

　　爱国主义指对祖国的忠诚和热爱。爱国主义在当前的具体要求是:热爱伟大的社会主义祖国;热爱祖国的领土、领空、领海,保卫祖国的安全,争取早日实现祖国统一;反对霸权主义,维护世界和平;把对祖国的忠诚,同对社会主义制度的热爱和为建设有中国特色的社会主义现代化而奋斗终生的奉献精神结合起来。爱国主义既是一个政治原则,又是一个道德规范。作为道德规范,它是调节个人同本国、本民族之间关系的准绳。作为一种意识形态,它是在各民族、国家悠久历史文化基础上形成和发展起来的,具有强大的凝聚力和向心力,是推动各民族向前发展的巨大精神力量。基本内容是:热爱祖国,建设祖国,保卫祖国,捍卫祖国统一。爱国主义又是一个历史范畴。社会主义条件下的爱国主义,是人类历史上最高类型的爱国主义,它丰富和发展了爱国主义的科学内容,同形形色色的国家主义和狭隘的民族主义划清了界限。

（二）守法

守法，是公民道德最低层次的要求，也是社会主义法治国家的必然要求。作为中国公民，应认真学习国家的各项政策法令，积极关心国家时事政治，提高自己的政治觉悟，做一个法制观念强、政治觉悟高、知法守法的好公民。

守法，是教师坚持正确职业行为方向的保证。教师要自觉地学法、懂法和守法，同时在教育教学中，严格遵守《宪法》和教育法律法规，使自己在教育教学活动合法、规范，做到依法执教。

守法，是依法治教的重要内容。依法治教的重点是各个教育部门都要按照法定的权利和义务来治理教育，依法指挥、组织、管理、实施、监督、参与教育活动。为此，教师在从教过程中要认真地学法、知法、懂法和守法，依法行使教书育人的权利，履行法定的教育义务和责任，模范执行国家的法律法规和路线、方针、政策。[①]

二、具体要求

（一）忠于祖国，忠于人民

陶行知先生曾说："教师的好坏简直可以影响到国家的存亡和世运之治乱。"教师要有忠诚于人民教育事业的事业心，《中华人民共和国教育法》规定，教师要"忠诚于人民的教育事业"。这意味着忠诚于人民的教育事业已经不只是个人的意愿、个人的行为，而是全社会对教师的共同要求；同时也意味着这已经是教师群体的共同意志。忠诚于人民的教育事业，是教师群体的职业向心力，也是一个教师的职业行为准则的核心。当人民教师光荣，当一个用祖国的语言文字来培育一代社会主义新人的教师更加光荣。忠于人民的教育事业要求教师必须具有坚定的事业心和较强的荣誉感；甘为人梯，做辛勤的园丁；服从党和人民的安排，到祖国最需要的地方去，到最艰苦的地方去。

季羡林，生前为北京大学教授，一生从事国学和东方学的研究，是一位坚定的爱国者。他说："我生平优点不多，但自谓爱国不敢后人。即使把我烧成了灰，我的每一粒灰也还会是爱国的。"求学清华时，他加入赴南京要求蒋介石政府抗日的请愿行列，还到农村去宣传抗日爱国。赴德留学"是为了爱国"。就在德国法西斯统治的黑暗岁月里，虽然忍饥挨饿，仍然发奋学习希腊文、拉丁文、梵文、吐火鲁文、巴利文，研读梵语佛教经典。当他的博士考试门门得优，毕业论文胜利通过时，他的感受是："我没有给中国人丢脸，可以告慰亲爱的祖国。"季羡林回国到北京大学工作后，就把爱国精神化成报效祖国的教学与研究的实践。他不断地开创学术研究的新领域新课题，忘我地献身学术研究以实践爱国报国的志愿。在他执教60周年暨95华诞庆祝大会上，人们通过一段录像又听到了季老那熟悉的声音。他坚定地说："我们这个大国能够和谐、团结，会影响世界和全人类。""没有人能阻止中国的腾飞。"

---

① 黄正平.教师职业道德新编[M].南京：南京大学出版社，2019：24.

季羡林用实际行动诠释爱国主义精神,尽职尽责履行教师义务,体现了教师的政治使命和社会责任。作为教师,必须教育和培养学生的爱国情、报国志、强国行,在教育教学中渗透爱国主义教育,培养学生的爱国主义精神。让学生懂得爱国是每一位公民的神圣感情,以身作则,在关键时刻能挺身而出。教师应该把自己的教育使命与国家和民族的生存发展结合起来,为国家和民族培养出热爱祖国、热爱中华民族,具有社会责任感、使命感和参与感的中国公民。

庚子鼠年,新冠肺炎疫情来势汹汹,以"最美教师"华雨辰为代表的教师,冲上战疫一线,默默奉献,书写教师担当。

马尾辫高高束起,做事干净利落,不经意就露出活泼的一面。她微笑着说:"觉得自己终于有了一点作用,温暖了别人,也温暖了自己,因为爱比病毒近。"

她是武汉市青山区钢花小学音乐教师华雨辰。疫情袭来,学校停课,当所有人闭门不出,"90后"的她选择逆行,加入志愿者队伍。她用私家车接送医护人员上下班,在社区搬运爱心物资,在防控一线为来往人群测量体温,在方舱医院义务播音,用甜美的声音为大家送去温暖。

"作为武汉人、作为老师,我想用实际行动告诉孩子,在这个时候我们需要站出来。"华雨辰说。

生而平凡,却愿迎险而战,华雨辰将榜样的力量铸成旗标,柔肩担责任,大爱谱青春。

——2020年"最美教师"华雨辰:生而平凡,却愿迎险而战

(二)恪守宪法原则,遵守法律法规,依法履行教师职责

我国现有专任教师1600多万人,他们兢兢业业、努力工作,涌现出大批乐于奉献、教书育人的楷模。但是也有相当一部分教师法律意识不强,既不学法,也不懂法。比如擅自离开课堂、随意"停课"、泄露考试题目、对学生乱罚款等。这就要求教师应加强对有关法律、法规的学习,依法保护自身和学生的合法权益。

一方面要求教师全面贯彻国家政策法规,自觉遵守教育法律法规,依法履行教师的职责和权力。教师应遵守的法律法规包括:《中华人民共和国教育法》《中华人民共和国教师法》《义务教育法》《未成年人保护法》《学生伤害事故处理办法》等。在教育活动中应严格按照相关法律法规从教,树立法制意识。例如,天津市咸水沽二中教师肖某某在课堂上歧视、侮辱学生问题。2021年2月,肖某某在课堂上发表通过家长收入水平质疑家长素质以及歧视、侮辱学生等言论。肖某某的行为违反了《新时代中小学教师职业行为十项准则》第五项规定。根据《中华人民共和国教师法》《中国共产党纪律处分条例》《教师资格条例》《事业单位工作人员处分暂行规定》等相关规定,给予肖某某党内严重警告处分,降低岗位等级处理并调离岗位;撤销其教师资格,收缴教师资格证书,将其列入教师资格限制库,5年内不得重新取得教师资格。对学校主要负责人进行问责,给予党内警告处分。[①]

---

① 可参见,中华人民共和国教育部网站,教育部公开曝光8起违反教师职业行为十项准则典型案例,http://www.moe.gov.cn/jyb_xwfb/gzdt_gzdt/s5987/202104/t20210419_526987.html。

另一方面要求在教育教学过程中渗透法制教育,教会学生明辨是非。教师应在日常教学中,通过各种教育形式和教学手段,使学生知法用法,培养学生的法律意识,形成良好的守法、用法、护法的习惯。例如,通过校园法治宣传教育课程,建立校园法治宣传体系,帮助青少年学法,用法,护法,让青少年在成长的道路上能够平安、健康,成为社会主义建设者和接班人。创新校园普法模式,改善校园法治教育环境,采用最新的多媒体、互联网技术等渠道实现校园法治宣传教育。

(三) 不得损害国家利益、社会公共利益,或违背社会公序良俗

公序,指公共秩序,是指国家社会的存在及其发展所必需的一般秩序;良俗,指善良风俗,是指国家社会的存在及其发展所必需的一般道德。公序良俗指民事主体的行为应当遵守公共秩序,符合善良风俗,不得违反国家的公共秩序和社会的一般道德。

教师不仅在教育教学活动中应遵守公序良俗,在非教育教学活动中也要注意自己的言行,例如,2018 年初,一名女性旅客在合肥火车站用身体阻碍动车关门,造成该列车延迟四分钟发车。按照《铁路安全管理条例》,铁路公安机关令其认错改正,并处 2000 元的罚款。该名乘客系合肥市某小学教导处副主任,该事件在网络上曝光后,当地教育行政机关成立了事件调查小组,对事件做出如下处理:一、责成当事人立即停职检查;二、勒令所属小学就教师队伍建设作出深刻检讨,深入调查事件原因,依法依规依纪处置到位;三、区教体局举一反三,在全区教育系统中广泛开展学法守法及师德师风警示教育,严厉杜绝此类现象再度发生。

三、案例分析

案例 2－2

任明杰,男,28 岁,新乡市封丘县潘店镇大辛庄小学教师,乐享诗意教育的"网红特岗"。入职以来,面对农村艰苦的生活环境,任明杰没有丝毫怨言,而是乐观面对,用 30 万字的从教日记和两万余张照片及数百段视频,记录了一位特岗教师关爱学生、教书育人的点点滴滴。将留守儿童视为自己的孩子,他每天放学后免费辅导学生。虽然每天 7 节课,但他还会在晚上抽空去家访到八九点。课外、周末,他带领孩子们看书、做手工、玩游戏,弥补他们内心缺失的爱,并写下 3 万余字的教学反思——《和花朵一起绽放》。

2018 年 2 月,任明杰的网文《特岗教师生活记录》传遍全国,浏览量近 70 万,教育部新闻办、人民日报、中国教育新闻网等官微相继转发。他扎根基层、默默奉献的事迹被全国知晓,也因此成了大家心目中的"最美乡村教师"和传播"师道力量"的好榜样。

【分析与点评】

上述案例中,任老师遵循了《新时代中小学教师职业行为十项准则》第二条"自觉爱国守法"。本条准则的具体要求是教师要"忠于祖国,忠于人民,恪守宪法原则,遵守法律法规,依法履行教师职责。"

任老师不怕困难，面对农村艰苦的生活环境，没有丝毫怨言，而是乐观面对，用 30 万字的从教日记和两万余张照片及数百段视频，记录了一位特岗教师关爱学生、教书育人的点点滴滴，忠诚于人民的教育事业，具有坚定的事业心和较强的荣誉感；发扬蜡烛精神，甘为人梯，做辛勤的园丁；服从党和人民的安排，到祖国最需要的地方去，到最艰苦的地方去。

案例 2-3

某学校教师王某和学生张某在课堂上发生矛盾，课后教师王某气愤不过，在张某放学回家的路上将其打成重伤。

【分析与点评】

上述案例中，王某违背了《新时代中小学教师职业行为十项准则》第二条"自觉爱国守法"。本条准则的具体要求是教师要"忠于祖国，忠于人民，恪守宪法原则，遵守法律法规。不得损害国家利益、社会公共利益，或违背社会公序良俗的准则"。

身为中国公民更身为一名教师应当做到爱国守法，自觉遵守法律法规。老师在面对学生时难免产生矛盾，此时教师要寻找解决矛盾的方法，绝不能因为一些矛盾而违反法律动手打人，致学生重伤。该教师违背了法律，需要依法承担责任。

➢ 扫章首二维码查看：阅读补充材料 W2-1:2019 中国基础教育典型案例——爱国主义教育

第三节 传播优秀文化

传播优秀文化。带头践行社会主义核心价值观，弘扬真善美，传递正能量；不得通过课堂、论坛、讲座、信息网络及其他渠道发表、转发错误观点，或编造散布虚假信息、不良信息。

——《新时代中小学教师职业行为十项准则》第三条

一、内涵解读

习近平总书记指出："文化是一个国家、一个民族的灵魂。文化兴国运兴，文化强民族强。"在五千多年文明发展中孕育的中华优秀传统文化，在党和人民伟大斗争中孕育的革命文化和社会主义先进文化，积淀着中华民族最深层的精神追求，代表着中华民族独特的精神内核。

(一)中华优秀传统文化

中华优秀传统文化是民族的根与魂。五千多年来,中华民族之所以屹立不倒、绵延不绝,就在于凝结了独特的文化追求和精神标识;在历史沉浮跌宕中之所以愈挫愈勇、不断发展,就在于锻造了与时俱进、革故鼎新的文化共同体。没有高度的文化自信,没有文化的繁荣兴盛,就没有中华民族的伟大复兴。

2017年春节前夕,中共中央办公厅、国务院办公厅出台《关于实施中华优秀传统文化传承发展工程的意见》,首次以中央文件形式专题阐述中华优秀传统文化传承发展工作,这体现了我们党对中华优秀传统文化重要性的认识进一步深化,为传承和发展中华优秀传统文化指明了科学方向和具体路径。

2021年1月教育部印发的《中华优秀传统文化进中小学课程教材指南》指出,中小学课程教材反映中华优秀传统文化的主要载体形式包括以下几个方面:经典篇目,主要指以文献方式存在的传世作品。如文学、历史的名著名篇,科学典籍,作为欣赏对象的经典艺术作品等。人文典故,主要指经过历史检验、被人们公认、有特定内涵的人、事、言,比如历史人物和故事,神话、传说,寓言、名言名句等。基本常识,主要指在传统社会形成且构成中华民族文化基因的基本知识,如时令节气、称谓礼仪、传统节日、风俗习惯等。科技成就,主要指古代人民在科学探索、技术发明方面的突出贡献,如四大发明、都江堰工程、传统医药等。艺术与特色技能,主要指民族性、地域性特征非常鲜明的技能、技巧与艺术,包括以满足精神生活需要为主的技能、技艺,如书法、音乐、舞蹈、戏曲等;以手工劳动为主的技能、技巧,如烹饪、刺绣、剪纸、雕刻等;以身体运动能力为主的技能、技巧,如传统体育、武术、杂技、游艺等。其他文化遗产,主要指前述五种形式以外的传统文化遗存,如古文化遗址、古墓葬、古建筑、石窟寺、石刻、壁画等不可移动文物和艺术品、文献、手稿、服饰等可移动文物。①

教师要从厚植中华文化底蕴、增强民族自豪感、坚定文化自信、做堂堂正正的中国人等育人目标出发,让学生从小就了解祖国五千多年历史文化,从而更加热爱祖国。更要让学生清楚中华传统文化积淀着中华民族最深沉的精神追求,从而在幼小的心灵注入浓浓的家国情怀。用中华优秀传统文化中的大仁大爱、大德大能,培根铸魂,润育生命,最终内化于心、外显于行。

(二)革命文化

革命文化,起源于五四新文化运动和中国共产党成立,形成于新民主主义革命时期,丰富发展于社会主义革命与建设以及改革开放时期。一部革命文化的产生发展史,就是一部中华民族争取民族独立、人民解放和国家富强的斗争史。马克思主义认为,实践是认识的来源。革命文化来源于伟大的革命实践,有革命斗争实践才有革命成功。

习近平总书记在党史学习动员大会上强调,要抓好青少年学习教育,让红色基因、革

---

① 可参见,教育部关于印发《革命传统进中小学课程教材指南》《中华优秀传统文化进中小学课程教材指南》的通知,http://www.moe.gov.cn/srsite/A26/s8001/202102/t20210203_512359.html。

命薪火代代传承。教师应全方位、多形式推动党史学习教育,让红色成为立德树人鲜亮底色,激励学生学习红色文化,弘扬革命精神。

2021年1月教育部印发的《革命传统进中小学课程教材指南》指出,反映革命传统内容的重要载体形式可分为两类。一是原始素材。包括重要革命史实和关键事件,具体指中国共产党领导中国人民进行新民主主义革命、社会主义革命和建设、改革开放和社会主义现代化建设中的重要革命史实、关键事件;革命英雄人物及事迹,具体指为革命、建设、改革作出杰出贡献或突出贡献的英雄人物,包括革命领袖,革命家、革命先驱、革命英雄、民族英雄、英雄模范以及仁人志士等;革命文物、遗址、纪念场馆,具体指革命圣地、旧址与纪念设施以及革命英雄遗留下来的物品等;重要纪念日及仪式,具体指为纪念重大事件、伟人、先烈等设立的特定节日、开展的相关仪式活动。二是基于原始素材创作的作品,具体指反映马克思主义真理和共产党人人格光辉的文章和文学艺术创作,既包括革命英雄人物自己撰写或创作的作品,也包括其他人以重要革命事件、革命英雄人物事迹为题材撰写或创作的作品。①

(三)社会主义先进文化

社会主义先进文化,就是以马克思主义为指导,继承和弘扬中华优秀文化传统和五四运动以来形成的革命文化传统、吸收借鉴世界优秀文化成果、集中体现全国各族人民在新的历史条件下的精神追求,始终代表着当代中国发展前进方向的文化。中国社会主义先进文化的建立,本身就是创新与改革的成果,更是一种文化自信的表现。新中国的社会主义先进文化是一种崭新的文化。

以社会主义先进文化凝聚育人力量,必须坚持以马克思主义为指导领航育人。引导学生从小树立共产主义的远大理想,听党话、跟党走,不断增强对中国特色社会主义道路、理论、制度、文化的"四个自信"。必须坚持以习近平新时代中国特色社会主义思想铸魂育人。教育引导学生树立正确的世界观、人生观、价值观,在坚定理想信念、厚植爱国主义情怀、加强品德修养、增长知识见识、培养奋斗精神、增强综合素质上下功夫,始终把实现个人价值同党和国家前途命运紧紧联系在一起,着力培养对中国共产党和中国特色社会主义制度有高度政治认同、思想认同、情感认同、价值认同的建设者和接班人。必须坚持以社会主义核心价值观贯穿育人过程。切实筑牢学生信仰之基、思想之魂,培养一代又一代拥护中国共产党领导和我国社会主义制度、立志为中国特色社会主义奋斗终生的有用之才。

二、具体要求

(一)带头践行社会主义核心价值观

1. 社会主义核心价值观概念

社会主义核心价值观是社会主义核心价值体系的内核,体现社会主义核心价值体系

---

① 可参见,教育部关于印发《革命传统中小学课程教材指南》《中华优秀传统文化进中小学课程教材指南》的通知,http://www.moe.gov.cn/srsite/A26/s8001/202102/t202103_512359.html。

的根本性质和基本特征，反映社会主义核心价值体系的丰富内涵和实践要求，是社会主义核心价值体系的高度凝练和集中表达。

党的十八大提出，倡导富强、民主、文明、和谐，倡导自由、平等、公正、法治，倡导爱国、敬业、诚信、友善，积极培育和践行社会主义核心价值观。富强、民主、文明、和谐是国家层面的价值目标，自由、平等、公正、法治是社会层面的价值取向，爱国、敬业、诚信、友善是公民个人层面的价值准则，这是社会主义核心价值观的基本内容。

2. 社会主义核心价值观意义

面对世界范围思想文化交流交融交锋形势下价值观较量的新态势，面对改革开放和发展社会主义市场经济条件下思想意识多元多样多变的新特点，积极培育和践行社会主义核心价值观，对于巩固马克思主义在意识形态领域的指导地位、巩固全党全国人民团结奋斗的共同思想基础，对于促进人的全面发展、引领社会全面进步，对于集聚全面建成小康社会、实现中华民族伟大复兴中国梦的强大正能量，具有重要现实意义和深远历史意义。

从适应国内国际大局深刻变化看，我国正处在大发展大变革大调整时期，在前所未有的改革、发展和开放进程中，各种价值观念和社会思潮纷繁复杂。从推进国家治理体系和治理能力现代化要求看，培育和弘扬核心价值观，有效整合社会意识，是国家治理体系和治理能力的重要方面。从提升民族和人民的精神境界看，核心价值观是精神支柱，是行动向导，对丰富人们的精神世界、建设民族精神家园，具有基础性、决定性作用。从实现民族复兴中国梦的宏伟目标看，核心价值观是一个国家的重要稳定器，构建具有强大凝聚力感召力的核心价值观，关乎社会和谐稳定，关乎国家长治久安。

3. 将社会主义核心价值观"内化于心"提高个人修养

教师带头践行社会主义核心价值观，教师的师德和价值观，对学生人格的塑造、思想的进步、健康成长起着至关重要的作用。教师要自觉成为培育和践行社会主义核心价值观的表率。其前提是教师首先要不断提升自身修养，不断提升自身综合素质，从而提升教书育人水平。自觉培养民族自豪感、坚定文化自信，从现代科学知识中不断汲取先进知识和文化的力量。加强个人品德，敢做社会表率，传播正能量，促进社会和谐。要对学科的育人价值进行研究，挖掘出本学科的存在价值以及学科核心素养，研究社会主义核心价值观融入学校日常教育教学活动的切入点和途径，特别是学科教师要研究如何把社会主义核心价值观和学科概念体系、学科核心素养等有机整合，以及如何在重点章节和关键节点进行有机渗透，发挥学科育人的最大功效。

4. 将社会主义核心价值观"外化于行"培养社会主义新人

教师应从自身做起，身体力行，达到春风化雨、润物无声的教育效果。不能只做知识的传播者，还要成为灵魂的塑造者。要以社会主义核心价值观为指导，培养学生的民族文化自豪感。认真汲取中华传统文化的思想精华和道德精髓，在教育教学过程中，讲清楚中华优秀传统文化的历史渊源、发展脉络、基本走向，增强学生的文化自信和价值观自信。例如，引导少年儿童从小培育和践行社会主义核心价值观，要注重利用先进典型和道德模范等榜样，利用榜样的言行、活动及成长历程促进少年儿童的心灵净化和道德成长，使少年儿童从这些富有形象性、感染性的榜样力量中,深刻感受社会主义核心价值观抽象文字背后的生动教育,使其在日常生活中自然而真实地模仿榜样高尚的道德行为和人格形象。

(二)弘扬真善美,传递正能量

1. 追求教育的真善美

真善美是人类实践活动所追求的目标,这就要求劳动者必须要有真善美的素质,这也是我国素质教育的目标。教育的本质是培养人的活动,教人求真、教人求善、教人求美是教育的追求。培养具有真善美素质的人才,在教学实践活动中应注重对真善美的追求。教学是使学生全面和谐健康发展的主要途径,其对真善美的追求能为社会主义建设培养许多实用人才。在教学活动中,"真"即真理,包括科学的理论观念、优秀的知识成果、高超的技能、较强的能力、探求和捍卫真理的精神。"善"体现为教育教学活动必须适应社会和人的全面发展的要求,培养学生具有与社会建设和发展相适应的思想政治观念、心理素质、思维能力、行为规范和道德品质,使他们成为合格的社会劳动者。"美"体现在教学活动中必须遵循美的规律,按照学生的审美要求,诱发学生的学习动机,更好地完成教学任务,实现学生身心和谐发展。①

2. 教育需要正能量

"正能量"一词最早是一个物理学概念,在当今社会多指积极向上的行为,是一种健康乐观、积极向上的动力和情感。当下,中国的正能量是指所有积极的、健康的、催人奋进的、给人力量的、充满希望的人和事。

教育教学活动中需要传递正能量。只有健康、积极、乐观、向上的教育正能量无所不在时,教育才会产生无穷的力量,才会推动社会进步。例如,深入开展"爱学习、爱劳动、爱祖国"主题教育和"节粮、节水、节电"专题教育活动,利用重要仪式和重大节庆日等契机,开展爱国主义、民族传统、礼节礼仪等主题教育活动。开展高雅艺术进校园、"文明风采"竞赛等活动。

(三)不得通过课堂、论坛、讲座、信息网络及其他渠道发表、转发错误观点,或编造散布虚假信息、不良信息

"错误观点"既包括政治观点,也包括非政治观点。对于政治观点,如果直接关系到党中央的权威或党的路线方针政策,则有可能会与《新时代中小学教师职业行为十项准则》第一条"坚定政治方向"有所重合。禁止的行为不限于教师利用其教师身份在教育教学过程中向学生传播错误观点,也包括参与论坛或者讲座等学术交流活动、个人在网络上发表或者转发行为,以及"其他渠道"。

教师与普通公民不同,教师职业言论受职业道德的约束。作为教师,受限于职业角色和职业纪律必然要牺牲部分言论自由,以忠于职业操守。教师即使以普通公民的身份公开发表的涉及教育目标和教育理念的言论,也受教师职业道德的约束。例如,教师尹某在

---

① 刘彩梅. 教学对真善美的追求[D]. 内蒙古:内蒙古师范大学,2010.

对学生进行入学教育时发表"读书可以挣大钱、娶美女"的观点,在其个人著作中宣称:"世上的一切都必须为我服务,不然,这一切都没有意义""天下最大的谎话,就是'毫不利己、专门利人'""我的真心话就是'专门利己,毫不害人'"。作为普通公民的教师能够时刻感受到社会观念的多样化,他们往往自觉或不自觉地将多样化的价值观念带到教师角色中,直接或者间接地将其转化为教育内容。尹某超常规的、与教育目标和教育理念相冲突的言论正是多样化价值观的表现。当教师的角色与心理发生冲突,言论与职业道德相悖时,职业道德取代公民言论的一般限制,成为教师言论自由的界限。①

教师要传播优秀文化,不发表或者传播错误观点,不传谣、不造谣。在互联网时代,尤其需要仔细辨别、审慎行事。要牢固树立底线意识,持身守正,洁身自好,坚决抵制不良习气侵蚀,带头践行社会主义核心价值观,做社会正气的弘扬者、引领者、捍卫者。例如,江苏省宿迁市沭阳县翰林学校教师耿某带领学生应援娱乐明星问题。2020年5月,耿某在上课时间带领学生为娱乐明星应援,并录制视频在网络传播,造成不良影响。根据《中小学教师违反职业道德行为处理办法(2018年修订)》等相关规定,给予耿某停职检查处理;对学校校长进行诫勉谈话。②

三、案例分析

案例 2-4

A学校王老师联系贫困地区的学校和学生,向学校提出建议,举办爱心义卖会。社会实践活动兼具品德塑造与技能教育多样功能,既可以体现在情感体验、品德养成方面,又可以体现在认知发展、技能形成方面,借助丰富多彩的实践活动,同学们经受了一次系统、普及的社会主义核心价值观教育洗礼,增强培育和践行社会主义核心价值观的自觉性、坚定性。为他们走向社会打好了坚实的基础。教师不断践行社会主义核心价值观,与学校一起为学生营造学习和实践社会主义核心价值观的良好氛围,同学们在理想信念、责任担当、文明守纪、勤俭节约、学风考风建设等方面,有了明显的改进。

【分析与点评】

上述案例中,王老师的做法符合《新时代中小学教师职业行为十项准则》第三条"传播优秀文化"。本条准则的具体要求是教师要:"带头践行社会主义核心价值观,弘扬真善美,传递正能量;不得通过课堂、论坛、讲座、信息网络及其他渠道发表、转发错误观点,或编造散布虚假信息、不良信息。"

王老师带头践行社会主义核心价值观,必须坚持为人师表,把成为学生健康成长的指导者和引领人作为自己的毕生使命,该教师极具创新精神,提议组织的该活动得到了学校社会及学生积极的响应。

① 赵凯.教师职业言论的限制与责任承担[J].中国教育学刊,2008(10):13-15.
② 可参见,教育部曝光8起违反教师职业行为十项准则典型问题,https://baijiahao.baidu.com/s?id=1685379917492978474&wfr=spider&for=pc.

第四节 潜心教书育人

潜心教书育人。落实立德树人根本任务,遵循教育规律和学生成长规律,因材施教,教学相长;不得违反教学纪律,敷衍教学,或擅自从事影响教育教学本职工作的兼职兼薪行为。

——《新时代中小学教师职业行为十项准则》第四条

一、内涵解读

(一)教书育人的含义

关于教书育人,古今中外学者均做过很多论述。《礼记》中提及的"师也者,教之以事而喻诸德也。"韩愈在《师说》中谈及的"师者,所以传道、授业、解惑也"。徐特立提出的"经师"与"人师"的统一。赫尔巴特认为"我想不到有任何'无教学的教育'正如相反方面,我不承认有任何'无教育的教学'"①,明确提出教学具有教育性,阐明二者间的内在必然联系。因此,教育和教学是目的和手段的关系,我们要通过教学进行教育,教师不仅要"教好书",还要"育好人"。

教书育人是根据社会发展的需要和学生身心发展的规律,在教育教学过程中自觉地把教学与教育结合起来,既传授科学文化知识,又进行思想品德教育,把学生培养成为德智体美劳全面发展的时代新人。教育是要培养出德才兼备的人才,而教师作为教育方针和教育目的的具体实施者,承担着教书和育人的双重任务。

"教书育人"是由"教书"和"育人"两个方面组成,"教书"不能简单地等同于"讲课",不是单纯知识的传授,应理解为教师为学生传授知识,把知识内化为学生解决时间问题的能力,使学生树立实事求是的科学态度和科学精神的过程。因此,育人是教书的目的和任务。育人,主要是借助思想道德教育,使受教育者得到全面发展。育人并非只有"教书"一种途径,例如人民解放军这所培养青年人才的"大熔炉",并不是以"教书"为主要手段的。因此,教书是育人的基本途径和手段。

(二)教书育人的基本特征

1. 职业性

教书育人的要求是由教师职业特点决定的。自从人类社会有了学校,教师承担的就是教书育人的职责。我国古代典籍《礼记》中说:"师也者,教之以事而喻诸德也。"这种思想虽然把教师的任务定在培养"德"这一端,反映了中国古代文化中道德中心主义突出而

---

① [德]赫尔巴特.普通教育学·教育学讲授纲要[M].李其龙,译.杭州:浙江教育出版社,2002:12.

人的科学素质的培养遭受轻视的偏差,但从一个层面揭示了教师劳动中教书作为手段与育人德性这一终极关怀间的关系。到了现代,"育人"这一目的已不再偏执于"育德"一端,而有了更为丰富宏大的内涵,比如培育人的创造能力、想象能力、批判思维能力、感受美和表达美的能力、劳动技能素养、健壮的体魄和良好的心理素质。①

2.渗透性

将德育寓于、渗透于智育之中,这是教书育人与学校中管理育人、服务育人的显著区别。教师主要是通过教书的全过程将思想政治教育渗透于科学知识的传授之中。知识性是思想性的前提和基础。科学的世界观、高尚的道德情操和各种文明行为习惯都要以科学知识为指导,在教学中决不能脱离科学知识的传授去进行空洞的说教。② 育人的过程中渗透着教书,即在对学生进行道德教育时,要依据教育的规律及德育规律来进行,利用课程中蕴含的教育思想和道德意义进行。

3.时代性

在现代社会中,职业分工愈来愈细,教师职业同样如此:你教语文,我教数学,他教音乐;你是管教学的,我是抓班级管理的。统一的教育工作在越来越细的分工中走向分裂和互相割据。这也正是为何特别强调教书育人原则的时代要求之一。另外,由于片面追求升学率使这样的综合问题愈益严重,重智、轻德、轻体、轻美的现象更为突出,导致学生片面发展,对学生综合素质的培养和提高造成严重冲击。在这一社会背景下,强调教师持守教书育人的原则就有特别的时代感。③

二、具体要求

(一)落实立德树人根本任务

百年大计,教育为本。教育工作,育人为先。党的十八大报告中指出"立德树人是教育的根本任务",习近平总书记在全国教育大会的重要讲话中再次强调了立德树人是中国特色社会主义教育事业的根本任务。只有把握立德树人的本质内涵,才能真正回答培养什么人、怎样培养人、为谁培养人这一教育事业的根本问题。

"立德"是基础,"树人"是目标。在我国现阶段教育中,"立德"就是要"立社会主义核心价值观","树人"就是要"树立德智体美全面发展的社会主义建设者和接班人"。"立德树人"具有深刻的精神实质内容,"立德"要立"促进国家发展的信仰之德""维护社会和谐与文明的社会之德"及"事关个人修养的私德";"树人"就是要树"共产主义远大理想之人"、树"世界格局、中国灵魂之人"、树"情理兼修、开拓创新之人"。新时代"立德树人"的科学内涵及精神实质为教师职业道德建设指明了方向,并在今后相当长的时间内指引中

---

① 赵百玉,于淑华.浅论教书育人师德要求与原则[J].文教资料,2015(32):127.
② 吴锋.教书育人的涵义及其基本要求[J].中国冶金教育,1996(5):20.
③ 赵百玉,于淑华.浅论教书育人师德要求与原则[J].文教资料,2015(32):127.

国学校教育的发展与变革。[①]

　　教师应当在准确把握新时代立德树人科学内涵及精神实质的基础上,将立德树人的系统思想贯彻落实到教师职业道德发展中的各个环节,从而为更好地实现立德树人的根本任务提供保障。习近平总书记强调:"要坚持教育者先受教育,让教师更好担当起学生健康成长指导者和引路人的责任。"从根本上说,师德是做出来的,不是说出来的。要引导教师把教书育人和自我修养结合起来,以社会主义核心价值体系为引领,不断提升人格修养和学识修养,自觉做到以德立身、以德立学、以德施教;要引导教师自觉践行高尚师德,在教育教学中时刻自重、自省、自警、自励,自觉做到以德育德。例如,以下两位语文教师,在进行教学设计时注重引导学生的民族责任感、使命感和爱国精神,将立德树人落实到教育教学的全过程。

　　老师教学舒婷的《祖国啊,我亲爱的祖国》时,让学生在自由、反复的朗读中去理解诗人深挚而强烈的爱国之情,引导学生把在日常生活琐碎中忽视和淡忘了的爱国之情拾起来。在学习"我是你十亿分之一,是你九百六十万平方的总和"一句时,强调"我"和"祖国"不可分割的关系,顺势引导学生联系日常生活中许多具体的小事,如个人与班集体的关系就是不可分割的,将个人荣辱与集体利益相融,也是爱国的具体表现。在品味"那就从我的血肉之躯上去取得你的富饶、你的荣光、你的自由"中,引导学生感受诗人强烈的民族责任感、使命感和爱国精神,并正确认知自己学习的目的和使命。

　　老师在新高一部编版新教材第一单元围绕"青春"主题的几首现代诗歌教学过程中,这样渗透立德树人的教育宗旨:教学毛泽东的《沁园春·长沙》,讲青春的抱负——指点江山,激扬文字,粪土当年万户侯;教学郭沫若的《立在地球边上放号》,讲青春的力量,当以"推倒地球"的磅礴之力,直面人生困境;教学闻一多的《红烛》,强化青春当有家国情怀,引导学生面对祖国需要时能以国为先,勇于牺牲自我,永远做有着赤子之心、赤诚之情的"红烛";教学昌耀的《峨日朵雪峰之侧》,从那峭壁上的蜘蛛出发,启发学生要有健康的价值观,哪怕自己是普通的一分子,也要活出生命的精彩,不负青春,就像清朝袁枚笔下的《苔》写的那样,苔花如米小,也学牡丹开,自强不息,做自己生命的主宰。

　　(二)遵循教育规律和个体成长规律,因材施教、教学相长

　　1. 个体成长规律

　　顺序性。个体的成长发展是有顺序的,持续不断的发展过程。在生理方面是先头部后四肢,先中心后边缘。心理机能的发展顺序是由具体形象思维到抽象逻辑思维,由机械记忆到意义记忆,由无意注意到有意注意,有喜、惧等一般情感到理智感、道德感。教师要循序渐进地促进人的发展,遵循由浅入深、由易到难、由简到繁、由低级向高级的发展顺序,不能"揠苗助长""陵节而施"。

　　阶段性。学生的成长在不同的年龄阶段表现出不同的总体特征和主要矛盾,面临着

---

　　① 任妮.立德树人视角下中小学教师职业道德发展危机与策略探究[J].教育教学研究,2019(08):1.

不同的发展任务。在一段时期内,发展主要表现为数量的变化,经过一段时间,发展由量变到质变,从而使发展水平到了一个新的阶段。教师应根据青少年儿童身心发展的阶段性规律进行教育和教学,做好各阶段间的"衔接"和"引渡"工作,不能不分阶段地"一刀切""一锅煮"。

不均衡性。发展不是一个匀速前进的过程,发展速度在其整个发展过程中呈现出加速与平缓交替发展的态势。俗话说:"春来不下种,苗从何处生。"青少年儿童的春天就是关键期,适时的教育就是种子。一旦错过了关键期,即使花再大的力气也很难取得预期的效果。以小学为例,低年级要让孩子尽快适应学校生活,形成良好的行为习惯和学习兴趣,发展自信。到了中年级,是培养学生阅读能力、发展学习内部动机和学习方法的关键时期。高年级是学生开始走向自主和独立的时期,是抽象思维开始占主导的时期,老师和家长如果强迫学生跟随自己的想法,会剥夺学生发展独立性的关键时期。例如,有些孩子爱看科技的、生物的课外书,老师发现了就没收,如果老师能够了解学生阅读能力发展的关键期,就会理解学生的做法。

个别差异性。虽然个体的发展具有普遍的规律和模式,须经历共同的发展阶段,但在正常发展的范围内,由于遗传素质、环境、教育和自身主观能动性不同,使得同一年龄阶段儿童的身心发展存在着显著差异。这就要求教育工作者,在教育工作中把握各年龄阶段的共同特征,还应充分认识到每个学生的个别差异,做到"因材施教",有的放矢,"长善救失"。例如,如小学阶段的男生在语言表达能力、精细动作发展、自我管理能力方面的发展就是比女生晚一些。如果教师忽略了学生的发展差异,用统一的标准要求学生,用同样的方式对待学生,简单地进行同学之间的横向比较,就会抹杀学生的独特性,抑制学生独特的发展空间和可能性。

2. 因材施教、教学相长

"因材施教"是指教师要从学生的实际情况、个别差异出发,有的放矢地进行有差别的教学,使每个学生都能扬长避短,获得最佳发展。因材施教本意就是指针对学习的人的志趣、能力等具体情况进行不同的教育。

"教学相长"源于我国古代教育名著《礼记·学记》:"学然后知不足,教然后知困。知不足,然后能自反也;知困,然后能自强也。故曰:教学相长也。"教学相长,既包括教师教促进学生学,也包括学生学促进教师教,即认为教师的教学与学生的学习是相互促进的。在课堂教学活动中,为了更好地以教促学,教师必须广泛涉猎相关专业知识,加强对本学科专业知识的深刻理解。教学相长是教师提升自己学科知识水平的重要途径。例如,下面这位老师,在教学中勇于直面错误,及时调整自己在教育教学中的角色,抛弃了"师道尊严"的古训,而是"以生为镜",把自己交给学生。

在讲授《孔雀东南飞》时,我做了声情并茂的朗读,学生给予了热烈的掌声。接下来的课堂气氛和谐,学生讨论热烈,效果令我很满意。就在我很自得于自己的杰作时,学生的一篇周记把我拉回了现实。他说:"作为一个语文老师,竟然把'焦仲卿'的'仲'读成第一声,还茫然无知。"看到这里,我的脸就像被火烧的一样,很显然,我自己没注意到。我怎么办呢？坦率承认还是圆滑地应付过去呢？承认会不会影响我的威信呢？第二天的语文课开始时看着同学们一张张阳光的脸，谎话怎么也说不出来。我说："同学们，昨天林同学指出我读错了一个字，'焦仲卿'的'仲'读成了第一声。他没有当众而是在周记里指出来，我想他肯定是为了照顾我的面子，我感谢他给我指出来也感谢他能照顾我的面子。我觉得他真可称为我的'一字师'。以后要是老师上课时再出现什么错误，欢迎大家给我指出来。"同学们笑嘻嘻地给我鼓掌。

（三）不得违反教学纪律，敷衍教学，或擅自从事影响教育教学本职工作的兼职兼薪行为

教师应当认真对待自己的工作，认真备课，按时授课，耐心辅导答疑；如果违反教学纪律，敷衍教学，一方面不能保证教学质量，另一方面也将对自己的教育对象的成长造成恶劣影响。

一个人的精力总是有限的，教育教学是培养人的工作，需要面对不同状况的教育对象因材施教，所以需要花费大量精力和时间，这决定了教师不可能有较多时间用在教学工作之外的事务。所以，教师应当不从事教学工作之外的兼职工作。例如，小学教师王某，在网络某交易平台从事微商经营活动，通过微信朋友圈从事减肥产品的网络营销活动，靠推荐产品赚取提成。王某在上班时间也开展微商兼职经营活动，部分学生家长由其介绍加入微信购物群或实际购买产品。教师是公职人员，依照国家相关法律规定，不得从事第二职业。当教师把大量的时间和精力投入到兼职兼薪工作中，正常的教育教学活动将会受到影响。

中国教育在线曾在网上进行了一项"优秀教师能否线上兼职"的调查，结果显示80%的受访者都支持教师在网络授课，理由是优秀教师在线授课是时代的需要。在线教育突破时间和空间的限制，满足了移动互联网时代用户学习时间碎片化的需求，提升学习效率；优秀教师参与网络授课，可以有效解决因地域等原因造成的教育资源分配不公问题，促进教育公平。①

三、案例分析

案例 2－5
多年来，徐老师一直坚持还课堂于学生。他安排的"课前五分钟"深受好评。其做法是在每堂课的开始安排一名学生上台演讲，主要程序是学生讲述——大家评论——师生共同给出成绩。此项活动让学生得到了多方面的锻炼。除了这项活动，徐老师鼓励学生开展的自编课本剧活动、班级读书交流活动、创办文学刊物都收到了很好的效果。
徐老师的教学方式别具一格。他尝试过用分析讨论的方法讲议论文、用欣赏分析

① 张淳艺."教师能否线上兼职"亟须明确说法[N].2017－8－15.

的方法讲小说、用朗读品味的方法讲诗歌等。他重视利用各种教学手段,尤其是现技术手段,不断变换教学思路,寻找最佳切入口。大家评价说:"徐老师玩转了课堂!"徐老师说,当老师要舍得"折腾"自己。为此,他每天梳理自己的课堂,写教学日志。多年下来,他积累的教学日志多达二十万字,还被学校当作校本培训的资料。

【分析与点评】

上述案例中,徐老师的行为符合《新时代中小学教师职业行为十项准则》第四条"潜心教书育人"。本条准则的具体要求是教师要:"落实立德树人根本任务,遵循教育规律和学生成长规律,因材施教,教学相长,不得违反教学纪律,敷衍教学,或擅自从事影响教育教学本职工作的兼职兼薪行为的准则。"

徐老师用别具一格的教学方式,不断变换教学思路,深入研究和总结课堂教学,积极引导和促进学生的学习和发展。

➢ 扫章首二维码查看:阅读补充材料 W2‑2:老师,请看看我的闪光点

第五节　关心爱护学生

关心爱护学生。严慈相济,诲人不倦,真心关爱学生,严格要求学生,做学生良师益友;不得歧视、侮辱学生,严禁虐待、伤害学生。

——《新时代中小学教师职业行为十项准则》第五条

一、内涵解读

(一) 关爱学生的含义

我国近代教育家夏丏尊先生在翻译《爱的教育》时说:"教育之没有情感,没有爱,如同池塘没有水一样。没有水,就不成其池塘,没有爱就没有教育。"古代教育家孔子主张对学生施以"仁爱",他说"仁者,爱人",要做到"诲人不倦"。法国自然主义教育家卢梭指出:"热心可以弥补才能之不足,而才能不能弥补热心。"关心爱护学生是保证教育工作顺利开展的根本条件。

关爱,从汉语词汇的角度看,意思为"关心,爱护"。教育的目的之一是培养学生学会关心,引导学生从心里的最深处产生乐意与他人分享,乐于助人的意识。《中华人民共和国教师法》第二章第八条明确规定,教师应"关心、爱护全体学生,尊重学生人格,促进学生在品德、智力、体质等方面全面发展"。关爱学生是师德的灵魂,教师应当关心爱护全体学生,尊重学生的人格,平等公正对待学生。对学生严格要求,耐心教导,不讽刺、挖苦、歧视学生,不体罚或变相体罚学生。保护学生合法权益,促进学生全面、主动、健康发展。

（二）关爱学生的重要性

关爱学生是师德的灵魂。倡导"关爱学生"就是要求教师有热爱学生、诲人不倦的情感和爱心。"亲其师，信其道"。没有爱，就没有教育。这是调节教师与学生关系的基本行为准则。

热爱学生的老师最受欢迎。中国社会调查所在一项教育专项调查发现，学生渴望的不仅仅是从老师那里获得知识，更重要的是渴望得到老师的关爱。喜欢渊博知识型老师的学生占 30％，而喜欢具有师爱型教师的学生达到 53％。他们希望自己的老师温和、可亲，具有爱心。在学生们的心目中，一个富于爱心的班主任远比一个知识渊博的班主任更具教师的魅力。学生表示，对有爱心的老师他们会自觉尊重教师的劳动，十分愿意接近老师，希望与教师合作，把教师看成是父母般的亲人。他们愿意向老师吐露内心世界，分享自己的喜怒哀乐。[①]

关爱学生先要关心学生。关心是情感激励的首要因素；关爱学生就要尊重学生。在诸多爱生的美德中，尊重是爱之核心。关爱学生还要理解学生。理解学生就是懂得学生心里想的，相信学生口说的，明白学生手中干的。关爱学生定要信任学生。信任学生可解释为信而任之即相信敢于托付。关心学生体现在许多方面：当学生在心理上产生苦恼时，教师及时帮助解开疙瘩；当学生在身体上出现不适时，教师及时帮助寻医问药；当学生在学习上遇困难时，教师及时帮助清理路障；当学生在生活上遇到不便时，教师及时帮助排忧解难。教师应争取做到：学生哪里需要教师，哪里就有教师的身影。

二、具体要求

（一）以生为本，树立正确的学生观

苏霍姆林斯基说过："儿童的尊严是人类心灵里最敏感的角落，保护儿童的自尊心就是保护儿童前进的潜在力量。"[②]教师必须要尊重学生，维护学生的尊严，发扬教育民主。教师的尊重与关爱是教育的前提，也是学生成长与进步的动力。教师对学生的肯定、接纳、理解与关爱，对学生发展具有重要的作用。教师只有真心诚意地去爱每一位学生、公平公正地对待学生、充分尊重信任学生、理解学生的情感，才能帮助学生实现自我发展。例如，教师"蹲下来和学生说话"，隐含着这样的要求：教师是师生彼此尊重对方人格的主导者，教师要主动规范自己的行为，营造彼此尊重的氛围，培养学生的尊重意识。

教师在了解和研究学生的基础上，要树立以人为本的学生观。在教育教学过程中，充分发挥学生的自主性、主动性和创造性，尊重学生的差异性和独特性。树立正确的学生观有利于学生创新精神和创新能力的培养，有利于学生健全人格的形成和学生个性的发展。[③]

---

① 黄正平. 教师职业道德新编[M]. 南京：南京大学出版社，2019：34.

② ［苏］苏霍姆林斯基. 苏霍姆林斯基选（五卷本）第 4 卷[M]. 蔡汀，译. 北京：教育科学出版社，2001：657.

③ 《教育学原理》编写组. 教育学原理[M]. 北京：高等教育出版社，2019：304.

(二) 严慈相济,做学生良师益友

教师要善于把关心爱护和严格要求结合起来,没有关爱学生基础上的严格要求,容易使学生产生情感障碍;缺乏严格要求基础上的关爱容易造成学生行为上的放任。我们既要在思想上、学习上、行为上严格要求学生,又要对学生付出真诚的爱心和真情的关爱。爱是严的基础,严是爱的具体表现。严绝非冷酷无情,对学生提出生硬过分的要求,采取简单粗暴的做法,甚至变相体罚。教师的严就是在于坚持正确方向,不断创造条件努力促成学生向积极的方面成长成才。学生是正在发展中的人,自制力较为薄弱,应宽容学生的不足、缺点和错误。如果爱而不严,就是对学生的放纵和偏爱,是对学生放任。只有把关心爱护与严格要求结合起来,做到严出于爱,爱寓于严,严爱结合,才能让学生在教师的严格要求中奋发成才。

教师要全面深入了解学生,只有这样才能与学生有共同语言,使教育影响深入学生的内心世界。了解学生包括了解学生个体的思想意识、道德品质、兴趣、需要、知识水平、学习态度和方法、个性特点、身体状况,也要了解学生的苦恼和忧愁。比如,在课间,多和学生一起聊天,融入学生。让学生感受到老师除了严肃的一面,也有和他们相似的生活情趣,拉近师生间的距离。

做学生的知心朋友。用心灵唤醒心灵,用人格影响人格、用热情温暖生命。关注情感教育,关注学生的心灵世界,培养他们有健全的人格和丰富的精神世界。注意倾听,多给学生表达的机会,了解他们的真实想法。善于站在学生的角度考虑问题,守护学生心灵健康。正如2020年"最美教师"蒋春凌为残障孩子撑起一片蓝天,让"折翼的天使"自信翱翔。

一枚枚闪光的奖牌,一份份沉甸甸的荣誉,浙江省诸暨市特殊教育学校的孩子们在赛场上拼搏取得骄人成绩的背后,是蒋春凌如母亲般的关爱和鼓舞。

残障孩子们的压力大,更需要用合适的方式帮他们找到自信,找回尊严。体育教师出身的蒋春凌决定鼓励孩子们参加体育运动,发掘他们的潜能。从教30余载,蒋春凌培养的学生中,涌现出多位全国特奥会和残运会冠军,有不少还被选入专业运动队。

"我们的爱、付出和专业引领,是对孩子的最大鼓舞和支持。"蒋春凌说,如果再做一次选择,她依然愿意成为一名特教教师。

(三) 不得歧视、侮辱学生,严禁虐待、伤害学生

1. 歧视与教育歧视

《现代汉语词典》对"歧视"的解释为不平等地看待。教育歧视是在学校和教育教学活动中对特定的个体或群体给予不同的看法,从而导致该个体或群体的人格尊严等权利受到损害的一种行为。

教育歧视的表现形式有:首先,学校歧视。即在学校的教育管理和评价中、存在着"分数至上""成绩至上"的价值导向,从而导致教育歧视现象。例如,有的学校出现"快慢班""绿领巾"等学校歧视现象。其次,教师歧视。有的教师在教育教学中常常有失公平,对

"后进生"存有歧视现象。例如在"座位安排""课堂提问""作业批改""犯错批评"等过程中存在教师歧视现象。最后,同学歧视。"优等生"往往备受教师青睐,常常受到表扬,有很强的优越感,觉得比别人高出一等;"后进生"经常受到教师的批评,感到抬不起头。

2. 虐待与伤害学生

在中国传统教育文化中,"严师"总是作为正面形象的存在。鲁迅先生曾在《从百草园到三味书屋》中写道书塾先生"有一条戒尺,但是不常用,也有罚跪的规则,但也不常用,普通总不过瞪几眼,大声道:读书!"无论是古代对于"严师"的崇拜还是现在走红的"虎妈",严厉的教育方式已经成为惯常手段。但是教育的核心要素应该是"爱",严厉也应该有度,如果"严厉"给学生造成了身心的伤害结果将会适得其反。例如:陕西省宝鸡市扶风县第三小学教师赵某某体罚学生问题。2021 年 3 月 5 日,因某学生作业中一道数学题未带计量单位,赵某某欲用卷成筒状的书本打手训诫,在该生闪躲后,将书筒从讲台扔向该生,导致该生右侧面软组织挫伤,右眼及面颊部挫伤。根据《中国共产党纪律处分条例》《事业单位工作人员处分暂行规定》《中小学教师违反职业道德行为处理办法(2018 年修订)》等相关文件,给予赵某某党内严重警告、降低专业技术职务等级的处分,并调离教师岗位。对学校校长给予全县通报批评,责令其向县教体局做出书面检查。[①]

我国《宪法》《未成年人保护法》和《义务教育法》明确规定禁止对学生进行体罚。教师体罚学生是违法行为,如果给学生造成伤害,由公安机关依法追究刑事责任;若未造成伤害,由教育部门给予行政处分。

(四)教师如何用好教育惩戒

在中国,惩戒与教育自古相伴。甲骨文中的"教"字,形如一个人手持棍棒,在打小孩。《说文解字》中,对"教"这个字的解释是"从攴从孝",攴(pū),是"扑"的通假字,意思是轻轻敲打。

2021 年 3 月 1 日起施行的《中小学教育惩戒规则(试行)》(以下简称《规则》)第二条明确规定,教育惩戒是指"学校、教师基于教育目的,对违规违纪学生进行管理、训导或者以规定方式予以矫治,促使学生引以为戒、认识和改正错误的教育行为"。这一规定,首先,明确了教育惩戒的属性,在教育过程中发生的,学校、教师行使教育权的一种具体方式,而不是单独赋予学校、教师一种权力。其次,明确了实施的对象和方式,是对违规违纪学生的管理、训导和矫治。最后,强调了行为的目的性,即是要使学生认识和改正错误,而不能为了惩戒而惩戒。[②]

教育惩戒与体罚和变相体罚是不同性质的行为。为了防止实践中个别教师将体罚和变相体罚作为教育惩戒实施,《规则》专门对禁止实施的七类不当教育行为做了明确和细化。一是身体伤害,以击打、刺扎等方式直接造成身体痛苦的体罚;二是超限度惩罚,超过

---

① 可参见,教育部公开曝光 8 起违反教师职业行为十项准则典型案例,http://www.moe.cn/jyb_xwfb/gzdt_gzdt/s5987/202104/t20210419_526987.html。

② 可参见,教育部政策法规司负责人就《中小学教育惩戒规则(试行)》答记者问,http://www.moe.gov.cn/jyb_xwfb/s271/202012/t20201229_507960.html。

正常限度的罚站、反复抄写,强制做不适的动作或者姿势,以及刻意孤立等间接伤害身体、心理的变相体罚;三是言行侮辱贬损,辱骂或者以歧视性、侮辱性的言行侵犯学生人格尊严;四是因个人或者少数人违规违纪行为而惩罚全体学生;五是因学生个人的学习成绩而惩罚学生;六是因个人情绪、好恶实施或者选择性实施教育惩戒;七是指派学生代替自己对其他学生实施教育惩戒。通过划定这些"红线",有利于教师规范行为、把握尺度,也有利于学生、家长和社会监督。《规则》的出台,将教育惩戒纳入法治轨道,给教师吃了一颗"定心丸"。

1. 教师对学生的哪些行为可以实施教育惩戒

《规则》对应当给予教育惩戒的情形作了具体化,规定在确有必要的情况下,学校、教师可以在学生存在不服从、扰乱秩序、行为失范、具有危险性、侵犯权益等情形时实施教育惩戒。不服从,指学生主观不完成其基本的学习任务,包括故意不完成教学任务要求或者不服从学校的教育、管理要求;扰乱秩序,包括扰乱课堂秩序和学校教育教学秩序,即学生的个体行为已经在一定范围产生了不良影响;行为失范,主要指吸烟、饮酒以及其他违反学生守则的行为;具有危险性,指学生实施有害自己或者他人身心健康的危险行为;侵犯权益,指学生打骂同学、老师,欺凌同学或者侵害他人合法权益的行为。

2. 教师可以采取哪些教育惩戒措施

《规则》采取概括式表述,根据程度轻重将教育惩戒分为一般教育惩戒、较重教育惩戒和严重教育惩戒三类。一般教育惩戒适用于违规违纪情节轻微的学生,包括点名批评、做口头或者书面检讨、增加额外教学或者班级公益服务任务、一节课堂教学时间内的教室内站立、课后教导等;较重教育惩戒适用于违规违纪情节较重或者经当场教育惩戒拒不改正的学生,包括德育工作负责人训导、承担校内公共服务、接受专门的校规校纪和行为规则教育、被暂停或者限制参加游览以及其他集体活动等;严重教育惩戒适用于违规违纪情节严重或者影响恶劣,且必须是小学高年级、初中和高中阶段的学生,包括停课停学、法治副校长或者法治辅导员训诫、专门人员辅导矫治等。

3. 教师实施教育惩戒需要哪些程序

首先,由教师判断学生违规违纪情节的轻重程度,实施《规则》规定的一般教育惩戒时,可以由教师当场实施,且可以事后根据情况告知学生家长;实施较重教育惩戒,教师应当报告学校,由学校决定实施,且必须事先告知家长;实施严重教育惩戒时,应当把听取学生的陈述和申辩作为必经的前置程序学生或者家长申请听证的,学校应当组织听证。对于一般教育惩戒和较重教育惩戒则没有规定事前告知家长和听取陈述申辩,主要考虑是这两种教育惩戒对学生的影响相对较小,且即时实施,不会造成持续性影响。[①]

4. 实施教育惩戒应注意哪些原则

教育惩戒作为教育的一部分,教师应结合具体情形具体分析,并注意掌握教育的艺

[①]　可参见,教育部政策法规司负责人就《中小学教育惩戒规则(试行)》答记者问,http://www.moe.gov.cn/jyb_xwfb/s271/202012/t20201229_507960.html。

术,以达到最佳育人效果。遵循教育性、合法性、适当性的原则。第一,教育性体现在要基于关爱学生的宗旨,注重人文关怀,达到教育学生遵守规则、增强自律、改过向上的目的。第二,合法性要体现在做到客观公正、合法合规。要以事先公布的规则为依据,尊重学生基本权利和人格尊严。第三,适当性体现在实施教育惩戒应当选择适当措施,与学生过错程度相适应。

三、案例分析

案例 2-7

江西省抚州市南丰一中教师徐某某体罚学生问题。2020 年 9 月,徐某某在管教学生过程中,采取不当方式,造成学生身体损伤。

河南省扶沟县民办水泉小学教师江某虐待学生问题。江某(无教师资格)被河南省扶沟县汴岗镇水泉小学聘为政教处主任。2019 年 9 月,江某在学校后勤管理工作中,以学生未打扫卫生为由,逼迫学生吃垃圾,造成恶劣影响,后被当地检察院批捕。

安徽省宿州市博雅实验学校教师许某某体罚学生问题。2019 年 3 月 29 日,许某某用笤帚木把对未达到英语月考目标分数的 25 名学生进行体罚,造成部分学生腿部、臀部、背部等部位淤血、红肿。

【来源】可参见,教育部曝光违反教师职业行为十项准则典型问题,http://www.moe.gov.cn/jyb_xwfb/gzdt_gzdt/s5987/202012/t20201207_503811.html。

【分析与点评】

上述案例中,徐某某、江某、许某某违背了《新时代中小学教师职业行为十项准则》第五条"关心爱护学生"。本条准则的具体要求是教师要"严慈相济,诲人不倦,真心关爱学生,严格要求学生,做学生良师益友;不得歧视、侮辱学生,严禁虐待、伤害学生"。

教师应当严格界定教育惩戒与教育体罚,不得对学生进行教育体罚,在进行教育惩戒时,应明确惩戒尺度,教育惩戒之所以不同于惩罚,是因为教育惩戒是从爱出发,责之切源于爱之深。在实施教育惩戒的程序正当性,以程序规范行为,减少恣意和任性。

思考与拓展

1. 新时代教师如何做到讲政治知敬畏守规矩?

2. 如何正确理解自觉爱国守法?

3. 如何正确认识教师职业言论?

4. 教书育人的素质要求有哪些?

5. 如何界定教育惩戒与教育体罚?

6. 案例分析:请看下列两个材料,并尝试运用所学知识对其进行分析。

材料1：

女生康某将一封"情书"交给班主任赵老师,离开教师办公室的康某心理疑虑重重,又返回到办公室门口,却听到赵老师有声有色地朗读着"情书",其他老师发出怪异的笑声,康某羞愧难当,再也不去上学。

材料2：

五年级学生杨某,怀着惴惴不安的心情将一封"情书"交给班主任吴老师,吴老师一番细心开导后,从抽屉拿出一个信封,将"情书"装入并封上,温和地对杨某说:"我不想知道是哪位男生写的,也不想知道信里写了什么,但我知道,他表达的是一种纯真的友谊。"

多年后,获得硕士学位的杨某拜访退休在家的吴老师,一番叙旧后,吴老师从书架中取出那个发黄的信封,两人一起打开尘封多年的"情书",发出阵阵笑声。

第三章

新时代中小学教师
职业行为准则(下)

扫码查看
拓展资源

内容概要

　　本章详细阐述了《新时代中小学教师职业行为十项准则》的后五条——加强安全防范、坚持言行雅正、秉持公平诚信、坚守廉洁自律和规范从教行为。分析了每一条准则的基本内涵、重要意义和具体要求;通过具体案例,讨论了实际教育教学过程中应当如何践行相关准则和要求,帮助学习者努力做新时代"四有"好老师。

第一节　加强安全防范

　　加强安全防范。增强安全意识,加强安全教育,保护学生安全,防范事故风险;不得在教育教学活动中遇突发事件、面临危险时,不顾学生安危,擅离职守,自行逃离。

——《新时代中小学教师职业行为十项准则》第六条

一、内涵解读

　　自 2008 年修订和印发的《中小学教师职业道德规范》将 1997 年规范中的"保护学生合法权益,促进学生全面、主动、健康发展"改为"保护学生安全,关心学生健康,维护学生权益"以来,"保护学生安全"作为教师关爱学生这一职业道德的最低要求首次被写入教师职业道德规范中。现如今,在《新时代中小学教师职业行为十项准则》中,"加强安全防范"又以单独的准则条款列了出来,再次强化了教师对中小学生生命安全的职业责任和义务。

(一) 安全

　　自古以来,"安全"就是人类发展的永恒主题,《现代汉语词典》中将"安全"界定为"没有危险、不受威胁、不出事故"。通常我们认为,安全即是免于人员伤亡和重大事故的发生的一种可控的状态。正所谓"安全重于泰山",而在学校场域中,学生的生命安全则重于一切。由于中小学生大部分时间都是在学校度过的,因此保障学生安全便成了学校尤其是学校教师的首要职责和义务。

(二) 加强安全防范

对于中小学教师而言,"加强安全防范"更多意味着一种以尊重生命和保护生命安全为目的,提高学生自我保护意识,加强防范和处理安全事故的能力,能应对生活中可能遇到的危险处境,保障学生生命和财产安全的活动。[①]

从政策层面,"加强安全防范"的提出体现了党和国家对学生安全的高度重视。2017年2月全国召开的全国学校安全工作会议中强调,全国各地学校要不断深入贯彻习近平总书记的新时代中国特色社会主义道路,学习新理念新思想新战略的治国理政,贯彻落实安全发展理念,着力抓好学校安全防范工作,尽快保障学校安全管理工作体系的完整,维护整个教育环境的稳定与和谐。[②] 教育部长陈宝生在2018年的全国学校安全管理工作中表示,生命安全是国家始终追求的长久目标,学校要把安全管理工作放在教育发展的首要位置,始终坚持把生命放在首位,加强红线意识,完善安全防控体系,增强监督管理时效,一定将校园建设成最温暖和安全的地方。[③] 2019年的全国学校安全工作电视电话会议中,全国各省学校互相交流学校安全工作经验,然后总结部署下一年的工作计划。教育部要求继续以习近平新时代中国特色社会主义思想为指导方针,认真解读国务院颁布的关于学校安全工作的文件,加强公安、消防、卫生、救援等部门的密切合作。[④]

从现实层面,"加强安全防范"是对学生安全事故频发现状的回应与反馈。有学者将我国当前校园安全现状归纳为六大类,即校园犯罪反复出现、校园欺凌频发、校园设施安全事故高发、灾害应对能力不足、公共卫生事件多发以及校园群体性事件频发。[⑤] 究其原因,一方面,缺乏一套完善的校园安全内容体系来规范相关校园安全主体行为。校园安全的责任主体虽有明确职责却不知其应如何细化工作,难以将相关政策精神落到实处。另一方面,学校未能落实安全管理内容,教师也缺乏安全教育意识。

因此,该条准则的提出不仅是政策的再度完善,也是对现实的具体关照和反馈。不仅体现了国家对学生安全的高度重视,同时也给学校及教师提出了明确要求,学校要不断加强安全管理,防范事故风险;教师则要持续增强安全意识,加强对学生的安全教育,切实做到保护学生安全。

---

① 李开勇,冯维. 论我国中学安全教育存在的问题及其解决对叙[J]. 现代教育科学,2009(5):86 - 87.

② 可参见,中国政府网,全国学校安全工作电视电话会议召开,http://www. gov. cn/xinwen/2017 - 02/18/content_5168994. htm。

③ 可参见,中华人民共和国教育部政府门户网站,全国学校安全工作电视电话会议召开,http://www. moe. gov. cn/jyb_xwfb/gzdt_gzdt/moe_1485/201803/t20180301_328396. html。

④ 可参见,中国政府网,全国学校安全工作电视电话会议召开,http://www. gov. cn/xinwen/2019 - 02/28/content_5369433. htm。

⑤ 王斯英. 中小学校园安全内容体系构建研究[D]. 中国人民公安大学,2020.

二、具体要求

（一）增强安全意识

正所谓"生命不保，何谈教育"，这是我们必须共同遵循的教育准则。一个没有安全保障的学校，绝对是一所不合格的学校。一名不具备安全意识的教师，绝对是一个不称职的教师。

未成年学生由于心理发展水平限制，对于校园伤害事故缺少社会经验和客观理性的判断，因此教师对未成年学生在校时进行监管，对学生的生命安全负有一定的监护责任。其中，教师的安全意识和责任意识是教师践行监护责任的前提和基础。教师缺乏安全意识不但容易导致安全事故发生，直接危害小学生的身心健康，还会对学校教育教学产生负面影响。例如，有体育老师上课让学生自由活动，不加监管。于是有调皮学生把校园角落里存放的废旧轮胎抬到操场上滚着玩，没料到重达几十公斤的轮胎突然失控滚向一名女生，最终导致该女生腿部骨折并造成心理阴影。① 而诸如此类悲剧的发生正是由于教师安全意识和责任意识淡薄，上课期间脱离岗位，导致了一场不该发生的校园事故，既伤害了学生的身心健康，也给自己的职业生涯造成了不良影响。由此可见，教师具有较强的安全意识是保证学生安全的前提和基础。

（二）加强安全教育

近年来，教育部多次下发文件，要求学校加大对师生员工安全教育工作的力度，重点加强法制教育和自防自救教育。为了保证全国中小学顺利开展公共安全教育，预防安全事故的发生，促进中小学生健康成长，教育部在 2007 年颁布了《中小学公共安全教育指导纲要》②，旨在通过开展公共安全教育，培养学生的社会安全责任感，使学生逐步形成安全意识，掌握必要的安全行为的知识和技能，了解相关的法律法规常识，养成在日常生活和突发安全事件中正确应对的习惯，最大限度地预防安全事故发生和减少安全事件对中小学生造成的伤害，保障中小学生健康成长。其中，公共安全教育的主要内容包括预防和应对社会安全，公共卫生，意外伤害，网络、信息安全，自然灾害以及影响学生安全的其他事故或事件六个模块。重点是帮助和引导学生了解基本的保护个体生命安全和维护社会公共安全的知识和法律法规，树立和强化安全意识，正确处理个体生命与自我、他人、社会和自然之间的关系，了解保障安全的方法并掌握一定的技能。2010 年国家把生命安全教育纳入《国家中长期教育改革和发展规划纲要（2010—2020 年）》中，将生命教育与德智体美劳放在同等重要的位置，以此全面推进安全教育工作的发展。

而作为教师，则应该根据上述指导纲要，在日常教育教学中加强对学生的安全教育，落实各项安全措施，培养和强化学生的安全意识，防范学生的危险行为，告诉他们远离危

---

① 全国师德教育研究课题组. 师德突出问题典型案例评析［M］. 北京：北京师范大学出版社，2014：83.

② 可参见，中华人民共和国教育部政府门户网站，国务院办公厅关于转发教育部中小学公共安全教育指导纲要的通知，http://www.moe.gov.cn/jyb_xxgk/moe_1777/moe_1778/tnull_27696.html.

险,在突发事件面前不可惊慌失措,更不能无动于衷,而是要立即发出求救信息,同时采取力所能及的措施。

(三)保护学生安全

保护未成年学生人身安全,不仅是《未成年人保护法》中的重要规定,更是"师德"的题中应有之义。例如美国《全美教育协会教育专业伦理准则》第四条规定,"应当作出适当的努力以保护学生,使之不受不利于学习或健康的环境所危害。"具体来说,其重要性和必要性体现在以下几个方面:

首先,从教育法律法规角度看,保护学生安全是教师应尽的法定义务。《中华人民共和国教师法》第七条规定,教师有制止和批评有害于学生健康成长的行为和现象的义务。该义务具体包括三个方面:第一,教师要制止有害于学生的行为,它包括来自社会的或学校内部的有害行为。第二,制止侵犯学生合法权益的行为。凡违反《中华人民共和国未成年人保护法》对学生实施危害的,教师都应主动及时加以制止,而不能置之不理。第三,批评和抵制有害于学生健康成长的现象。对不利于学生身心健康成长的现象,教师应坚决开展批评和抵制,给学生创造一个可持续发展的良好环境。

其次,从教育学的角度看,保护学生安全是教师履行教育教学职责必不可少的前提,是教育教学的基本内容。学校作为专门的教育机构,教师作为教育活动的主体,有责任、有义务保证小学生在安全和适宜的教学环境中进行学习活动。如果学校和教师由于自己的工作过失,使得学生为自己的生命安全担忧,就不可能安稳地坐在课桌前,家长把孩子送到这样的学校、交给这样的老师也不可能放心。

再次,从心理学方面看,保护学生安全是学生健康成长的心理需要。根据美国人本主义学家马斯洛的需要层次理论,安全的需要是人的基本需要,师生都不例外。它虽不是最高层次的需要,但是如果得不到满足,会影响高层需要满足的动力。因此,如果学生在校园生活中缺少安全感,不可能安心学习,教师也不可能充分发挥其主体作用,创造性地完成好教育教学任务。①

(四)防范事故风险

学校安全工作,是全社会安全工作的一个十分重要的组成部分。它直接关系到青少年学生能否安全、健康地成长,关系到千千万万个家庭的幸福安宁和社会稳定。很多安全事故的发生往往源于学校安全保障体系的不完善。如学校楼房走廊栏杆的高度不符合要求;校园设深水池;体育设备未定期检查、维修、更换,有些危房仍在使用等,这些都会导致安全事故的发生。因此,对于学校以及教师而言,一方面要加强学生安全工作的制度建设,例如,建立和完善"学校安全事故报告制度""安全事故应急处理预案""消防安全制度""安全隐患排查制度"等安全管理规章制度,使学校安全管理工作有章可循,有规可依。另一方面要改善学校安全设备,消除安全隐患。学校应尽早安装网络监控摄像头、对讲机等

---

① 全国师德教育研究课题组. 师德突出问题典型案例评析[M]. 北京:北京师范大学出版社,2014:87 - 91.

校园安全设备。即时准确地掌握学生的安全状态,及早察觉和控制危险因素,有效避免安全事故的发生,防范事故风险。

(五) 不得不顾学生安危,擅离职守,自行逃离

中小学教师面对的大都是未成年人,因此教师除了负有教育教学之责,更负有保护之责。在遭遇地震、火灾等突发事件时,作为成年人,具有更强避险经验和能力的教师应该给学生切实有效的帮助,就像在海难发生时让老人、儿童、妇女、残疾人先上救生船一样,教师在危难中也应让体力和经验不如自己的学生走在前面。未成年人的心智、肢体、能力都没有发育成熟,在面临突发事件时是优先受保护的对象。[①] 教师职业区别于其他社会职业的地方就在于所面对的是活生生的个体,是缺乏自我保护能力的未成年人。当学生身心安全受到威胁时,教师应责无旁贷地担负着保护他们的责任和义务,而非擅离职守、自行逃离。

三、案例分析

案例 3-1

河南一女教师保护学生殉职:从教 29 年,上周才过 49 岁生日

据《东方今报》报道,6 月 11 日 17 点 30 分,浉河区董家河镇绿之风小学正常放学。按照学校规定,二年级(3)班语文教师李芳随队护送学生从校门自西向东回家。

事故发生得很突然。

17 点 51 分左右,学生们按绿灯指示有序通过路口时,突然一辆满载西瓜的无牌照三轮摩托车,自北向南闯红灯向学生队伍急速驶来。一学生说,他听到李芳老师大声喊"赶快走",然后看到李芳老师冲上去挡住学生,努力把学生推开。

一声巨响,伴着学生们的尖叫,李芳老师已倒在血泊中。旁边,是四个受伤的学生。

有学校教师跑过去抱着昏迷的李芳,怎么喊都没有回应。肇事的三轮摩托车蹿出去一两百米后,冲上路边的台阶才歪倒。4 名受伤学生经治疗已无大碍,而李芳却因抢救无效于 6 月 13 日凌晨 4 点 40 分因公殉职。

李芳老师的感人事迹经媒体报道后,刷爆了网络和朋友圈。

6 月 14 日从浉河区委宣传部工作人员处获悉,区里计划为李芳申请见义勇为和烈士,目前相关部门正在按照程序调查、申报和认定。

【来源】中华网,女教师保护学生殉职:从教 29 年,上周才过 49 岁生日,https://3g. china. com/act/news/10000169/20180615/32553008. html.

【分析与点评】

本案例中的李芳老师可以说用生命践行了《新时代中小学教师职业行为十项准

---

① 卫建国. 教育法规与教师道德[M]. 北京:北京师范大学出版社,2014:163.

则》中的第六条"加强安全防范"的规定。本条准则的具体要求是教师要"增强安全意识,加强安全教育,保护学生安全,防范事故风险;不得在教育教学活动中遇突发事件、面临危险时,不顾学生安危,擅离职守,自行逃离"。

李芳老师在面临突发事件、学生可能遇到危险之际,没有无动于衷或自行逃离,而是选择毫不犹豫地冲上前去挡在学生面前,最终用自己的生命换来了学生的安全。李芳老师切实做到了保护学生安全,是一位拥有高尚师德的好老师,值得全社会的赞扬和学习。

第二节　坚持言行雅正

坚持言行雅正。为人师表,以身作则,举止文明,作风正派,自重自爱;不得与学生发生任何不正当关系,严禁任何形式的猥亵、性骚扰行为。

——《新时代中小学教师职业行为十项准则》第七条

一、内涵解读

(一)言行雅正与为人师表

所谓"雅正",是指规范的、典雅方正。对于教师而言,"言行雅正"即是指教师的说话、行为要典雅纯正、合乎规范。换句话说,言行雅正是教师为人师表的核心要求。

"为人师表"一词最早出自《北齐书·王昕书》:"杨愔重其德业,以为人之师表。"意思是指在人品学问方面作别人学习的榜样。师表,即榜样、表率。教师为人师表的基本内涵是,教师在生活、教学和社会实践中,所表现出来的素质与行为要典雅纯正、合乎规范,才能成为他人的表率。

为人师表一直是古今中外教师职业道德规范的核心内容。在我国,孔子很早就指出,于教师而言,"其身正,不令而行;其身不正,虽令不从";汉代扬雄所说的"师者,人之模范也"成了传世名言;唐代韩愈提出的"道之所存,师之所存"的见解,被称为"绝世议论";著名教育家叶圣陶曾说过,"教育工作者的全部工作就是为人师表"。而在国外,为人师表同样为各教育大家所重视和提倡。卢梭在《爱弥儿》中对教师说:"你要记住,在敢于担当培养一个人的任务以前,自己就必须造就成一个人,自己就必须是一个值得推崇的模范。"[①]英国思想家洛克曾说:"做导师的人自己便应当具有良好的教养,随人、随时、随地都有适当的举止与礼貌。"[②]以上都说明教师为人师表的实践主流不仅是中华民族教育的优良传

---

①　[法]卢梭.爱弥儿[M].李平沤,译.北京:商务印书馆,2004:99.
②　[英]洛克.教育漫话[M].北京:人民教育出版社,1963:72.

统,也是全球教育的共识。

(二) 为人师表的时代精神

从本质意义上讲,教师言行雅正、为人师表丰富的内容和多彩的实践蕴涵着一种不断汲取时代精神营养的师范精神。传统师范精神始终高扬"学高为师,身正为范"的旗帜;体现现代人类智慧精华的时代精神集中体现在对民主、科学、智慧和道德的崇尚,对质量、发展、创新的追求。现代教师为人师表所体现的富有时代精神的现代师范精神主要体现在以下几个方面[①]:

人本精神。教师整个活动的前提是以人的自身为根本,通过尊重人、理解人,进而教育人、塑造人,致力于人的素质、民族素质与人类素质的提高,致力于人自身全面地、充分地、可持续地发展;教师为人师表的实践本身也是给学生和民众提供一种正确的人本意义体系和价值导向。

科学精神。教师为人师表的实践,始终得到科学的世界观和方法论的支持,不断向学生和民众提供尊重事物运动、知识生产、社会发展客观规律的范本和务实求真、崇尚真知、捍卫真理的榜样。

文化精神。教师为人师表必须也必然重视科学文化知识在人素质发展和社会文明进步中的基础性地位,坚持以文辅德、以文博识、以文益智、以文禅才。文化精神是民族精神的基础。教师的文化素质与品位是为人师表的基础,是社会文明进步水平的一个重要标志,其对学生与民众产生的影响是全方位的、是深刻而长远的。

道德精神。为人师表,以德为首。随着社会文明的进步和教师自身劳动成果的迅速扩大,教师成为真正意义上的人民教师,教师的道德行为便自然成为世人道德行为的榜样,并在整体意义上和主流实践上成为社会道德进步的旗帜。

创新精神。教师向学生传道、授业、解惑是基本职责,处在为人师表的基础层次,按照更高标准,要求教师运用创造性的教学方法和艺术,启发学生举一反三、自悟创新。从社会发展的角度看,教师创新性表率作用的意义在于,从文化与教育的层面激发整个民族的智慧和原创性,并对推动社会的全面发展与创新体系的建立具有基础意义和前瞻意义。在当今知识社会,创新精神已经成为现代师范精神的一个具有特殊价值的重要组成部分。

奉献精神。这是师范精神的核心,代表师范精神的奉献,即教师的奉献,是一种不间断的终身奉献,前述的诲人不倦的奉献精神即为师范精神的基本内容,这是由教师的本质属性决定的。要几十年如一日,做到不知疲倦地教好书育好人,就要不断地研究学生的身心特点和成长的规律,就要不断地抓好自身的学习与提高,因此教师所奉献的既是物质的也是精神的,既是知识的也是智慧的,既是毫无保留的也是不断创造的。师范精神具有先进的思想基础,高尚的道德基础,坚实的心理基础。

因此,坚持言行雅正、自觉为人师表、做好"人之模范",不仅是对"学高为师、身正为范"的传统师范精神的弘扬,更是新时代"人本""科学""文化""道德""创新""奉献"的师范

---

① 胡相峰.为人师表论[J].教育研究,2000(09):55-59.

精神的彰显!

二、具体要求

(一)有师形——整洁得体

所谓师形,即教师职业形象。教师职业形象是作为教师的群体或个人在教育教学活动中所体现出的职业特质和行为特征,是教师职业精神、风貌和存在状态的表征。教师职业形象来源于社会外在评价,教师群体内部或个体对其职业活动所持的知识、观念和价值的评价,以及学生及家长对教师教书育人言行的评价,是教师自我形象和社会形象的统一。社会满意度和教师自身的认可度往往呈正相关。[1]

1. 仪容要自然大方

仪容,在社会交流中可以表现一个人的文化档次和意识修养。对教师而言,一是要注重视觉形象塑造。教师出现在学生面前时应该整洁大方、精神饱满、神采焕发、成熟向上,而不能精神萎靡、愁眉苦脸。男教师不要蓄长发,留胡须;女教师不要留长长的指甲,涂厚厚的脂粉。蓬头垢面、浓妆艳抹、发型奇异,都与教师的职业不相称。二是要注意味觉形象塑造。一个教师如果带着满口的酒味、烟味、葱味、蒜味等走进课堂,势必引起学生的反感,从而影响正常的教学交流。

2. 衣着要整洁美观

教师的穿着打扮要符合教师的职业特点、道德要求和审美标准。首先要整洁得体,朴实大方。衣、裤、裙、鞋、帽、领带、围巾等要搭配合理、色彩和谐、整体协调,不要衣冠不整、不修边幅、松松垮垮。其次要美观素雅,不要奇特古怪、艳丽花哨。纵观世界各国对教师衣着的要求,都不约而同体现着整洁、美观、大方的特点,以下是关于英国、日本以及韩国的教师衣着规范[2]:

(1)英国:穿着随便＝不够"酷"

2010年,伯明翰城市学院出台新规,教师必须穿着"西装、夹克和套装或套裙;正式男女衬衫,上衣以及长裤或裙子"来上课,"普通的裤子,牛仔裤,招摇的珠宝,怪异的发型和发色都是被严令禁止的"。此外,教师若佩戴耳环则"不应太过分、刺眼或夸张",任何文身都应遮盖起来。

(2)日本:随意着装惹学生笑话

一般公立学校没有明确的规定,但很多私立学校会有比较严格的要求。比如,一所私立学校就规定男教师要穿西装,热天时穿短袖衬衫也要打领带。虽然希望女教师也穿着套装,但只要不是过分华美或者暴露的服装也可以穿。

还有学校有更明确的规定,比如说禁止穿裹腿裤、无袖衫、膝盖以上的短裙,也不可以戴耳环和染发,有的学校甚至严格规定女教师只能穿套装,长发扎起来,必须是黑

---

① 徐廷福.教师职业道德修养[M].北京:北京师范大学出版社,2015:109.
② 蒋林.多国要求教师穿着得体时尚[N].广州日报,2013-03-27.

色的。

（3）韩国：穿着得体是时尚法宝

韩国教师在着装上没有特别要求，一般得体、大方、端庄就可以。当然，教师不可以穿着暴露，韩国的老师也不会穿吊带衫、超短裙进课堂。韩国是一个注重时尚的国家，教师也喜欢根据时尚潮流改变服饰的颜色和发型，学生也很喜欢紧跟潮流的教师，认为这样的教师才算不落伍，他们会在教师这种职业性质的约束下，选择合适得体的服饰。可以说，得体是韩国教师们时尚的法宝。

纵观国外不同国家的教师着装法则，发现教师穿着暴露、奇装异服、将头发染怪异颜色等行为是被广泛禁止的，而穿着得体大方、时尚优雅是学生欢迎的，可以拉近学生和老师的距离，也会产生很好的教学效果。

（二）有师行——举止文明

师行包括教师的语言与教师的行为举止。首先，教师的职业与语言一刻也不能分离，教师就处在语言的包围之中。苏霍姆林斯基曾说，"教师的言语——是什么也代替不了的影响学生心灵的工具。""我相信教育者的话语有着强大无比的力量。语言是一种最精细、最锐利的工具，我们的教师应当善于利用它去启迪学生们的心扉。"美国学者汉恩·吉诺特也曾说："语言能够使人文明，也能叫人野蛮；能伤人也能疗伤。教师需要具备体恤的语言，他们的话语必须能够传递情感、改变心情、启发见解和散播尊重。"

在教育教学中，教师通过语言使自己的教学活动得以完成，通过语言来展示自己的人格魅力，通过语言使自身得到发展。教师语言品质的优劣，口头表达能力的强弱，直接影响着教师教育作用的发挥，影响着学生语言和思维能否健康发展。因此，作为教师，应不断加强语言修养，提高语言的科学性和艺术性，使自己的语言具有规范性、准确性、生动性、严谨性、纯洁性和谦和性。

在行为举止方面，教师要做到适度得体、端庄正派、不卑不亢、落落大方，坐、站、行、走，都能表现出教师应有的文明、庄重和潇洒的风度。细致耐心，表情自然丰富，教态从容典雅。教师要切记冷若冰霜、呆若木鸡、喜怒无常、疾言厉色等不良态度和表情。有的教师不大注意姿态的端庄，讲课摇头晃脑、唾沫横飞；与学生谈话，抓耳挠腮；翻书时用手指放在口中沾唾沫等，给学生留下不端庄、没修养的印象。有些教师和学生谈话过程中，为了体现师生间的平等，与学生勾肩搭背、交头接耳；看到学生的缺点错误，缺乏耐心，急于发表自己的言论，甚至在学生面前厉声厉色、暴跳如雷、情绪失控；在课堂上，为了让课堂气氛活跃，开一些庸俗的、低级的玩笑等，都是应当加以注意和纠正的。教师的行为举止不拘小节，或过分做作粉饰，甚至轻浮放荡，都会对学生的行为举止产生不良的影响。教师要加强道德和审美的修养，有意识地进行举止、姿态上的自我训练，求善求美。

（三）有师风——作风正派

所谓作风正派，在此特指教师要自重自爱，不得与学生发生任何不正当关系，严禁任何形式的猥亵、性骚扰行为。而中小学生身心发育尚未成熟，尤其容易遭受猥亵、强奸、强迫卖淫等性侵害。其中，教师猥亵学生在当前学生性侵害现象中占比较大。近年来，教育部曾公布多起教师猥亵、性侵学生的事件,行为十分恶劣。例如广西壮族自治区来宾市兴宾区大湾镇中心小学教师肖某在 2018 年至 2019 年期间,利用教导主任和教师身份便利,猥亵多名未成年女学生,被当地法院判处有期徒刑 7 年 6 个月;浙江省安吉县民办天略外国语学校教师许某某在 2020 年 1 月辅导学生课业过程中,性侵多名女学生,被当地法院判处无期徒刑。[①] 然而,因教师身份特殊,其对学生所实施的猥亵行为往往具有隐蔽性而更容易得逞。那么,在日常的生活实践中,应该如何界定猥亵与亲昵以及猥亵与性骚扰之间的界限呢?

1. 猥亵行为与"亲昵"行为、正常管教措施的界限[②]

对于何谓猥亵,我国现行法律没有作出明确界定。按照通常的理解,猥亵是指以刺激或者满足性欲为动机,用性交以外的方式对被害人实施的淫秽行为。这种行为往往对他人的身体或思想、认识造成伤害或者不良影响,为当地的风俗习惯所不容。

很多时候,涉案教师认为,亲吻或触碰学生是教师对学生的爱抚或者说是正常的管教措施,怎么会是猥亵呢? 其亲属朋友甚至到处为其喊冤叫屈。司法实践中,界定猥亵行为与"亲昵"行为以及正常管教措施,确实有一定难度。一般而言,可以从行为人的主观和客观等方面进行综合甄别。在主观方面,要看行为人主观上是否具有刺激、满足性欲的动机。实践中,对于主观方面的证明,通常有赖于对客观行为的分析判断,而不能单纯依据行为人的辩解。在客观方面,应注重考察该行为是正常成年人对学生喜爱、爱护之情的自然流露,或者是基于正常教育教学目的所必需、符合教育行业习惯和当地风俗,还是为了刺激、满足性欲并冒犯普通公民性的羞耻心或者引起其厌恶感等。

关于猥亵行为与"亲昵"的界限,一般认为,出于喜爱、爱护之情亲吻或拥抱学生,如教师拥抱踢进球的学生、幼儿园教师安慰性地拥抱擦破膝盖的幼儿等,就属于"亲昵"行为;以刺激或满足性欲为目的亲吻或拥抱学生,就应当认定为猥亵。例如:教师吴某某多次利用放学后无人之机,亲吻某女学生脸部,还哄骗该女生不要让他人尤其是父母知晓,说明其主观上具有猥亵的故意,并非正常成年人对孩童喜爱之情的自然流露。法院认定教师吴某某亲吻学生脸部的行为构成猥亵。

关于猥亵行为和正常管教的界限,一般认为出于正常教育教学目的所必需的触碰学生,属于正常的管教措施;借教育管理之名以刺激或满足性欲为目的触碰学生就属于猥亵。例如:李某某在担任某小学五年级教师期间,多次采取一手按背一手按胸的方式纠正学生坐姿,触碰、按摸女生的胸部和臀部等敏感部位。该小学五年级女生集体到校长办公室反映被李某某猥亵的情况。公安机关接学生家长报警后到学校抓获了李某某。法院审理后认为,李某某的行为具有猥亵他人的主观动机,且被害女生的性羞耻心遭受到侵害,因此认定李某某利用教师身份对多名未满 12 周岁的学生实施猥亵,已构成猥亵儿童罪,判处有期徒刑三年六个月。

_____

① 可参见,中华人民共和国教育部政府门户网站,教育部公开曝光 8 起违反教师职业行为十项准则典型案例,http://www.moe.gov.cn/jyb_xwfb/gzdt_gzdt/s5987/201912/t20191205_410994.html。

② 解立军.教师猥亵学生的疑难法律问题探讨[J].中小学管理,2019(10):53-56.

2. 猥亵行为与性骚扰的界限

性骚扰学生,是指违背学生意愿,故意向学生做出的与性有关的言语或举动,导致学生心理上、精神上受到干扰的行为。性骚扰的表现形式有不受欢迎的性玩笑、挑逗、谈论;不受欢迎的带性意味的观看,如上下打量他人、盯着他人看等;不受欢迎的信件、电话;不受欢迎的约会要求;展示色情图片、刊物;带有性意味的暗示;不受欢迎的故意接触、倚靠、挤靠,等等。

从猥亵学生和性骚扰学生的内涵和表现形式来看,猥亵和性骚扰是两个不同的概念。"性骚扰"的表现形式广泛,非但包括肢体接触,也包括语言方式,还包括非言语的性暗示、展示色情图片等。虽然猥亵和性骚扰行为中都包含身体接触这一行为,但是从接触的身体部位和方式、接触的次数、持续的时间、学生的感受等来看,性骚扰中的身体接触行为是短暂的,主要是使学生心理上、精神上感到不安,尚未达到猥亵行为的侵害程度。例如:教师教学生画图时故意将下半身紧贴在学生身上。该行为已经逾越教学行为的必要性,而从接触的身体部位和方式等来看,应认定为性骚扰行为,而不属于猥亵。

正所谓,一个人遇到好老师是人生的幸运,一个学校拥有好老师是学校的光荣,一个民族源源不断涌现出一批又一批好老师则是民族的希望。于是我们听到,"七一"勋章获得者张桂梅校长说:"只要我还有一口气,我就要站到讲台上,倾尽全力、奉献所有,九死亦无悔!"可能于全国人们而言,她是时代楷模,是全国优秀教师的典范;然而于她自己而言,却只想做无数孩子的"张妈妈",无数贫困家庭的希望;我们看到,人民教育家于漪老师,她将"树中华教师魂,立民族教育根"? 时刻镌刻在心中,作为自己终生奋斗的目标和始终不变的精神追求。

"时代楷模"张桂梅颁奖词

烂漫的山花中,我们发现你。自然击你以风雪,你报之以歌唱。命运置你于危崖,你馈人间以芬芳。不惧碾作尘,无意苦争春,以怒放的生命,向世界表达倔强。你是崖畔的桂,雪中的梅。

"人民教育家"于漪颁奖词

她已是 90 岁的耄耋老人,有着 60 年的教学生涯。她依然活跃在语文教学改革的第一线,坚守"在讲台上用生命唱歌"。她深爱着学生,痴迷着语文教学。"我做了一辈子教师,但一辈子还在学做教师!"她用这样的话语不断地鞭策着自己,也勉励着更多的青年教师。于漪,师者的楷模。

三、案例分析

案例 3-2①

严老师是一位年轻的教师,工作热情非常高。他对学生的要求十分严格,经常要求学生不要讲脏话,不要乱扔废纸……而这位老师讲课情急时,常常说"笨""脑子进水"不绝于耳;吸烟后随手将烟蒂抛在课桌下……教育后的班级会怎么样呢?虽然严老师没少用嘴皮子,没少用各种惩罚手段,但是班上仍然脏话、粗话连篇,纸屑杂物随处可见。严老师百思不得其解。

让严老师百思不得其解的是明明自己严格要求学生了,在班里自己没少动嘴皮,也没少用各种惩罚手段,但是班上仍然有人说脏话、粗话连篇,纸屑杂物更是随处可见……

案例中严老师的行为违反了《新时代中小学教师职业行为十项准则》中的第七条,坚持言行雅正。

所谓言行雅正,要求教师要为人师表,以身作则,举止文明,作风正派,自重自爱。而案例中的严老师在讲课情急的时候,常会"骂"学生"笨、脑子进水"等脏话,并且自己也随手扔烟蒂垃圾等,这一系列行为反映出严老师作为一名教师没有起到模范带头的作用,也并没有以身作则。

作为一名教师必须要规范自己的言行举止,教师是学生活生生的榜样,学生会模仿教师的言行举止,教师必须以身作则、为人师表。因此,严老师应该先提高自己的道德素养,规范自己的行为。在严格要求学生的同时,同样也要要求自己,只有教师首先身体力行,自觉用教师职业道德规范自己的言行举止,才会成为学生的表率榜样,进而使学生慢慢改变坏习惯。

第三节　秉持公平诚信

秉持公平诚信。坚持原则,处事公道,光明磊落,为人正直;不得在招生、考试、推优、保送及绩效考核、岗位聘用、职称评聘、评优评奖等工作中徇私舞弊、弄虚作假。

——《新时代中小学教师职业行为十项准则》第八条

---

① 摘自 2019 年河南省教师招聘考试教育原理试题。

一、内涵解读

（一）教师公平

1. 何为公平

公平是一个古老的概念，从词源的角度看来，最早出自《管子》："天公平而无私，故美恶莫不覆；地公平而无私，故小大莫不载。"《辞海》将公平定义为"一种道德要求和品质，指按照一定的社会标准（法律、道德、政策等）、正当的秩序合理地待人处世，是制度、系统、重要活动的重要道德性质"。《现代汉语词典》中，公平指"处理事情合情合理，不偏袒哪一方"。在英语中，与公正对应的单词是 fairness。柏拉图认为公平是"各守其分，各司其职"，即能够做到恰如其分，每个人得到东西的多少取决于他们的功劳和品性。杜威（1916）认为，公平指出了在人们中间哪些相似与差异是与权利和义务有关的，利益要怎样划分才是适当的。虽然中外学者对于公平这一概念的表述各有不同，但其中有两个共同点。一方面，公平有关利益的分配。涉及人与人之间的利益分配关系，公平才具有意义。另一方面，公平具有"应得性"的特点，公平就是让每个人获得应当得到的部分，而不让其得到不应得到的部分。①

亚里士多德强调，分配的正义在于使人各得其所，各得所应得。一是给相同的人以相同的待遇；二是给不同的人以不同的待遇；三是给处境最不利者以救济和优待以及优待区别对待制度的特殊贡献者和牺牲者。简称为公平三原则：同等对待原则、区别对待原则和优待原则。拿班级排座位来说，即同等对待同班同学，区别对待不同身高的同学，优待近视和重听同学。②

2. 教师公平

教师公平是指教师在教育教学的过程中应当平等公正的对待和评价每一个学生，其中包括教师要坚持真理、秉公办事以及赏罚分明。有调查显示，在不同主体眼中，教师公平公正有不同的标准③：

调查一：家长眼中的教师公正

（1）能做到一视同仁，能把自己的学生当作自己的孩子一样看待；

（2）对学习好的学生和学习不好的学生能一视同仁；

（3）对待每一位学生态度一样，不论其出身、家境、俊丑等；

（4）公正无私，不分好坏中等，不专抓好学生；

（5）不对任何学生抱有成见，不论"好学生"还是"差学生"；

（6）对待学生一视同仁没有偏见，不论与学生家长是否认识，都不影响教师与学生的关系；

---

① 冯子睿. 教学公平视角下高中英语课堂教师提问的调查研究[D]. 华东师范大学，2019.
② 黄向阳. 公平之道的探索：以排座位为例[J]. 全球教育展望，2017，46(04)：109-117.
③ 肖自明，孙宏恩，韦庆华. 现代教师道德修养[M]. 咸阳：西北农林科技大学出版社，2010：73.

（7）让学生轮流做班级干部,培养学生的综合素质和能力。

调查二:学生眼中的教师公正

（1）对待学生机会平等;

（2）平等待人、不偏向他人、不嘲讽及轻视;

（3）不考虑学生的家境、服装以及学习成绩,对所有的学生都一视同仁;

（4）没有特别偏爱的学生,也没有特别厌恶的学生,待人平等;

（5）一视同仁,不对学习不好或纪律不好的同学怀有瞧不起的心理;

（6）不给优秀学生开小灶;

（7）对学生没有偏向心理,对每一位学生都给予一定的进步机会;

（8）对学生一视同仁,不把学生分成三六九等,不论学生学习成绩如何,在同一事上采取同一态度;

（9）一视同仁,对谁都一样,比如上课发言,应该每个人都叫,不光叫一个人或几个人;

（10）对待所有同学都一视同仁,不用有色眼光看人;

（11）一碗水端平,不在投票选举时说一些暗示性的话。

3. 影响教师公正的原因

由于教师身处于复杂的教育环境中,公平公正的实现往往困难重重。究其原因,可以概括为以下几个方面:

（1）感性的偏好

性别偏好的影响:例如男女生打架,教师往往觉得是女生受了男生的欺负而批评男生,事实上可能是由女生引起的。

外貌体型的偏好:在一次公开课上,一位女教师提问了一个男生四次,原因就是她觉得小男孩非常可爱,总是不自觉地被他吸引;抑或有教师会对体型较胖的学生产生歧视,在课堂上讥讽嘲笑。例如一位高年级女生由于体型较胖在课堂上回答不出问题,老师就讥刺她"像猪一样蠢"。

（2）文化的偏见

教师不公平有时是由文化中若隐若现的偏见造成的。这些文化中的偏见可能是主流文化中的,也可能是非主流文化中的。这些偏见几乎以一种无意识的方式存在。"黑色是丑陋的""贫穷是卑贱的""学习成绩差的是品质恶劣的"等这种偏见,以"习以为常"的方式存在着。

（3）利益的权衡

在现实的教育中,一些老师为了提高各项成绩的比率,如优秀率、升学率等,而在考试前劝退学生,使他们失去参加考试的机会;一些教师为了在公开课中取得满意的上课效果,先在班里挑选一部分好学生,而丝毫不顾及这样的挑选过程对学生的伤害;一些教师为了歌咏比赛的效果,让学生站成一排,挑选他认为长得好看的学生上场,每个学生都得战战兢兢地等待着老师对自己"好看难看"的"宣判"。

（4）权威的压力

教师的不公平，很多时候是因为处于一种行政权力的架构之中，公正与否无法完全由自己决定。面对权威的压迫性力量，教师往往缺乏坚持或斗争的勇气，或者说，即使是坚持和斗争也会因为缺乏权力的支撑而归于无助，为了明哲保身，只能顺从和妥协。例如，在电影《鲁冰花》中，美术老师郭云天发现家境贫苦的古阿明有绘画天赋，决定推荐他参加县里的比赛，可是校长却要推荐乡长的儿子参加。虽然最后采取了看似合理的"民主投票"，但实质上，大多数老师迫于校长的权威和压力，投了乡长的儿子。老师也因此得罪了校长。①

（二）教师诚信

1. 何为诚信

所谓诚信，"诚"指诚实，侧重于主体真实的内心态度和内在品质；"信"指守信，侧重于遵守诺言，言行相符的行为表现。"诚"和"信"的核心都是真实不欺，随着时代的发展，"诚信"已经逐渐演变成了一个整体概念，指的是主体能够按其主观意愿，在做出主观判断的基础上，真实地表达客观事实及其主观判断，做出相应的承诺，并按此践行的一种道德规范或品质。② 诚信是中华民族的传统美德，我国自古以来就崇尚诚信，并有"一诺千金""一言九鼎""人无忠信，不可立于世"的古训。诚信不仅是每个人做人的基本准则，于教师群体而言，更是师德的基本要求，是教师职业从业的基础。具体来讲，"教师诚信"是指教育工作者在教学、科研过程中，忠实地履行义务与责任，不欺诈，实事求是，以自身的诚信品质影响受教育者。③

2. 教师诚信

教师诚信是教育活动得以开展的前提，也是教师伦理品质的基础，更是作为专业机构的学校获得社会认可的条件。不论是完成教育教学任务，履行客观教育责任，积极助长学生发展，履行主观教育责任，还是承担教育教学行为后果，都需要教师真实表达，需要教师作出专业承诺，需要教师践行专业承诺。只有在教师诚信的前提下，学校和教师教育责任才有可能得到真正实现。④ 此外，教师的职业特性也决定了教师的不诚信行为会严重影响到学生的诚信观念与行为。

然而，不可否认的是，教师队伍现如今也频有学术造假等教师失信行为的存在。究其原因，有以下几个方面：

第一，社会根源。在市场经济功利主义、庸俗主义等负面思想腐蚀下，社会失真、失信现象普遍，以权谋私、权钱交易等腐败行为已经危及教育的各个领域。第二，考试监管制度的缺陷。目前考试监管的老化已不能适应"新鲜"手段的进入。第三，师范教育道德的

① 蔡辰梅. 小学大爱：小学教师师德案例读本［M］. 上海：华东师范大学出版社，2016：27-30.
② 傅维利，王丹，刘磊，等. 诚信观的构成及其对诚信教育的启示［J］. 教育研究，2010(1)：44.
③ 谢胜文. 教育诚信研究［D］. 湖南师范大学，2007.
④ 胡锋吉. 教师诚信：实现教育责任的基础［J］. 丽水学院学报，2018，40(06)：74-77.

滞后。现今的师范教育仍然深受传统教育体制的影响,过于注重对未来教师的知识、技能等培养,忽视了对教师道德以及职业情感、职业动机、职业信念等培养,导致教师缺失对职业内在精神的理解与追求。第四,自身道德素质的滑坡。教师自尊、自律、自信、自强意识淡薄,知识层次与精神世界处于不协调状态。①

因此,教师秉持公平诚信对教师来说具有重要的意义,它规定了教师的底线道德,而教师坚守职业底线道德是毋庸置疑的。时代在呼唤学生大写"人"的生命自觉时,作为大写"人"的教师也应该觉醒,坚持做到对学生公平公正,处事公道、坚持原则;对自己严格要求,光明磊落,诚实守信。

二、具体要求

(一)光明磊落、不弄虚作假

王安石云:"教人治人,宜皆以正直为先。"教导别人与自己修身,都应该先学会正直做人。然而在现实中,有很多教育者,枉顾教师的责任与使命,在涉及自身利益的教研、科研、绩效考核、岗位聘用、职称评聘、评奖评优中徇私舞弊、弄虚作假,违背了身为人师所应有的伦理道德。例如,在教育部公开的曝光违反教师职业行为十项准则的典型问题中,广东省深圳市龙岗区如意小学教师胡某某学术不端问题引人深思。2015年以来,胡某某多次抄袭他人作品用于自己出版书籍、发布微信公众号推文以及主编教材等,并获得多项荣誉称号。胡某某的行为违反了《新时代中小学教师职业行为十项准则》第八项规定。根据《事业单位工作人员处分暂行规定》《中小学教师违反职业道德行为处理办法(2018年修订)》等相关规定,撤销胡某某副校长职务、调离教学岗位,撤销其所获荣誉称号。因此,教师自己应不断提高道德自律,时刻以诚信原则约束自己,自觉讲诚信,自觉实践诚信,恪守做人的底线,秉持原则,光明磊落。

(二)处事公道、不徇私舞弊

作为教师,面对的学生情况是多种多样的,个性有不同、能力有差异、智力有高低、品行有上下、家庭情况有差距。教师通常都喜欢听话懂事、聪明伶俐的学生,这是人之常情,本无可厚非。然而,在具体的教育教学中,对待不同的学生则不能单凭感情行事,仅仅出于单纯的好恶就偏袒、庇护一部分学生,鄙视、冷淡另一部分学生,甚至在考试或辅导的过程中徇私舞弊,这已然变成一种狭隘的偏爱,不公正的偏私。教育部曾多次公布有关教师徇私舞弊的案例,例如作为出题教师违规为学生提供考前辅导;作为评卷教师,为学生提供考试试卷及标准答案等,都属于违背公平诚信的做法。

在学生眼中,"公正客观"通常被视为理想教师最重要的品质,学生都希望教师能够对所有学生公平相待、不偏不倚。因此,教师要时刻在心中摆好一杆秤,对不同性别、年龄、出身、智力、相貌、个性以及关系密切程度不同的学生同等对待;将自己的言行,置于严密的自我监督与反思之下,对自己实行一种道德上的苛责,坚持原则、坚守公平。

---

① 杨茜. 教师资格考试作弊:倒下的是灵魂[J]. 中国德育,2015(23):12.

三、案例分析

案例 3-3

中小学老师职称论文为何造假

"一个是我的远方亲戚,他要晋副高,去年就该晋的,因为没有论文,结果没成,后来就让我帮他写一篇,几乎每个星期都要催几回;另一个是我朋友的同事,他要晋小教高级,论文舍不得掏钱买,省教育报每篇500元版面费也不愿意付。"教师节前夕,河南南阳某农村小学的刘老师终于松了口气,他"帮忙"写作的两篇"艰巨"的论文完成了。

"同一个学校,同时开始教书,又是同龄人,因为职称不同受到的待遇可能相差很多,大家能不抢吗?僧多粥少,论文是个硬指标。东拼西凑的、雇枪手的、拉关系的、与编辑套近乎的、出高价买版面的……五花八门的现象存在也就不奇怪了。"刘老师说。

刚加入教师队伍的首都师范大学毕业生小霞,在实习期间也有件"耿耿于怀"的事。一个负责高二教学的教研组长开会的时候,给学生大谈特谈"舞弊可耻",转过身就私下里央求小霞帮着弄篇教学论文,还要能发表在公开刊物上。

【分析与点评】

上述案例中,教师找人代写论文的行为违反了《新时代中小学教师职业行为十项准则》中的第八条,秉持公平诚信。

所谓公平诚信,要求教师要坚持原则,处事公道,光明磊落,为人正直;不得在招生、考试、推优、保送及绩效考核、岗位聘用、职称评聘、评优评奖等工作中徇私舞弊、弄虚作假。案例中的教师为评职称而东拼西凑、找枪手、拉关系写论文的行为明显违背了不得在职称评聘中徇私舞弊、弄虚作假的要求。

作为教师,应时刻以诚信原则约束自己,自觉讲诚信,自觉实践诚信,恪守做人的底线,秉持原则,光明磊落。

案例 3-4

撕心裂肺的疼痛

政教处主任向毕业班的班主任们宣布:各班预定"三好学生"候选人两名,最后确定一名,中考成绩上加10分,各班一定严格评选,力求公平、公正、公开。

严老师手里紧紧攥着候选人表格,似乎攥着几个学生的前途和命运。选谁呢?严老师边走边想,两个名字渐渐清晰——张波和苏静伊。张波是班长,成绩年级前三名,校运动会跳远冠军,为人宽宏大度,热情周到,在同学们中威信极高,是老师的得力助手,他一定能高票当选。苏静伊是语文课代表,成绩年级前五名,活泼开朗,多才多艺,曾在市演讲比赛中获一等奖,男生女生都佩服她,深受老师们喜爱。可以说,这是众望所归的两个候选人!

可是,赵老师的孩子赵羽怎么办?赵老师曾经暗示过。现在还考虑他吗?严老师又想,反正赵老师也没明说,不要因为人情面子委屈了更好的孩子。再说学校要求一定要走正规程序,把最优秀的学生选出来。想到这里,严老师主意已定,脚下的步子轻快了起来。

一推门,赵老师已经在办公室等他了!"我跟主任说过了,你就直接填吧。"赵老师轻轻松松地说。严老师半天挤出一句:"得和其他老师商量一下。""也行。不过我都问过了,他们都同意。"赵老师有些不耐烦了。"那我考虑考虑。"严老师想尽力将天平的指针指向零。赵羽差得太远了!严老师想对赵老师说,应该让孩子追求真正属于自己的那份东西,这对孩子的成长有利。于是试探地说:"赵老师,你别看得太重……""同事一场,这点面子你都不给,成不成就看你了!加上 10 分,他就能考上高中,不加就可能考不上。再说那些学习好的学生不需要。"赵老师毫不客气地说。

严老师也在努力说服自己,是啊,赵羽也是我的学生,而且很可能在录取线的边缘,多考走一个,我不也很光彩吗?还是给他一个机会吧。可是把赵羽定为候选人,苏静伊就没希望了。没关系,苏静伊竞争不过张波,推荐上去也会淘汰。推荐赵羽,就给了同事面子,对张波也没有影响,两全其美。于是,严老师怀着对苏静伊的愧疚在表格上填下了张波和赵羽的名字。赵老师接着说:"张波已经有了体育加分,又不累计加分,给了他等于浪费,"这倒是实情。既然到了这个地步,就把人情送到底吧。课间,严老师把张波叫到面前:"你有了体育加分,这次的三好学生,让给别的同学吧。"张波爽快地答应了。

班级选举前,严老师说:"必须在两名候选人中产生,不得另选。"他顿了顿,又含糊说道:"张波放弃了。大家可以考虑另一名同学。"投票开始了,有些孩子的脸上出现了疑惑的表情,有人小声说:"怎么没有苏静伊?"有人回答说:"不知道,乱填吧。管他呢!"

选票交了上来,全班 44 人,赵羽 36 票,张波 8 票,赵羽"堂堂正正"地当选了!严老师宣布了结果,却没有以往的掌声。孩子们一个个木然地坐着,看着台上的班主任,教室里弥漫着灰暗压抑的气息。严老师感到异常难过,不敢再看同学们的眼睛,匆匆离开了教室。

赵老师来问了结果,高兴地说:"等我儿子考上高中,我请客!"严老师心里却流下了愧疚悔恨的泪水,他骂自己:你怎么能把评选当作自己的私有权利。要知道,为了升学率,为了同事的情分,你失去的不仅仅是良心,还蒙蔽了孩子纯净的心灵啊!严老师一向心态平和,睡眠很好,不管多么忙碌劳累,头一沾枕头就进入梦乡。而这天夜里,他失眠了。第二天早上他向校长提交了一份不再担任班主任的申请书。

【来源】蔡辰梅.小学大爱:小学教师师德案例读本[M].上海:华东师范大学出版社,2016:33-34.

【分析与点评】

上述案例中,严老师和赵老师的行为都违反了《新时代中小学教师职业行为十项准则》中的第八条,秉持公平诚信。

所谓公平诚信,要求教师要坚持原则,处事公道,光明磊落,为人正直;不得在招生、考试、推优、保送及绩效考核、岗位聘用、职称评聘、评优评奖等工作中徇私舞弊、弄虚作假。案例中的赵老师为让自己的孩子考上高中,以同事情分威胁严老师将三好学生的名额让给自己的孩子。严老师没有坚持原则,为了"同事情分",剥夺了理应拿到"三好学生"的其他学生的资格,将这一名额给了赵老师的孩子。两人都违反了"公平诚信"这一要求中的"不得在推优、保送中徇私舞弊"的规定。

案例中的严老师因所谓"人情"的关系而失去了公正,赵老师为自己的孩子谋取特权,剥夺了其他学生应得的权利,也失去了公正。这两者都制造了一个不公平的选举及教育过程,这比课堂上的郑重灌输对学生的影响更大。作为教师,应当时刻摆脱特权思维及"人情关系",不断反思不公平的做法可能产生的影响,在意识深处形成公平意识,并促使自己做出公正行为,唯有如此,才能使教师自身获得内心的平静与安宁,使学生体会到被公平对待的幸福与温暖。

第四节　坚守廉洁自律

坚守廉洁自律。严于律己,清廉从教;不得索要、收受学生及家长财物或参加由学生及家长付费的宴请、旅游、娱乐休闲等活动,不得向学生推销图书报刊、教辅材料、社会保险或利用家长资源谋取私利。

——《新时代中小学教师职业行为十项准则》第九条

一、内涵解读

(一)何为廉洁自律

廉洁,《辞海》解释为清廉、洁白,与"贪污"相对。通俗来讲,廉洁就是不贪得、不妄取,不接受不应当接受的财物,不受世俗丑行的污染。自律,是指人们对自身行为的自愿选择,是行为人遵守法律和按照社会道德规范的要求所达到的能力和水平。教师坚守廉洁自律,意味着教师在整个从教生涯中都要坚持行廉操法的原则,不贪学生及家长的钱物,不贪占公共和他人的钱物,不染社会上出现的一些贪、贿、欲等恶习,始终以清廉纯洁的道德品行为学生和世人做出表率。[1]

---

① 肖自明,孙宏恩,韦庆华. 现代教师道德修养[M].咸阳:西北农林科技大学出版社,2010:119.

(二)为何廉洁从教

从政策上来看,2005 年 4 月,教育部正式启动"廉政文化进校园"工作,将校园廉洁教育纳入反腐倡廉建设当中。2008 年出台的《中小学教师职业道德规范》中明确规定,教师要为人师表,廉洁从教。2010 年 7 月 29 日,中共中央、国务院印发《国家中长期教育改革和发展规划纲要(2010—2020 年)》,在加强师德建设方面也做出了明确要求:加强教师职业理想和职业道德教育,增强广大教师教书育人的责任感和使命感。同时要求将师德表现作为教师考核、聘任(聘用)和评价的首要内容。这些规定无不彰显着教师廉洁从教的重要性和必要性。

而从现实角度,教师从古至今都被誉为"人类灵魂的工程师""太阳底下最光辉的职业"。作为一名教师,廉洁从教是立身之本,只有廉洁公正,才会具有道德上的感召力,才能保持教育的公正无私。廉洁从教不仅是教师对学生进行教育的内在基础,也是一种净化社会风气的手段。另一方面,教师作为"社会代言人"和"社会代表者",其一言一行不仅代表自己,更在一定程度上彰显着社会的道德水平和道德高度。可以说,教师的廉洁自律是社会和人民对教师的要求和期待。在市场经济条件下,多元价值观念并存,拜金主义、享乐主义、利己主义等思想意识对所有人都产生着冲击,教师也不例外。然而,肩负"为人师表"责任的教师,如若也卷入"处处向钱看"、以教谋私的腐朽浪潮中,不仅僭越了从教底线,也会丧失育人的品德基础,更无法培养出操守高洁的未来公民。

因此,坚守廉洁自律意味着教师要时刻牢记自己的使命,淡泊名利,自尊自律,以人格魅力和学识魅力教育感染学生,做学生健康成长的指导者和引路人。

二、具体要求

(一)严于律己,坚守高尚情操

教育事业与经济活动既有紧密联系,又有显著区别。一方面,教育是经济发展的基础,要同经济发展相结合,服务于经济发展。另一方面,教育作为一种育人的活动,与经济活动有着本质的区别。从这个意义上说,不能把教育过程等同于商品交换过程。学校不能成为营利机构,教师不能以从事经济活动的心态来从事教育教学活动,也不能要求学生对自己所做的分内工作从物质上做出回报,这是由教育事业的性质和教师职业的特点决定的。教师所从事的职业决定了其自身必须严于律己,必须有一个正派的形象和一颗纯洁的心灵。自觉形成以事业为重、以学生为重的理念,淡泊名利,志存高远,不断提高个人素养和教育教学能力,以高尚的情操对待教书育人的神圣事业。

(二)清廉从教,不利用职责之便谋取私利

为纠正教师利用职务便利违规收受学生及家长礼品礼金等不正之风,教育部于 2014 年就出台了《严禁教师违规收受学生及家长礼品礼金等行为的规定》,其中明确指出,"广大教师要大力弘扬高尚师德师风,自觉抵制收受学生及家长礼品礼金等不正之风。对违规违纪的,发现一起、查处一起,对典型案例要点名道姓公开通报曝光。情节严重的,依法依规给予开除处分,并撤销其教师资格;涉嫌犯罪的,依法移送司法机关处理。"具体要求

包括六个方面：

一、严禁以任何方式索要或接受学生及家长赠送的礼品礼金、有价证券和支付凭证等财物。

二、严禁参加由学生及家长安排的可能影响考试、考核评价的宴请。

三、严禁参加由学生及家长安排支付费用的旅游、健身休闲等娱乐活动。

四、严禁让学生及家长支付或报销应由教师个人或亲属承担的费用。

五、严禁通过向学生推销图书、报刊、生活用品、社会保险等商业服务获取回扣。

六、严禁利用职务之便谋取不正当利益的其他行为。

然而，在现实生活中，教师群体依旧存在着这样一些不良风气。一些教师暗示家长送人情、给方便，或巧立名目向家长索要钱财、索要教师节礼物；参加由学生及家长付费的宴请、旅游、娱乐休闲等活动。收受钱财后，无原则满足一些家长提出的诸如"调好座位""当班干部"等不合理要求；一些教师以各种或明或暗的手段向学生推销教辅资料、图书报刊、社会保险等，利用职权或家长资源谋取私利。例如教育部网站公布的"黑龙江省哈尔滨市道里区兆麟小学教师焦某某收受礼品礼金问题"这一典型案例：焦某某担任小学三年级班主任，2016年9月至2018年3月期间，通过向3名学生家长以微信转账方式收取红包金额共计2000元。此外，还有新闻报道称，据武汉市一所学校学生反映，他们班老师制定有《班级公约》，其中第十条规定，学生要服从老师安排，积极配合老师工作。并要求全班学生签名遵守。学生说："我们有的人不买，老师就以《班级公约》来强制我们，强制要求我们买。有的同学跟他说了两句，他就说我们违反了《班级公约》，就要罚我们。"①

上述不良的做法，不仅玷污了教师的形象、败坏了教师的声誉，而且在精力上影响了教师的正常工作，降低了本应达到的教育教学质量。正如一句俗语所说"当教育把目光投注在金钱之上，教育就开始了堕落。"因此，教师要坚持对自己高标准、严要求，洁身自好，不为一己私利所动，自觉抵制有损教师职业声誉的行为，以坚定的立场维护好教师清廉从教的形象。

三、案例分析

案例 3－5

网友争晒教师节礼物

一位省会城市的家长告诉记者，他的双胞胎女儿刚刚考入初中，因为对老师们不熟悉，打算向9名任课老师以及年级组组长各送一份礼品。"班主任、主科老师各送一些土特产和一张购物卡，300元到500元不等，副科老师就只送土特产。我们旁敲侧击打听好了老师的住址，这几天晚上挨室登门。"他说，本来计算机老师、体育老师都包

---

① 可参见，教育之声，强订教辅有偿补课发假证，教育厅对校园歪风说不！，https://www.sohu.com/a/115786135_507408。

括在内,但考虑到负担太重,就算了。

一些更时尚的家长选择了用快递传送礼品。"既省事,又保密。"一位家长在论坛里支招。她在网络上订好礼品,直接留下幼儿园老师的地址和姓名。"千万要记得请卖家注明是哪位小朋友送的哦!"

教师节正在像情人节、圣诞节一样,成为精明商家的促销由头。一位网友晒出了他在一家大型超市拍摄的照片,宣传广告上赫然写着:"教师节,别忘记献上购物卡给老师哦!"某电商网站上以"教师节礼物"作为关键词可以搜出 5 万多件商品,其中最贵的为价值 1.2 万元的项链。

不过,也有一些人以赞许的态度晒出了他们印象最深或最喜爱的教师节礼物。一位网友说,女儿的老师向全班学生"索要"的节日礼物有如下要求:"一是总造价不得超过 20 元;二是必须是学生自制的(家长可以帮助);三是能够体现一定的内涵和创意。"他感叹,这位教师的教学手段"高明""别出心裁且能够获得出奇制胜的效果"。

一位网络编辑写道:"当年,我们送出贺卡、鲜花……如今,却都是现金、消费券……前者,是心意;后者,叫送礼。心意可收,礼不当取。让我们用另一种方式感念师恩。"

【来源】雷成. 网友争晒教师节礼物[N]. 中国青年报,2011-09-09.

【分析与点评】

上述案例反映了教师收受学生及家长财物的现实,对教师如何接受学生与家长的感谢,如何与学生及家长增进友谊,带来了思考和警示。中国历来有尊师重教的传统,所谓"一日为师,终身为父",我们也常常发出"师恩难忘"的慨叹,而今教师为更好地与家长携手促进孩子的学习成长,领受学生感激之情、与家长增进友谊,接受学生及家长的小礼品馈赠,如贺卡、鲜花,或学生自制、成本较低、有创意的手工作品等,也是人之常情,可以理解。但是,案例中陈述的收受厚礼的现象,却超出了师生情谊表达的范畴,显然已不是一方感恩,一方领情的问题,而成为教师与学生及其家长的一种交易,这不仅破坏了纯洁的师生关系,对学生的健康成长产生消极影响,而且给学生家长带来一定的经济负担,必然使教师职业形象严重受损,促使不良社会风气的形成。案例中网友介绍的一位老师对礼品提出了"不超过 20 元""自制的"等要求,显示出教师处理这类问题时的智慧,值得我们借鉴。

➤扫章首二维码查看:阅读补充材料 W3-1:教师节该不该送礼?

案例 3-6

学生试卷上贴百元钞票老师退钱判零分

老师阅卷,经常会看到一些答非所问的回答,然而最近一名老师在阅卷的时候却看到一份特殊的"答案",在答题处贴了一张百元大钞。看到这份"答案",老师哭笑不得。最后,老师"无情"地给这道题打了零分,将这 100 元还给了那位同学,并对他进行了批评教育。

据王老师介绍,他是一所中学的老师,前段时间,他参加高中会考模拟试卷的批改工作,当他改到一份试卷的时候,发现这个卷子中间夹了东西,翻到背面的时候发现一道试题的答题处竟然贴了一张百元大钞,他将这张钞票掀开发现,答题处是一片空白。

"从来没看到过这么荒唐的'答案',确实是哭笑不得。"王老师告诉记者,每学期的会考成绩,最终会记入学生的综合成绩,并写入档案,所以每次会考都很重要。可能这名学生因为不会答这道题,就将钱贴在试卷上,想让老师手下留情。"孩子家中比较富裕,但是学习一般。"王老师告诉记者,随后他将这100元钱还给了该学生,并对他进行了批评教育。

【来源】徐栋.学生试卷上贴百元钞票老师退钱判零分[N].青岛早报,2011 - 03 - 09.

【分析与点评】

上述老师退还100元钱的行为遵循了《新时代中小学教师职业行为十项准则》的第九条"坚守廉洁自律"。

所谓"廉洁自律",要求教师要严于律己,清廉从教,不得索要、收受学生及家长财物或参加由学生及家长付费的宴请、旅游、娱乐休闲等活动,不得向学生推销图书报刊、教辅材料、社会保险或利用家长资源谋取私利。王老师没有将学生夹在试卷中的100元钱收下,而将其还给了学生并对学生进行批评教育的做法坚守了廉洁自律的要求,是值得提倡的。

作为普通社会一员的教师,生活的压力、物质的诱惑无所不在,很难做到超然物外。但古人常说:"君子爱财,取之有道。"古人的告诫无非在警示后人,不要超越应有的常规道义获取本不属于自己的钱财。在师德问题的讨论中,这句名言同样给我们深刻的启迪:教师的"取财之道"要以合乎自己的职业规范,不违背自己的职业操守,不贬损自己的职业形象为前提。也就是《礼记》上所提出的"临财毋苟得,临难毋苟免""见利不亏其义,见死不更其守"这种泽善执着的精神。

第五节　规范从教行为

规范从教行为。勤勉敬业,乐于奉献,自觉抵制不良风气;不得组织、参与有偿补课,或为校外培训机构和他人介绍生源、提供相关信息。

——《新时代中小学教师职业行为十项准则》第十条

一、内涵解读

通常来说,教师从教行为的规范包括思想行为规范、教学行为规范、仪表行为规范等多个维度。此项准则中的"规范从教行为"主要侧重于教师教学行为的规范,重点强调教师勤勉敬业、乐于奉献的精神以及对不良风气的抵制。

(一)勤勉敬业

所谓勤勉敬业,一是指敬重自己所从事的工作,并引以为豪;二是深入钻研探讨,力求精益求精。勤勉指努力不懈,敬业的意思就是专心致力于学业或工作。对于一名教师来讲,要敬重教育事业,就要潜心研究业务,不浮躁,耐得住寂寞,"敬事而信"和"敬业乐群"。教师敬业的核心是尊重职业、献身职业。尊重自己所从事的教育事业是教师敬业精神的首要标准。一位教师确立和培养崇高的职业理想和事业心,真正地尊重职业必须具有不放弃的使命感和责任感,把自己从事的教师职业看得无比神圣。教师的责任大如天,使命重如山,一个肩膀挑着学生的现在,一个肩膀挑着祖国的未来。没有对教育的忠诚之心,缺乏高远的教育理想就不能承担这份沉甸甸的责任。①

(二)乐于奉献

所谓乐于奉献,是指教师要有默默奉献、淡泊名利、甘为人梯的奉献精神。通常,人们把教师比作"蜡烛",燃烧着自己,照亮别人;比作"人梯"和"铺路石子",让一批批、一代代接班人从自己的身上攀登到科学的顶峰,这就是我们教师的奉献精神。教师劳动是光荣而神圣的,但同时也是平凡的、寂寞的、艰苦的。在教师的岗位上,一般说来,既没有令人羡慕的地位和权势,也没有显赫一时的声名和财富,有的只是默默无闻的奉献,琐琐碎碎的辛劳;而且教育工作中有太多的不计报酬、无名无利的"良心活"需要去做;再加上教师的劳动常常没有"立竿见影"的效果,是一种周期长、见效慢的劳动,它的劳动价值常常被一些目光短浅的人所漠视。所有这些,都需要当教师的要有淡泊名利、乐于奉献的人生境界,要以平平常常的心态,高高兴兴的心情,去做实实在在的事情。一个名利之心太重、斤斤计较个人得失的人是不适合做教师的。

因此,规范从教行为这一规定在一定程度上体现了教师劳动的长期性和复杂性,也意味着教师要不断更新教育理念,坚守教育理想,树立坚定的理想信念和道德情操。

二、具体要求

(一)敬业奉献、自觉抵制不良风气

卢梭曾指出:"一个好教师应该具有哪些品质,人们对这个问题是讨论了很多的。我所要求的头一个品质是:他绝不做一个可以出卖的人。有些事业是这样的高尚,以致一个人如果是单纯为了金钱而从事这些事业的话,就不能不说他是不配这些事业的;军人所从

---

① 郑宽明,南锐.教师职业道德[M].北京:北京师范大学出版社,2018:83.

事的,就是这样的职业;教师所从事的,就是这样的职业。"①人民教育家陶行知先生留学回国后,放弃教育厅厅长的高官不做,抛开舒适的城市生活,终身致力于乡村贫民教育,安于"粉笔生涯"三十载,赢得桃李满天下。②

教师不同于其他职业,学生的"向师性"在一定程度上决定了教师"为人师表"的必要性。一个世俗势利的教师,在学生面前的说教也必然会显得虚伪空洞乃至苍白无力;而一个安于乐教、勤勉敬业、甘于奉献的教师,则会真正地得到学生、家长和社会的尊重和认可。教师的职业使命从古至今都是神圣本真的,这就意味着教师必须走出被功利遮蔽的琐碎,超越喧哗,仰望星空,进行"超脱"的思考。就像美国《第 56 号教室的奇迹》中的雷夫老师一样,虽然身处贫民窟的一间普通教室,但是他却深信"一间教室的能量可以是无限的",深信"我可以对学生的一生产生重要的影响"。正是这样的使命感和奉献精神使他愿意为学生投入更多的时间和心力,为孩子们创造学校生活的契机,为自己的教师职业生涯创造奇迹。③

(二)不得组织、参加有偿补课

1. 何为有偿补课

有偿补课是指公立中小学校及其在职教师收取经济报酬,对学生开展的补课、家教、辅导等行为。有偿补课与补课的根本区别在于,后者是教师责任心的驱使所为;前者则是教师主观意愿的、以获取经济利益为目的的违规行为,并且会影响学校正常的学习和生活,干扰学校正常的教学秩序。个别教师在经济利益驱使下,会把大量时间精力投入有偿补课中,而对于学校教学计划工作仅停留于消极应付的状态,例如有些教师为了说服家长让孩子上补习班,把课上应该讲的知识留到补习班上讲,这种行为是必须禁止的。

有学校制度对有偿补课进行了如下具体界定④:

(1)招收本班学生在家、到学生家中或在校内外租(借)用场地进行收费补课、辅导、办班的或有其他变相收费学习辅导行为的;

(2)利用职务之便,强制、诱导或暗示本班学生参加有偿家教辅导的;在教师之间相互介绍学生,为对方提供有偿家教生源的;动员、变相动员学生参加校外办学机构的补习或为其提供生源的;

(3)单独或与他人(包括父母、子女或亲朋好友)合伙租(借)场地、占用其他场地进行有偿补课、有偿辅导、有偿办班、参与有偿家教或管理的;以各种名目举办"奥数班""提高班""实验班""辅导班""特长班"等收取费用的;

(4)在校外办学机构有偿兼课或在社会办学机构中兼课的;

(5)利用工作之便自己或以亲属名义招收学生提供食宿,进行学习辅导,并收取费用的;

(6)有其他收费教辅情形的。

---

① [法]卢梭.爱弥儿[M].李平沤,译.北京:商务印书馆,2004:27.
② 卫建国.教育法规与教师道德[M].北京:北京师范大学出版社,2014:150 - 151.
③ 蔡辰梅.小学大爱:小学教师师德案例读本[M].上海:华东师范大学出版社,2016:13.
④ 可参见,关于规范教师从教行为的管理制度——莲山课件,https://web.5ykj.com/gui/79546.htm.

2. 为何禁有偿补课

在政策层面,对于在职教师有偿补课,教育主管部门早就画定了"红线"。比如,2014年教育部发布的《中小学教师违反职业道德行为处理办法》,"禁止有偿补课"被列入"红线";2015年教育部出台的《严禁中小学校和在职中小学教师有偿补课的规定》更作出了"严禁在职中小学教师组织、推荐和诱导学生参加校内外有偿补课"等6项规定,具体内容如下:

一、严禁中小学校组织、要求学生参加有偿补课;

二、严禁中小学校与校外培训机构联合进行有偿补课;

三、严禁中小学校为校外培训机构有偿补课提供教育教学设施或学生信息;

四、严禁在职中小学教师组织、推荐和诱导学生参加校内外有偿补课;

五、严禁在职中小学教师参加校外培训机构或由其他教师、家长、家长委员会等组织的有偿补课;

六、严禁在职中小学教师为校外培训机构和他人介绍生源、提供相关信息。

对于违反上述规定的中小学校,视情节轻重,相应给予通报批评、取消评奖资格、撤销荣誉称号等处罚,并追究学校领导责任及相关部门的监管责任。对于违反上述规定的在职中小学教师,视情节轻重,分别给予批评教育、诫勉谈话、责令检查、通报批评直至相应的行政处分。

可见,每年从中央到地方的教育主管部门对"有偿补课"都是三令五申,严查严打,但"有偿补课"就像韭菜一样"割掉一茬冒出一茬",总有个别教师敢于"以身犯险"。或许有人会说,"一些地方一些老师工资低,利用课外时间赚点钱也是合理的"。也有人觉得:"在职教师相对来说更能满足家长、学生的需求,禁止有偿补课,对老师、家长、学生来说都是损失,即便不参加老师开办的补课班,许多家长也会选择市场上的培训班。"[①]

在现实层面,上述说法其实似是而非。一方面,有偿补课与全面贯彻党的教育方针和立德树人根本任务背道而驰,是应试教育的产物,反过来加剧应试教育的不良竞争。学校为了提高升学率和知名度,利用节假日组织学生集体有偿补课,加重学生课业负担和人民群众经济负担,滋生教育腐败。另一方面,有些教师为了追求名利,本末倒置,热衷于有偿补课,把在学校的本职工作当副业,将有偿补课当主业,影响教育教学质量,败坏校风校纪。极少数教师利用职务之便,采取"课上不讲、课下讲、校内不讲、校外讲"的方式,强迫所教学生参加有偿补课,败坏师德。[②]

因此,在职教师有偿补课不仅变相地将公共教育资源私人化、商品化,更影响学生身心健康发展,破坏教育公平,损害教师和教育行业声誉。不仅损害了学生平等的受教育

① 郭慧岩.有偿补课怎就到了大打出手的地步[N].中国青年报,2020－12－02(008).

② 可参见,中华人民共和国教育部政府门户网站.教育部关于印发《严禁中小学校和在职中小学教师有偿补课的规定》的通知,http://www.moe.gov.cn/srcsite/A10/s7002/201507/t20150706_192618.html.

权,更违背了法律的精神。例如,2020 年 11 月,辽宁省沈阳市第 127 中学教师金某怀疑学生家长举报自己组织有偿补课,叫来家属殴打学生家长。最终,涉事教师金某被开除,校长被免职,区教育局副局长被免职,还有多人受到了党内警告、严重警告等不同程度的处分。此外,涉事教师丈夫刘某被给予行政拘留 3 日的处罚。而这些处理结果,也让人们再一次清楚看到"有偿补课"的代价。

三、案例分析

案例 3-7

时代楷模——张桂梅

张桂梅,云南省丽江华坪女子高级中学党支部书记、校长,华坪县儿童福利院(华坪儿童之家)院长。

她是一个身患 23 种疾病的普通教师,却改变了 1804 个贫困山区女孩的命运,她是一根燃烧的蜡烛,为近 1800 个家庭点燃了希望,为贫困地区教育扶贫摸索出一条新路。已经 63 岁的张桂梅,现为云南省丽江市华坪县女子高级中学党支部书记、校长,华坪县儿童福利院院长。作为一个从黑龙江省来扎根边疆云南的外省人,她长期献身民族地区教育事业,疾病缠身却奉献不止,教书育人,用爱心和智慧点亮大批乡村孩子的人生梦想,充分展现了当代人民教师的高尚师德。2008 年以来,她已帮助 1800 多名女孩走出大山,用知识改变了贫困山区女孩命运,并先后获得"全国优秀教师""全国三八红旗手""云岭楷模""全国教书育人楷模""全国优秀共产党员""全国脱贫攻坚奖贡献奖"等荣誉称号。2021 年 6 月 29 日,中共中央组织部、党和国家功勋荣誉表彰工作委员会办公室授予张桂梅"七一勋章"。

张桂梅同志把全部身心投入到边疆民族地区教育事业和儿童福利事业,创办了全国第一所全免费女子高中,是华坪儿童之家 130 多个孤儿的"妈妈"。她坚持用红色文化引领教育,培养学生不畏艰辛、吃苦耐劳的品格。她常年坚持家访,行程 11 万多公里,覆盖学生 1300 多名,为学校留住了学生,为学生留住了用知识改变命运的机会。她吃穿用非常简朴,对自己近乎"抠门",却把工资、奖金捐出来,用在教学和学生身上。她以坚忍执着的拼搏精神和无私奉献的大爱,诠释了一位教师的初心使命。

【分析与点评】

张桂梅老师的所作所为遵循了《新时代中小学教师职业行为十项准则》中的第十条"规范从教行为"。

"规范从教行为"要求教师要勤勉敬业,乐于奉献,自觉抵制不良风气;不得组织、参与有偿补课,或为校外培训机构和他人介绍生源、提供相关信息。张桂梅老师长期献身民族地区教育事业,疾病缠身却奉献不止,为近 1800 个家庭点燃了希望,为贫困地区教育扶贫摸索出一条新路,深刻诠释了当代人民教师乐于奉献的高尚师德。

教师从事的职业是一个造福人类、奉献人生的事业。教师要做好教书育人工作，没有白天、黑夜之分，没有假日、节日之闲；教师从教的地域广阔，不论是高山平地、海岛边疆，不论多么偏僻、多么艰苦，只要有学生的地方，那里就需要教师；教师要讲授好一门或数门学科的课程，必须付出全部的聪明才智和大量的时间、精力和心血。教师要不断坚定自己的职业理想，热爱所从事的教书育人事业，努力做"有理想信念、有道德情操、有扎实学识、有仁爱之心"的好老师！

➢扫章首二维码查看：阅读补充材料 W3－2：张桂梅在庆祝中国共产党成立 100 周年"七一勋章"颁授仪式上的发言。

思考与拓展

1. 作为未来的小学教师，你认为应如何在日常生活中加强安全防范？
2. 请简述为人师表的具体要求。
3. 在日常教育教学中，应如何坚持公平诚信？
4. 作为新时代的教师，应如何坚守廉洁自律？
5. 作为一名教师，应如何抵制有偿补课等不良风气？
6. 案例分析：

案例 1

1997 年 12 月 5 日 9 时 45 分，陕西省某地发生了 4.8 级有感地震，西安市在同一时间也发生了震颤。此时，某大学教学楼四楼的一间教室内，一位头发花白的老教授正在给学生讲课。大楼摇晃了一下，所有的学生连同老教授的身体都摇晃了一下。老教授心里一惊："可能是地震。"但他却平静地说："请同学们有序离开教室，到教学楼前的空地集合。"学生有序地鱼贯而出。

另一间教室里，一位打扮入时的女教师正在给学生讲人生哲理课。当大楼摇晃时，女教师大惊，喊了一声："地震啦！"就率先冲向门口。至于她身后的学生如何乱作一团，她全然不顾，只是自己奋力推挤着向下奔跑。

等到大家都集中到了楼前的空地时，学校领导开始清点人数，发现只有老教授还未下来。正在这时，老教授出现在楼门口，镇静得好像什么也没发生过，同学们一齐欢呼着冲上去围住了他。细心的同学发现，他手里还提着一双高跟鞋，原来那是女教师为便于逃跑踢脱在楼道里的。事后经调查得知，老教授那个班的学生全都安然无恙，而女教师教的那个班有三名女生扭了脚，一名女生跑掉了鞋。

案例 2

一天，语文老师正在批阅学生的周记。忽然，陆同学的一篇作文《老师，我想对你说》引起了他的注意。文中写道："今天上午第三节课是数学课。铃声响过了好长时间，数学老师才挺着个大肚子，穿着拖鞋，大摇大摆地走进教室。也许是得了感冒或者其他原因，他干咳了几声，随后将一大口痰吐在了讲台旁，紧接着习惯性地把手往鼻子里抠了几下，并打开旁边饮水机的水龙头,将手洗了洗。他的一系列行为既不雅观,也不文明,更不卫生,真让人觉得恶心。"

想一想:在案例1中,为什么"老教授那个班的学生全都安然无恙,而女教师教的那个班有三名女生扭了脚,一名女生跑掉了鞋"?

你对案例2中"数学教师"的形象如何评价? 如果你是学生,面对教师的类似行为,你会有什么感受?

第四章
违反教师职业道德行为的处理及教师权利救济

扫码查看
拓展资源

内容概要

对违反职业道德的教师进行处理,应当坚持公平公正、教育与惩处相结合的原则,与其违反职业道德行为的性质、情节、危害程度相适应,做到事实清楚、证据确凿、定性准确、处理恰当、程序合法、手续完备。教师违反职业道德的行为分为十类。处理包括处分和其他处理,其中处分包括警告、记过、降低岗位等级或撤职、开除。处理程序包括立案、调查、听取教师的陈述和申辩、举行听证、合议和作出处理决定等六个阶段。教师对处理决定不服,可以申请复核、提出申诉乃至于提起行政诉讼。

2014 年 1 月 11 日教育部发布了《中小学教师违反职业道德行为处理办法》(以下简称《处理办法》)。为深入贯彻习近平新时代中国特色社会主义思想和党的十九大精神,深入贯彻落实全国教育大会精神,扎实推进《中共中央国务院关于全面深化新时代教师队伍建设改革的意见》的实施,进一步加强师德师风建设,教育部于 2018 年 11 月对《处理办法》进行了修订。该《处理办法》就处理原则、处理行为、处理类别、处理程序等问题作出了全面和具体的规定。该《处理办法》属于部门规章,在效力上低于全国人民代表大会及其常务委员会制定的法律和国务院制定的行政法规,高于省级教育行政部门根据《处理办法》授权结合当地实际情况制定的实施细则,是对违背职业道德的中小学教师进行处理的主要制度依据。

第一节　违反教师职业道德行为的处理原则

所谓对教师违反职业道德行为进行处理的原则,指贯穿于对教师违反职业道德行为进行处理的整个过程、调整处理主体(教育行政部门和教育机构)与处理对象(教师)之间关系和他们的行为的基本原则。这些原则对于作为处理主体的教育行政部门、教育机构和作为处理对象的教师个人的行为具有重要指导意义。

《处理办法》第六条规定:"给予教师处理,应当坚持公平公正、教育与惩处相结合的原则;应当与其违反职业道德行为的性质、情节、危害程度相适应;应当事实清楚、证据确凿、定性准确、处理恰当、程序合法、手续完备。"据此,本书认为,对教师违反职业道德行为进行处理的原则可以概括为五项。

一、公平公正原则

公平公正原则,要求教育行政部门或者学校对违背教师职业道德的教师进行处理的时候,不徇私情,对于不同民族、性别、文化程度和宗教信仰的教师,一律平等对待;对违背教师职业道德的教师进行处理的时候,要公道正派,不能偏私。

实现公平公正原则的前提,当然是制度本身即《处理办法》等规章制度的公平公正的规定。《处理办法》对于教师违反职业道德的行为做出了比较全面的规定,针对不同行为规定适用不同的处分,并且对于处理程序作出规定;还特别规定,在一定情形下,应当举行听证活动以充分听取教师本人的申辩意见。这些规定的内容,与民族、种族、性别、文化程度等个人因素没有任何关系,这就为公平公正的实现奠定了前提和基础。教育行政部门或者学校在认定教师违反职业道德行为和处理的过程中,只有遵守这些规定,严格依照制度办事,坚决抵制制度规定以外的因素的干扰甚至阻挠,才可以实现公正公平原则的要求。

二、教育与惩处相结合原则

处分的内容是剥夺或者减少被处理人的利益,所以处分的本质是惩罚。但是,对于违反职业道德的教师进行处理,惩罚并非唯一目的,教育是必须考虑的因素。这里的教育,包括两个方面:第一,特殊教育,通过处分,使被处分人深刻认识到自己的错误行为的性质和后果,对于自己的行为违反职业道德的情况有清楚的了解,真正后悔,从而以后不再实施违反职业道德的行为;第二,普通教育,通过处分,使被处分人以外的其他人尤其是与被处分人为同事的教师对于被处分人违反职业道德的行为的错误本质有正确的了解,从被处分人的错误中吸取教训,从而认识到制度的规定"是算数的""不是闹着玩儿的",明确教师教育活动中自己的权利的界限和应当承担的义务,今后不实施违反职业道德的行为。

这个原则,对于处分有重要影响。即,对于正确认识自己行为的错误及其后果、有真诚改过意愿的教师,在制度允许的情况下,给予其改过自新的机会;对于那些不能认识自己行为的错误甚至坚持错误而又再犯危险的教师,则要从严处理。

三、处理与责任相适应原则

根据《处理办法》第六条的规定,给予违反职业道德的教师进行处理,"应当与其违反职业道德行为的性质、情节、危害程度相适应",这就是处理与责任相适应原则。该基本原则要求,对教师进行处理时,主要考虑以下因素:行为的性质;行为的情节;危害程度。

(一) 行为的性质

根据以上规定,决定处理结果的首要因素是"行为的性质"。本书认为,行为的性质,涉及两个问题:其一,行为属于一般违反教师职业道德的行为,还是已构成违法行为? 其二,行为侵害的利益是什么?

对于教师违反职业道德的行为，《处理办法》采用"列举＋兜底性规定"的规定办法，即首先具体列举了十种具体违反职业道德的行为，后以"其他违反职业道德的行为"将不属于前述十种行为范围的其他违反职业道德的行为概括进去。经过比较考察，就可以发现，《处理办法》列举的十种具体违反职业道德的行为，有一部分在其他法律中有规定，例如：第一，损害国家利益的行为。《宪法》第五十二条规定："中华人民共和国公民有维护国家统一和全国各民族团结的义务。"第五十四条规定："中华人民共和国公民有维护祖国的安全、荣誉和利益的义务，不得有危害祖国的安全、荣誉和利益的行为。"《处理办法》第四条第二项规定的"损害国家利益"的行为与《宪法》的上述规定存在重合关系。第二，体罚学生或者变相体罚学生、侮辱学生人格的行为。《教师法》第三十七条第一款第（二）项和第（三）项分别规定了"体罚学生，经教育不改"的行为和"侮辱学生，影响恶劣"的行为。《中华人民共和国未成年人保护法》第二十七条规定："学校、幼儿园的教职员工应当尊重未成年人人格尊严，不得对未成年人实施体罚、变相体罚或者其他侮辱人格尊严的行为。"《处理办法》第四条第五项规定的"歧视、侮辱学生，虐待、伤害学生"的行为与上述规定内容存在重合。这些行为，违反教师职业道德规范，同时可能违反上述不同法律规定而构成违法行为。就性质而言，这些行为比那些单纯违反职业道德的行为的危害程度重，从而承担的责任重。就违法行为而言，可以分为民事违法行为、行政违法行为和刑事违法行为（即犯罪），实施刑事违法行为的人要承担各种责任中最重的刑事责任。例如，体罚学生造成轻伤后果的，成立《刑法》规定的故意伤害罪，既要承担《处理办法》规定的道德责任，还要依照《刑法》规定被判处"三年以下有期徒刑、拘役或者管制"并对被害人遭受的物质损失进行民事赔偿。

行为内容不同，侵害的利益不同，也是影响处理的重要因素。利益，可以分为国家利益、社会公共利益和个人利益，三者的价值是从高到低排列，分别侵害三种利益的行为的危害程度逐次递减。利益，还可以根据内容分为人身利益、财产利益和其他利益，人身利益价值最高，所以侵害人身利益的行为危害最严重，而单纯侵害财产利益的行为危害罪轻。既然如此，侵害人身利益的行为人应当承担比单纯侵害财产利益的行为人更重的责任。

（二）行为的情节

行为的情节，指在行为构成违反教师职业道德行为的前提下，影响行为危害程度的各种客观因素和主观因素。

影响行为危害程度的客观因素，主要有以下几种：① 行为手段。行为手段是实施行为的具体方式、方法，其对行为的危害程度有显著的影响。例如，同样是体罚学生，一般而言，采用专门制作的造成学生额外痛苦的工具的体罚行为比采用教具体罚的行为危害程度高，而采用教具体罚的行为的危害程度高于不借助任何工具而单纯利用身体进行体罚的行为。② 行为对象。中小学教师违反职业道德行为侵害的对象包括中学生和小学生，年龄跨度相当大。一般而言，相同侵害行为给年龄小的学生造成的心理伤害重于年龄稍大的学生，给体质较弱的学生造成的伤害重于体质较强的学生。③ 危害结果。危害结果是影响行为危害程度的重要因素。不言而喻，造成较重危害结果的行为的危害程度高于造成较轻危害结果的行为。④ 实施行为的时间、地点。任何行为都是在一定的时间和地点实施的,时间和地点由此成为判断行为危害程度不可忽视的因素。一般而言,在上课时间实施的体罚学生的行为比在课余时间实施的体罚学生的行为危害程度高,在国家强调保护知识产权的时期实施的侵害他人著作权的行为比在其他时期实施的侵害他人著作权的行为危害程度高,在公众场合实施的侮辱他人的行为危害程度显著高于在仅有两人在场的场合实施的侮辱行为。

影响行为危害程度的主观因素,从逻辑上而言,主要是支配行为人实施违反职业道德行为的过错和行为动机。借鉴中国大陆刑法理论中关于罪过的阐述[1],过错可以分为两种,故意和过失:故意,是指行为人明知自己的行为会造成危害社会的结果,并且希望或者放任这种结果发生的心理态度;过失,是指行为人应当预见自己的行为可能造成危害社会的结果,因为疏忽大意而没有预见,或者已经预见而轻信能够避免的心理态度。本书认为,现行《处理办法》第四条明确规定的十种违反职业道德的行为的主观因素都是故意,由此可以推断兜底性条款中"其他违反职业道德的行为"也是指基于故意而实施的行为而不包括过失行为。由此得出结论:《处理办法》规定的需要处罚的行为都是故意行为。

既然如此,区分这些行为危害程度的主观因素就只有行为动机了。"动机是激发和维持有机体的行动,并将使行动导向某一目标的心理倾向或内部驱力。"[2]当然,行为人实施违反职业道德行为的动机是潜在的主观因素,不属于客观因素也不直接支配行为,所以不会影响违反职业道德行为的客观危害程度。但是,行为动机说明故意行为的发生原因,只是在一定程度上影响行为人应当承担的责任。虽然如此,我们必须承认,基于嫉妒、报复等卑鄙的动机实施违反道德行为的人应当承担比基于一般动机的行为人更重的责任。

(三) 行为的危害程度

行为的危害程度不是前文阐述的行为的性质、行为的情节以外的因素,而是在考察前文阐述的行为的性质和作为行为的情节的各种客观因素和主观因素的基础上,对行为进行综合判断、整体评价的结果。

本书认为,对违反职业道德行为进行综合判断、整体评价而得出关于其危害程度的结论后,基本就可以确定对行为人适用的处理方法。但是,行为人在行为前和行为后的表现是《处理办法》没有规定,而进行处理时也往往需要考虑的因素。行为人在实施违反职业道德的行为前后的行为表现,对于其实施的违反职业道德的行为的危害程度没有影响。但是,行为人在实施违反职业道德的行为之前的一贯表现,是我们对于该行为人人格、品行进行评价的基础根据,通过对这些情况的考察,我们可以得出行为人"一贯洁身自好,这次只是没有能严格约束自己"从而实施违反职业道德的行为是"偶然碰了红线",可以得出

---

① 刑法上的罪过分为故意和过失。"所谓犯罪故意,是指行为人明知自己的行为会发生危害社会的结果,并且希望或者放任这种结果发生的主观心理态度。""所谓犯罪过失,是指行为人应当预见自己的行为可能发生危害社会的结果,因为疏忽大意而没有预见,或者已经预见而轻信能够避免的一种心理态度。"源自:高铭暄,马克昌.刑法学[M].北京:高等教育出版社,2017:107,113.

② 林崇德,杨治良,黄希庭.心理学大辞典[M].上海:上海教育出版社,2003:223.

"其以后能够吸取教训可以约束自己遵守职业道德"的结论，从而对其给予较轻的处理；或者，通过对这些情况的考察，我们可以得出行为人"一贯小错不断、没有严格遵守职业道德规范的习惯"从而其违反职业道德的行为是"迟早都要发生的"，可以得出"其以后难以吸取教训、不大可能约束自己遵守职业道德"的结论，从而对其给予较重的处理。[①] 行为人在实施违反职业道德的行为之后特别是在调查过程中的表现，更是多数案件中对行为人进行处理不能忽视的因素。[②] 有的行为人在调查过程中对自己所实施的行为和其他情况如实坦白、没有任何隐瞒，向被害人真诚道歉、进行赔偿，按照要求提供相关的证据材料，这表明行为人真诚悔过的态度，其再次实施类似行为的可能性小，要考虑对其给予较轻的处理；而有的行为人，在调查过程中，对自己所实施的行为和其他情况拒不说明、极力隐瞒，隐匿或者销毁与违反职业道德行为相关的证据材料，甚至与同案人订立攻守同盟，这表明行为人对自己的行为没有正确认识，其再次实施类似行为的可能性大，要考虑对其给予较重的处理。

四、以事实为根据、以制度为准绳原则

《处理办法》并没有"以事实为根据、以制度为准绳"的文字规定。但是，本书认为"以事实为根据，以法律为准绳"是我国民事诉讼法、行政诉讼法、刑事诉讼法共同规定的内容，是司法机关处理民事案件、行政案件和刑事案件都应当遵循的基本原则，教育行政部门或者教育机构对于违反职业道德的教师进行处理，关涉教师的重要利益，也应当遵守类似的原则。

以事实为根据，要求对于违反职业道德的教师进行处理必须查明事实真相，对教师的处理必须建立在查清的事实的基础上。以事实为根据是正确处罚违反教师职业道德的行为、防止错误处理、保证没有错误行为的人不受追究的根本保证。一个人是否违反了教师职业道德，危害程度如何，应当承担多大程度的责任，对其是否应当处理以及应当给予什么种类和程度的处理，必须以事实为根据。这里的"事实"是指有充分证据证明并且经过查证属实的事实；对于事实的认定，必须坚持证据原则，以经过依照制度进行调查并且按照制度规定标准采纳的证据为基础，不能凭借主观想象、推测、怀疑认定事实。在认定事实时，要遵守制度中关于实体的规定，更要遵守制度中关于程序的规定，特别是证据规则。

以制度为准绳，要求对于违反教师职业道德的教师进行处理必须按照制度规定进行，要在查明事实的基础上，准确地适用相关制度。具体而言，对于行为性质、行为的危害程度的认定，是否进行处理以及适用何种处理方法，都必须按照制度的规定进行。这里的"制度"包括以下四类：① 有《中华人民共和国教育法》《中华人民共和国义务教育法》《中

---

① 刑法理论上和司法实践中承认的包括刑法明文规定的累犯和再犯在内的前科，是影响量刑的重要因素。

② 刑法中规定的自首、坦白制度，就是犯罪人在犯罪后的表现影响对其量刑的重要制度。

华人民共和国教师法》和《中华人民共和国未成年人保护法》①；② 行政法规和地方性法规：主要是《教师资格条例》；③ 部门规章：主要是教育部发布的《〈教师资格条例〉实施办法》和《中小学教师违反职业道德行为处理办法》；④ 其他制度：如河南省教育厅制定的《河南省实施〈教师资格条例〉细则》。这些制度中，法律的效力最高，从法律到行政法规和地方性法规到部门规章到其他制度，效力递减；关于同一事项，如果效力不同的制度的规定之间有矛盾或者冲突，就适用效力较高的制度的规定。

五、正当程序原则

正当程序原则，指对于违反教师职业道德的教师进行处理，必须遵守制度规定的程序。

任何单位处理任何事务，都是通过一定的程序进行的。在法学理论上，司法机关办理案件的程序被认为具有非常重要的意义。程序本身并非单纯为实体问题的处理服务，遵守法律规定的程序本身被认为有独特的价值，即程序正义。② 立法机关制定了《民事诉讼法》《行政诉讼法》《刑事诉讼法》分别规定公安司法机关办理民事案件、行政案件和刑事案件的程序。行政司法机关处理任何案件，必须遵守法律规定的程序，相关机关办理案件过程中如果没有遵循法律规定的程序构成程序违法，是判断其处理结论错误的重要理由，一审程序违法在各诉讼法规定中都是在二审程序判断一审判决违法而应当撤销的重要理由。只有按照事先公布的制度规定的程序处理事务，相关人员才能感到自己被公平地对待，才可能对于处理结果感到"心服口服"。基于同样的道理，对违反职业道德的教师进行处理，关涉教师本人的权益，必须严格按照法律、法规、部门规章等制度规定的程序进行。

第二节 违反教师职业道德行为的种类及其认定

《处理办法》第四条对应予处理的中小学教师违反职业道德的行为做了全面规定："应予处理的教师违反职业道德行为如下：（一）在教育教学活动中及其他场合有损害党中央权威、违背党的路线方针政策的言行。（二）损害国家利益、社会公共利益，或违背社会公序良俗。（三）通过课堂、论坛、讲座、信息网络及其他渠道发表、转发错误观点，或编造散布虚假信息、不良信息。（四）违反教学纪律，敷衍教学，或擅自从事影响教育教学本职工作的兼职兼薪行为。（五）歧视、侮辱学生，虐待、伤害学生。（六）在教育教学活动中遇突发事件、面临危险时，不顾学生安危，擅离职守，自行逃离。（七）与学生发生不正当关

---

① 在教育行政部门和教育机构以外的机关对于违法行为进行处理时，可能适用《中华人民共和国民法典》《中华人民共和国著作权法》等法律的规定；处理的行为构成犯罪的情况下，还要适用《刑法》的规定。

② 陈瑞华.论程序正义价值的独立性[J].法商研究,1998(2).

系,有任何形式的猥亵、性骚扰行为。(八)在招生、考试、推优、保送及绩效考核、岗位聘用、职称评聘、评优评奖等工作中徇私舞弊、弄虚作假。(九)索要、收受学生及家长财物或参加由学生及家长付费的宴请、旅游、娱乐休闲等活动,向学生推销图书报刊、教辅材料、社会保险或利用家长资源谋取私利。(十)组织、参与有偿补课,或为校外培训机构和他人介绍生源、提供相关信息。(十一)其他违反职业道德的行为。"

一、教师违反职业道德行为的种类

(一) 在教育教学活动中及其他场合有损害党中央权威、违背党的路线方针政策的言行

中国共产党的领导,是中国革命和建设连续取得胜利的根本保证,是中国特色社会主义最本质的特征。所以,热爱中国共产党、拥护中国共产党的领导,是新时期爱国主义的重要内容。中小学教师培养社会主义建设事业接班人,理应在教育工作中对受教育者进行爱国主义教育。所以,教育部于 2018 年发布的《新时代中小学教师职业行为十项准则》(本章简称《十项准则》)第一条就是对教师"坚定政治方向"的要求:"坚持以习近平新时代中国特色社会主义思想为指导,拥护中国共产党的领导,贯彻党的教育方针;不得在教育教学活动中及其他场合有损害党中央权威、违背党的路线方针政策的言行。"《处理办法》第四条列举的教师违反职业道德行为的第一项就是"在教育教学活动中及其他场合有损害党中央权威、违背党的路线方针政策的言行",是与《十项准则》的第一条要求相对应的。

1. 损害党中央权威的言行

这是指以行动或者言语给中国共产党中央的权威造成实际损害或者有损害危险的行为,主要包括:第一,妄议党中央大政方针,破坏党的集中统一;第二,丑化党和国家形象,或者诋毁、诬蔑党和国家领导人、英雄模范,或者歪曲党的历史、中华人民共和国历史、人民军队历史;第三,制作、贩卖、传播有前述所列内容的书刊、音像制品、电子读物、网络音视频资料,或者私自携带、寄递这些资料进出国(边)境。

2. 违背党的路线方针政策的言行

这是指以行动或者言语公然反对党的路线方针政策、企图挑动他人对党的路线方针政策产生怀疑的行为,主要包括:第一,通过网络、广播、电视、报刊、传单、书籍等,或者利用课堂、讲座、论坛、报告会、座谈会等方式,公开发表坚持资产阶级自由化立场、反对四项基本原则,反对党的改革开放决策的文章、演说、宣言、声明;第二,通过网络、广播、电视、报刊、传单、书籍等,或者利用课堂、讲座、论坛、报告会、座谈会等方式,公开发表违背四项基本原则,违背、歪曲党的改革开放决策或者其他有严重政治问题的文章、演说、宣言、声明等;第三,制作、贩卖、传播有前述所列内容的书刊、音像制品、电子读物、网络音视频资料,或者私自携带、寄递这些资料进出国(边)境。

教师实施有损害党中央权威、违背党的路线方针政策的行为或者发表此类言论,无论在什么时间和地点,都属于违反职业道德的行为。

案例 4－1

损害中央权威、妨碍党和国家方针政策实施案①

2014年9月，山西省某县委接到了关于山西省委巡视组即将进驻的通知。该县委书记在安排巡视进驻准备工作时竟强调"要能保证举报箱的位置在监控可视范围内"，以此掌握举报人和举报情况。10月中旬，省委巡视组按时进驻该县开展巡视，该县公安局把县委和信访局附近的2个摄像头，对准省委巡视组设立的2个举报箱，并安排人巡逻值守县宾馆的举报箱。后来，省委巡视组根据群众反映到实地查看，发现这一情况后，责令该县委立即改正。该县委书记擅自安排将巡视组举报箱置于监控探头可视范围内，影响了干部群众依法行使检举权，干扰了巡视工作的正常开展，严重违反了党的政治纪律和政治规矩，2014年底受到严肃处理。

（二）损害国家利益、社会公共利益，或违背社会公序良俗的行为

这是按照损害利益的种类，对于违反职业道德的行为进行的分类，指损害三类利益而不属于《处理办法》第四条其他各项列举的行为。

1. 损害国家利益或者社会公共利益的行为

《中华人民共和国宪法》在第二章《公民的基本权利和义务》中规定管理公民广泛享有的各种权利之后，在第五十一条做出了不得滥用公民权利和自由的规定："中华人民共和国公民在行使自由和权利的时候，不得损害国家的、社会的、集体的利益和其他公民的合法的自由和权利。"任何公民的权利和自由只意味着公民可以做法律许可做的事情。权利必须依据法律的规定才能实现，同样，权利也只有依据法律行使，才受到国家的保护。超越法律的规定去行使权利和自由，就必然要破坏法律秩序，损害国家的、集体的和其他公民的合法权利和利益。因此，本条规定，公民在行使权利和自由的时候，不得损害国家的、社会的、集体的利益和其他公民的合法的自由和权利，也即公民在行使宪法和法律规定的权利和自由时，不得损害国家的利益，社会公共生活的利益和集体组织的利益，也不得损害其他公民的合法的自由和权利。任何损害国家的、社会的、集体的利益以及其他公民的合法权利和自由的行为，造成一定的危害后果，就要承担相应的法律责任。

《中华人民共和国民法典》（以下简称《民法典》）第一百三十二条规定："民事主体不得滥用民事权利损害国家利益、社会公共利益或者他人合法权益。"这就是民法中的禁止权利滥用原则，是前述《宪法》规定在民法领域的具体体现。根据这一原则，一切自然人、法人和非法人组织在行使民事权利时都负有不得超过正当界限即不得滥用权力的义务。违反该义务即构成权利滥用，应承担损害赔偿责任后者其他法律后果。

国家是任何单位和公民得以存在的基础，没有国家的存在、国家机构的正常运转，任

① 中共中央纪律检查委员会，国家监察委员会.《条例》背后的案例故事［EB/OL］.（2015－10－22）［2020－11－19］http://www.ccdi.gov.cn/toutiao/201510/t20151022_124332.html.

何单位和个人的存在都不可想象。所以,维护国家利益,是全体公民的义务。任何人实施的损害国家的经济利益、政治利益、文化利益、安全利益或者外交利益行为,往往构成违法甚至犯罪行为;教师实施这样的行为,当然是严重违反职业道德的行为。

社会公共利益,是一个复杂的概念。虽然在宪法、行政法和民法理论上展开了对于"公共利益"的讨论,多部法律法规中使用了"公共利益"这个词语,但是在理论上没有一个让各界学者统一接受的"公共利益"的概念,法律上也没有关于"公共利益"的概念的规定。① 中国社会科学院梁慧星教授领衔起草的法律草案中站在民法的角度列举了不同类型的公共利益,可以作为参考。《物权法草案建议稿》第48条规定:"基于社会公共利益的目的,并依照法律规定的程序,国家可以征收自然人和法人的财产。所谓公共利益,指公共道路交通、公共卫生、灾害防治、科学及文化教育事业、环境保护、文物古迹及风景名胜区的保护、公共水源及饮水排水用地区域的保护、森林保护事业以及国家法律规定的其他公共利益。"但是必须指出,该列举仍然没有穷尽公共利益的全部情形。任何人实施的没有违反法律中任何其他具体规定但是损害公共利益的行为,都属于滥用权利行为,构成民事违法行为。教师实施这种行为,当然为职业道德规范所禁止。

2. 违背社会公序良俗的行为

公序良俗,是由"公共秩序"和"善良风俗"两个概念构成的,具体而言:第一,公共秩序。所谓公序就是指公共秩序,它主要包括社会公共秩序和生活秩序。公共秩序是指现存社会的秩序,或者说,是"社会之存在及其发展所必要之一般秩序"②。第二,善良风俗。它是指由社会全体成员所普遍认许、遵循的道德准则。善良风俗的含义又包含两个方面:一是指社会所普遍承认的伦理道德,例如救死扶伤、助人为乐、见义勇为等;二是指某个区域社会所普遍存在的风俗习惯,例如婚礼不得撞丧。善良风俗本身就是社会生活中的一些基本规矩,而且,许多地方将善良风俗转化为乡规民约,使之成为"软法",构成社会自治的重要内容。在善良风俗中,有许多道德规则已经表现为法律的强行规定,如不得遗弃老人等。我国民法提倡家庭生活中互相帮助、和睦团结,禁止遗弃、虐待老人和未成年人,禁止订立违反道德的遗嘱,禁止有伤风化、违背伦理的行为,提倡尊重人的人格尊严,切实保护自然人的人格权,等等。在财产关系中,我国民法要求人们本着"团结互助,公平合理"的精神建立睦邻关系,提倡拾金不昧的良风美俗,确认因维护他人利益而蒙受损失者,有

---

① 有的法律没有规定"公共利益"的一般概念,而列举了立法者认为属于公共利益的事项。2019年8月26日第十三届全国人民代表大会常务委员会第十二次会议修改后的《中华人民共和国土地管理法》第四十五条规定:"为了公共利益的需要,有下列情形之一,确需征收农民集体所有的土地的,可以依法实施征收:(一)军事和外交需要用地的;(二)由政府组织实施的能源、交通、水利、通信、邮政等基础设施建设需要用地的;(三)由政府组织实施的科技、教育、文化、卫生、体育、生态环境和资源保护、防灾减灾、文物保护、社区综合服务、社会福利、市政公用、优抚安置、英烈保护等公共事业需要用地的;(四)由政府组织实施的扶贫搬迁、保障性安居工程建设需要用地的;(五)在土地利用总体规划确定的城镇建设用地范围内,经省级以上人民政府批准由县级以上地方人民政府组织实施的成片开发建设需要用地的;(六)法律规定为公共利益需要可以征收农民集体所有的土地的其他情形。"

② 史尚宽. 民法总论[M]. 北京:中国政法大学出版社,2000:334.

权获得补偿,这些都是从正面倡导社会公德的。需要通过善良风俗这样一个条款,尽可能将其引入民法体系中来,以弥补法律规定的不足。

公序良俗原则是现代民法的基本原则。依据《民法典》第 8 条的规定,民事主体从事民事活动,不得违背公序良俗。《民法典》第 153 条第 2 款规定:"违背公序良俗的民事法律行为无效。"公序良俗原则具有调节性的功能,它可以协调个人利益与社会公共利益、国家利益之间的冲突,维护正常的社会经济和生活秩序。"公序良俗的调整机能由确保社会正义和伦理秩序向调节当事人之间的利益关系、确保市场交易的公正性转变,从而使法院不仅从行为本身,而且结合行为的有关情势综合判断其是否具有反公序良俗性。"①这一原则实际上赋予了法官一定的自由裁量权,从而使其能够有效地调整各种利益冲突,具体表现在:一方面,如果民事主体因为追求利益的最大化所从事的行为和社会公共利益发生冲突和矛盾,法官应当借助于善良风俗条款维护社会公共利益。另一方面,一些法律法规所确定的强行法规则可能过于僵化,缺乏弹性,或者在适用中具有明显的不合理性,此时法官就应当考虑援用公序良俗原则解决个人利益与社会公共利益的冲突。还应当看到,该原则可以弥补强行法规范的不足。公序良俗作为一个弹性,之所以要在法律上予以确认,根本原因在于,由于强行法不能穷尽社会生活的全部,其适用范围不能将各种民事活动都涵盖其中。民事活动纷繁复杂,强行法不可能对其一一作出规定,还需要通过在法律上设立公序良俗条款,对民事行为提供更为全面的规则,并对其效力作出评价。例如,尽管民法中许多条款反映了道德规则,但民法也不可能将道德全部摄入其中,由于民事活动,无论是交易活动还是一般的社会生活,大都离不开道德的评价和规制,违反了社会所普遍接受的道德准则,不仅可能会给当事人造成损害,也会造成对社会秩序的妨害,这就需要采用公序良俗的原则,作为调整民事活动的重要方式。②

根据公序良俗原则,行为人实施的民事行为虽然不违背法律的具体规定但是违反公序良俗的,无效,不能产生行为人期待的法律效果。例如,当事人与情人订立的赠予协议、斡旋行贿等合同,都应当认定为违反公序良俗而无效。教师实施的违反公序良俗的行为,当然成立违反职业道德的行为。

案例 4-2

对情人的赠予违反公序良俗无效案③

戴某与徐某于 2009 年 4 月 14 日登记结婚,双方系合法夫妻关系,于 2018 年前后共同经营方玉芳蔬菜批发店(方玉芳系徐某母亲)及自动售货机等业务。2018 年 11 月初,徐某与谢某相识后不久即发展为情人关系。之后,双方同居生活。在谢某与徐某同居期间,徐某通过支付宝和微信多次转账给谢某共计约六十万元。其间,徐某因

① 李双元,温世扬. 比较民法学[M]. 武汉:武汉大学出版社,1998:70.
② [德]梅迪库斯. 德国民法总论[M]. 邵建东,译. 北京:法律出版社,2000:511.
③ 见江西省上饶市中级人民法院(2020)赣 11 民终 1307 号民事判决书。

需资金周转要求谢某提供资金,谢某多次转账至徐某经营的方玉芳蔬菜批发店约四十三万元。戴某于 2019 年上半年发现徐某与谢某之间有不正当男女关系,并察觉徐某财务不正常,后经调查,徐某私自通过支付宝、微信等方式将属于夫妻共同财产的约六十万元转给了谢某,随后戴某与徐某发生争执。戴某以徐某擅自将属于夫妻共有的财产赠予给谢某,侵犯了其财产权等为由诉至该院要求谢某返还等。

法院认为,戴某与徐某系合法夫妻关系,徐某在婚姻关系存续期间与谢某发展成为情人关系并同居,其行为有违公序良俗和婚姻伦理道德。在徐某与谢某保持不正当关系期间,徐某未经戴某同意或者认可私自将大额资金转账给付谢某,而该资金属于戴某与徐某的夫妻共同财产,其行为违反了《中华人民共和国婚姻法》第十七条第二款的规定而损害了原告对夫妻共同财产的所有权和处分权,并且违背了公序良俗,该赠与行为无效,且谢某取得该财产没有合法根据。依据《中华人民共和国婚姻法》第四条、第十七条第二款,《中华人民共和国民法总则》第一百五十三条第二款、第一百五十七条,《中华人民共和国合同法》第一百八十五条,《最高人民法院关于适用〈中华人民共和国民事诉讼法〉的解释》第九十条之规定,判决如下:一、由谢某于本判决生效后十五日内返还戴某人民币 176 000 元;二、驳回戴某的其他诉讼请求。判决后,谢某提出上诉,二审法院判决:驳回上诉,维持原判。

（三）通过课堂、论坛、讲座、信息网络及其他渠道发表、转发错误观点,或编造散布虚假信息、不良信息的行为

《十项准则》第三条要求教师"传播优秀文化":"带头践行社会主义核心价值观,弘扬真善美,传递正能量;不得通过课堂、论坛、讲座、信息网络及其他渠道发表、转发错误观点,或编造散布虚假信息、不良信息。"《处理办法》规定的第三类行为正是违反"传播优秀文化"要求的行为。

1. 通过课堂、论坛、讲座、信息网络及其他渠道发表、转发错误观点

习近平总书记在庆祝中国共产党成立九十五周年大会上明确提出:中国共产党人"坚持不忘初心、继续前进",就要坚持"四个自信"即"中国特色社会主义道路自信、理论自信、制度自信、文化自信"。他还强调指出:"文化自信,是更基础、更广泛、更深厚的自信。"这里的"文化",是包括中华优秀传统文化、革命文化和社会主义先进文化三者在内的统一。[①] "错误观点"就是与优秀文化相抵触的观点,以及假借"传播文化"之名而实际曲解文化的观点。例如,中国传统文化博大精深,其中包含的"舍生取义""杀身成仁""见利思义"等价值观念,"恭、宽、信、敏、惠"等道德标准,"仁""礼""勤""恭""勇"等伦理精神,"穷则独善其身达则兼济天下"的道德抱负等,都是传统文化的精华,都是在当代文化建设中应当加以汲取和发扬光大的。同时也要注意的是,中国传统文化中尚有与当代社会主义

---

① 冯鹏志.从"三个自信"到"四个自信"——论习近平总书记对中国特色社会主义的文化建构[J].政策,2016(9).

核心价值观不相符合甚至背道而驰的东西,如约束妇女行为的"三从四德"行为准则、"棍棒底下出孝子"的教育思想等,都应当摒弃。如果教师把传统文化中的这些思想用于对学生的教育,就是违背职业道德的行为。

案例 4-3

女德班事件①

抚顺传统文化教育学校开办的"女德班"在网络上引发争议。12月3日8时,抚顺市教育局在官方微博回应:"女德班"教学内容中存在着有悖社会道德风尚的问题。要求该无证办学机构立即停止办学,所有学员尽快遣散。

日前,一段有关"女德班"视频引发社会关注,视频中,讲师宣讲"女人就要少说话,多干活,闭好自己的嘴""女子就不应该往上走,就应该在最底层……"等观点,视频随即引发网民关注和谴责。

据了解,抚顺市传统文化教育学校由抚顺市传统文化研究会开办,研究会于2011年4月由抚顺市民政局批准成立。学校课程包括《弟子规》《了凡四训》和女德学习班。还依据时节开设了农闲学习班,冬令营和夏令营学习班,并设有长期的青少年学习班,面向全国招收学员。该校还在温州、郑州、三亚等地开办分校,课程设置大同小异。

针对网上"抚顺市传统文化教育学校开办女德班"的视频,抚顺市委、市政府12月1日责成市教育局牵头,成立多部门参与的联合调查组开展调查。经查,抚顺市传统文化学校在审批地点之外的顺城区会元乡马金村私自开班授课,违反了《民办教育促进法》第六十二条之规定;其"女德班"教学内容中存在着有悖社会道德风尚的问题。经研究决定:位于马金村的无证办学机构立即停止办学,包括"女德班"在内的所有学员尽快遣散。

抚顺市教育局表示,教育部门将会同有关部门举一反三,迅速开展全市性排查,坚决取缔违规办学培训机构,杜绝此类现象再次发生。

案例 4-4

对"逆行者"的诠释

抗击新型冠状病毒感染的肺炎战役取得重大战略成果以后,中央电视台于2020年9月播出了以这场伟大斗争为题材的电视剧《最美逆行者》。该电视剧以"小切口、小人物、大情怀、大主题"为创作思路,以"真实、鲜活、温暖"为创作基调,以这场史无前

---

① 新华网.抚顺市教育局叫停无证女德班[EB/OL].(2017-12-03)[2020-11-19]http://www.xinhuanet.com/local/2017-12/03/c_1122050385.htm.

例的疫情防控阻击战为题材,用电视剧的艺术形式生动诠释了"生命至上、举国同心、舍生忘死、尊重科学、命运与共"的伟大抗疫精神。① 一时间,"逆行者""最美逆行者"成为英雄模范人物的代名词。

但是,有中学教师在课堂上指出,"逆行"的本义是"朝着与规定方向相反的方向行进",是指违反法律或者其他制度要求的行为,所以用"逆行者"指代英雄人物是根本错误的。

问题:该教师的行为是"传播错误观点"违反职业道德的行为吗?

2. 编造散布虚假信息、不良信息的行为

本书认为,与"传播优秀文化"的要求相对,这里的"虚假信息""不良信息"并非指任何虚假信息或者不良信息,而是与"优秀文化"相关的虚假信息或者不良信息,即编造的与作为中国优秀文化中具有代表性意义的人物相关的虚假的故事或者信息,或者对于中国优秀文化中具有代表性意义的事件进行曲解的信息。

案例 4-5

抹黑英雄恶搞历史成网络公害案②

在互联网丛林中,历史虚无主义悄悄披上了摩登的外衣,罔顾事实质疑一切,恶搞戏说颠覆主流……这些现象是网络恶搞文化的一个缩影,却从深层次反映出一些网民价值观的缺失与精神信仰的迷失。背后暴露的是历史虚无主义,以及"过度反思"所掩盖的文化不自信和价值观危机。

"实质上,振振有词的所谓'生理学'说辞背后,折射出的是网络舆论场上潜藏的一股意识形态暗流",中国社科院研究员孟威将这种互联网"颠覆观"归咎为其"背后的历史虚无主义,以及'过度反思'所掩盖的文化不自信和价值观危机"。

"对自己的历史、民族的文化乃至于自己的民族,采取轻蔑的、否定的态度,把自己的历史说得一无是处",北京大学原副校长梁柱教授这样定义历史虚无主义。

打着"学术研究"的旗号,高举"学术自由"之名,这是很多历史虚无主义者的"标配"。清华大学历史系教授戚学民认为,"学术研究是有规则的,遵守严格的学术方法,并且可以验证。而网上历史虚无主义的文章,要么是先有结论,再找证据,以否定民族之根;要么就是简单的情绪宣泄,从不尊崇任何学术规范。"

"在任何国家都如此,包括西方社会。"中国政法大学商学院教授杨帆认为,"某种意义上说,这类历史英雄形象已经不仅仅是科学问题,更是信仰问题。"

---

① 李欣龙.最美逆行者:弘扬伟大抗疫精神[N].人民日报＊海外版,2020-9-18(007).
② 蒋波.抹黑英雄恶搞历史成网络公害[N].人民日报,2015-6-25(023).

面对网络一些"翻案风",国防大学教授徐焰表示,"这种鼓噪的目的,只是想说中国革命的对象都是些'好人',并以此来否定当年的革命战争和建立新中国的合理性。这根本就不是追求史学'公正',而是一种政治斗争手段。"

有专家指出,历史虚无主义网上"任性"的背后,是一些别有用心者的阴谋,不仅涉及史学领域的大是大非,而且关系做人立身的根本。如果长期无视甚至放纵,可能导致严重的后果。

国家网信办有关负责人指出,呵护良好的网络环境,还需要发挥网民的监督作用。"网络生态需要网民共同维护。某种程度上,网络就是一个小社会。同现实社会一样,网络空间允许有不同声音,多元观点,但不能突破法律和道德底线。所以,每一位网民都应该自觉守住底线,把握住边界。"该负责人说。

（四）违反教学纪律,敷衍教学,或擅自从事影响教育教学本职工作的兼职兼薪行为

教师应当认真对待自己的工作,认真备课,按时授课,耐心辅导答疑;如果违反教学纪律,敷衍教学,一方面不能保证教学质量,另一方面也对自己的教育对象的成长造成恶劣影响。

一个人的精力总是有限的,教育教学是培养人的工作,需要面对不同状况的教育对象因材施教,所以需要花费大量精力和时间,这决定了教师不可能有较多时间用在教学工作之外的事务上。所以,教师应当不从事教学工作之外的兼职工作。

（五）歧视、侮辱学生,虐待、伤害学生

教师应当像对待子女一样关心爱护自己的学生,对任何学生一视同仁,不因其家庭状况、个人智力程度等因素而区别对待。教师对待成绩不好的学生,应当认真查找原因,帮助其提高学习效率和学习成绩,对其不应当歧视更不应当侮辱。歧视、侮辱、虐待、伤害学生的行为不仅违反职业道德,而且往往会构成违法行为甚至是犯罪行为,教师要承担严重的后果。

案例 4－6

江某虐待学生案①

江某（无教师资格）被河南省扶沟县汴岗镇水泉小学聘为政教处主任。2019 年 9 月,江某在学校后勤管理工作中,以学生未打扫卫生为由,逼迫学生吃垃圾,造成恶劣影响,后被当地检察院批捕。江某的行为违反了《新时代中小学教师职业行为十项准则》第五项规定。根据《中小学教师违反职业道德行为处理办法（2018 年修订）》等相关规定,对江某予以解聘处理,列入教师资格限制库;对水泉小学校长予以免职处理。

---

① 可参见,中华人民共和国教育部政府门户网站,教育部公开曝光 8 起违反教师职业行为十项准则典型问题,http://www.moe.gov.cn/jyb_xwfb/gzdt_gzdt/s5987/202007/t20200727_475108.html。

案例 4-7

教师未给学生调整座位不属于侵权行为案①

辽宁省盘锦市兴隆台区人民法院经过审理查明:原告贾某甲系辽油兴隆三小某班学生,该学校隶属于辽油基础教育中心,该学校无独立的诉讼主体资格。2015 年 11 月 19 日,辽油兴隆三小召开家长会,原告贾某甲所在班级班主任李某某老师告知原告家长原告存在随地扔纸现象并就此与家长进行了沟通。此后,在班级例行座位调整中,李某某老师没有对原告所坐座位进行调整。2015 年 11 月 26 日原告请假一周没上学。后 2015 年 12 月 23 日,李某某老师在原告家长要求下将原告从教室北排后座调至中间排后座。12 月 29 日,某班例行换座时,原告又换回了原先的北排后座,1 月 6 日原告又调至中间排后座。1 月 18 日及 1 月 20 日,李某某及校方领导至原告家中准备协商解决问题,但均未能见到原告及其家长。1 月 20 日,被告辽油基础教育中心配合学校对某班一部分学生家长进行了电话调查,被调查家长均不同意原告家长更换班主任的要求。

兴隆台区人民法院认为,公民的民事权益受法律保护,如其权利受到侵害,可以向侵权者主张承担侵权责任。本案原告法定代理人诉称原告在学校因未能和班级其他同学一同调座,受到不公平待遇,人格尊严受到侵害,要求被告承担侵权责任。但侵害一般人格权须得受害人的人格平等、人格独立、人格自由、人格尊严受到侵害且实际遭受了精神损害,并造成严重后果。本案中,原告班主任李某某在一定期间内未让原告和其他同学一起调座,无论是出于何种原因,其行为不利于原告身心健康,确有不妥;但李某某作为原告所在班级的班主任,其要管理整个班级,其从班级整体利益出发因不同学生的不同特点,区别对待,即使实施的行为不适当,其行为并未超出一般社会理性人可容忍的限度,而原告法定代理人亦未提供证据证明未调座给原告身心健康造成了严重损害;故原告班主任的行为不构成侵犯原告人格权,对原告提出的要求被告公开赔礼道歉、消除影响及支付原告精神损害抚慰金的主张,法院不应支持。法院遂判决:驳回原告贾某甲的诉讼请求。

一审判决后,原告提出上诉。

辽宁省盘锦市中级人民法院认为,行为人违反法定义务,由于过错侵害他人民事权益,依法应当承担侵权责任。作为班主任老师,有责任也有权利维护班级秩序,根据不同学生的身体状况和心理特质选择合适的教育方式。本案中,上诉人贾某甲存在随地乱扔纸巾的陋习,在被上诉人辽油教育中心所属辽油兴隆三小教师李某某对其进行教育后仍未改掉此习惯,故李某某老师采取不让贾某甲参加班级调座的方式进行教育。此种教育方式没有充分考虑小学生的身心特质,在一定程度上存在不妥之处,但

①　来自辽宁省盘锦市中级人民法院(2016)辽 11 民终 487 号民事判决书。

老师的初衷是针对学生的问题和特点因材施教,以改正学生存在的不足之处,而非单纯追求对贾某甲进行惩罚。关于上诉人主张未参加调座的时间认定不准问题。未参加班级调座的时间是一个多月还是两个月并不能影响对被上诉人行为性质的认定,且未造成严重的损害后果。小学生在学校接受教育的过程中,不仅要接受文化知识教育,更重要的是养成良好的性格和习惯,提升适应社会的能力,锻炼承受挫折的能力。在成长的过程中不仅仅是老师和同学,身边亲友的言传身教更能影响孩子的性格,不能单纯将上诉人性格上的变化归责于没有参加班级调座这件事,并且二审中上诉人的法定代理人未能提供证据证明没参加班级调座给上诉人造成的损害结果。综上,被上诉人辽油基础教育中心所属辽油兴隆三小教师李某某未让上诉人贾某甲参加班级调座不属于侵权行为。故上诉人主张被上诉人应承担侵权赔偿责任依据不足,依法不予支持。二审法院遂判决:驳回上诉,维持原判。

(六)在教育教学活动中遇突发事件、面临危险时,不顾学生安危,擅离职守,自行逃离

中小学生中的绝大多数为未成年人,安全意识、自我保护意识和紧急情况下的应对认识非常欠缺,因此《十项准则》第六条对教师提出了在教育教学活动中遇突发事件、面临危险时的保护义务,《处理办法》做出了相应规定。

案例 4-8

"范跑跑"事件

2008年5月12日,汶川大地震。地震发生时,四川都江堰光亚学校教师范美忠正在上语文课,课桌晃动了一下,但范美忠根据对地震的一些经验,认为是轻微地震,因此叫学生不要慌。但话还没完,教学楼猛烈地震动起来。他瞬间反应过来——大地震!然后猛然向楼梯冲过去。后来,范美忠发现自己是第一个到达足球场的人,等了好一会才见学生陆续来到操场,随后他立刻参与组织了学生的疏散工作,并没有离开学校。

2008年5月22日,范美忠在天涯论坛写下了《那一刻地动山摇——"5·12"汶川地震亲历记》,文章提道:"我是一个追求自由和公正的人,却不是先人后己勇于牺牲自我的人!在这种生死抉择的瞬间,只有为了我的女儿我才可能考虑牺牲自我,其他的人,哪怕是我的母亲,在这种情况下我也不会管的。因为成年人我抱不动,间不容发之际逃出一个是一个,如果过于危险,我跟你们一起死亡没有意义;如果没有危险,我不管你们,你们也没有危险,何况你们是十七八岁的人了!"这番言论引起了网民的铺天盖地的批评与谩骂。同时,"五岳散人"在自己的博客上发表文章《自由与道德——从"范跑跑"事件说起》,"范跑跑"一词就这样出现了,并成了范美忠在网上的另一个称呼。对照《处理办法》的规定,范美忠的行为就属于"在教育教学活动中遇突发事件、面临危险时,不顾学生安危,擅离职守,自行逃离"的行为。

（七）与学生发生不正当关系，有任何形式的猥亵、性骚扰行为

《十项准则》中的第七条"坚持言行雅正"的规定明确对教师要求"不得与学生发生任何不正当关系，严禁任何形式的猥亵、性骚扰行为"。教师与学生发生不正当关系以及对学生实施的猥亵、性骚扰都是违反职业道德的行为。

有必要指出：第一，任何人与年龄不满十四周岁的幼女发生性关系或者对其实施猥亵行为，即使其同意，行为人仍然构成刑法规定的强奸罪或者猥亵儿童罪，要承担刑事责任。① 第二，教师与自己负有教育职责的已满十四周岁不满十六周岁的女生发生性关系，即使其同意，教师仍然构成负有照护职责人员性侵罪，要承担刑事责任。②

（八）在招生、考试、推优、保送及绩效考核、岗位聘用、职称评聘、评优评奖等工作中徇私舞弊、弄虚作假

《十项准则》之第八条"秉持公平诚信"规定："坚持原则，处事公道，光明磊落，为人正直；不得在招生、考试、推优、保送及绩效考核、岗位聘用、职称评聘、评优评奖等工作中徇私舞弊、弄虚作假。"与《十项准则》的该规定相对应，《处理办法》列举了违反该规范的违反职业道德的行为。这里列举的是指在招生、考试、推优、保送及绩效考核、岗位聘用、职称评聘、评优评奖等工作中伪造、提供虚假材料从而不正当影响前述工作的行为。

有必要指出，伪造材料的行为可能构成伪造国家机关公文、证件、印章罪或者伪造公司、企业、事业单位、人民团体印章罪，要承担刑事责任。

（九）索要、收受学生及家长财物或参加由学生及家长付费的宴请、旅游、娱乐休闲等活动，向学生推销图书报刊、教辅材料、社会保险或利用家长资源谋取私利

《处理办法》列举的是违反《十项准则》第九条关于坚守廉洁自律要求的行为。

---

① 《刑法》两个条文分别规定了强奸罪和猥亵儿童罪。第二百三十六条规定："以暴力、胁迫或者其他手段强奸妇女的，处三年以上十年以下有期徒刑。""奸淫不满十四周岁的幼女的，以强奸论，从重处罚。""强奸妇女、奸淫幼女，有下列情形之一的，处十年以上有期徒刑、无期徒刑或者死刑：（一）强奸妇女、奸淫幼女情节恶劣的；（二）强奸妇女、奸淫幼女多人的；（三）在公共场所当众强奸妇女的；（四）二人以上轮奸的；（五）致使被害人重伤、死亡或者造成其他严重后果的。"第二百三十七条规定："以暴力、胁迫或者其他方法强制猥亵他人或者侮辱妇女的，处五年以下有期徒刑或者拘役。""聚众或者在公共场所当众犯前款罪的，或者有其他恶劣情节的，处五年以上有期徒刑。""猥亵儿童的，依照前两款的规定从重处罚。"

② 第十三届全国人民代表大会常务委员会第二十四次会议于 2020 年 12 月 26 日通过了《中华人民共和国刑法修正案（十一）》，在刑法中增加规定负有照护职责人员性侵罪，即第二百三十六条之一："对已满十四周岁不满十六周岁的未成年女性负有监护、收养、看护、教育、医疗等特殊职责的人员，与该未成年女性发生性关系的，处三年以下有期徒刑；情节恶劣的，处三年以上十年以下有期徒刑。""有前款行为，同时又构成本法第二百三十六条规定之罪的，依照处罚较重的规定定罪处罚。"该规定于 2021 年 3 月 1 日开始施行。

案例 4-9

违规要求家长购买指定教辅材料案①

2020年秋季学期开学后,河南省西峡县城区一中、二中、一小、三小四所学校任课老师为增加学生作业量,在家长和学生间暗示到指定书店购买某三个品种的教辅材料,在社会上产生了极坏影响。

教育行政部门调查后认为:河南省南阳市教育局、西峡县教体局和西峡县城区中心校负责人及涉事四所学校校长对教辅材料的使用管理负有失管失察、监管不力的责任;涉事教师政策法规意识淡薄,违反教辅材料相关规定,造成严重不良影响。根据《国家新闻出版广电总局 教育部 国家发展改革委关于印发〈中小学教辅材料管理办法〉的通知》(新广出发〔2015〕45号)和《河南省教育厅 河南省新闻出版局 河南省发展和改革委员会关于印发〈河南省中小学教辅材料评议推荐办法〉的通知》(教基二〔2012〕508号)等文件精神,责成市、县教育(体育)局依据有关程序,按照属地原则,对照有关规定,对相关单位责任人给予相应的组织纪律处理。一是对南阳市西峡县城区中心校负责人吕某某给予诫勉谈话,取消本人和单位年度评先评优资格,副校长王某某写出深刻检查。二是对城区上述四所学校校长李某某、薄某某、田某某、齐某某给予党内警告处分,取消所在学校年度评先评优资格,四名副校长袁某某、徐某某、金某某、刘某某写出深刻检查。三是涉事教师由所在学校依纪依规进行处理,处理结果上报省、市教育行政部门备案。河南省教育厅约谈南阳市和西峡县教育(体育)局相关负责人,南阳市教育局向省教育厅报送书面检查报告。

(十)组织、参与有偿补课,或为校外培训机构和他人介绍生源、提供相关信息

教育部于2014年1月11日发布的《处理办法》即明确中小学教师"组织、要求学生参加校内外有偿补课,或者组织、参与校外培训机构对学生有偿补课"的都属于违反职业道德的行为。在此基础上,教育部于2015年6月29日发布《严禁中小学校和在职中小学教师有偿补课的规定》(以下简称《规定》),首次专门明确规定禁止中小学和教师"有偿补课"。根据《规定》,有偿补课的主体为公办中小学校和公办中小学在职教师,具体包括三种情形:第一,组织、要求学生参加有偿补课。学校组织集体补课但不收取费用的情形不属于有偿补课。但只要是学校以自己名义组织、要求学生补课并收取费用,无论补课是由学校还是校外培训机构进行,在校内还是校外进行,都构成学校组织、要求有偿补课。第二,与校外培训机构联合进行有偿补课。学校不组织或要求学生有偿补课,但只要学校利用自己的优势地位——学生对学校的信任,不单独使用学校名义,而是变相以学校名义与校外培训机构联合,无论是以学校名义收取费用,或者是由校外培训机构收取费用补偿给

---

① 河南省教育厅.河南省教育厅办公室关于西峡县部分学校违规要求家长购买指定教辅材料的通报[EB/OL].(2020-11-12)[2021-3-15].http://jyt.henan.gov.cn/2020/11-12/1889241.html.

学校,或者是学校并不以任何形式收取参与补课的学生或者校外培训机构的费用,但校外培训机构对学校学生参与其补课收取费用,且校外培训机构采取与学校联合方式,就属于学校有偿补课。第三,为校外培训机构有偿补课提供教育教学设施或学生信息。只要公办中小学将教育教学设施或者学生信息提供给校外培训机构,即使并不收取任何费用,也会加重学生负担,不利于推进素质教育,且校外培训机构总是收取费用的,为从根本上杜绝有偿补课,将该行为纳入有偿补课行为加以治理是非常必要的。由此可见,为校外培训机构提供信息在《规定》中是被列入"有偿补课"的范围的。

公办中小学教师参与有偿补课,直接违背上述《规定》和《处理办法》的规定,应当受到相应处理。

案例 4－10

教师有偿补课案[①]

山西省有关部门调查证实:文水县东南街第一小学教师贺小燕从 2020 年国庆节后开始利用周一至周四下午放学后组织 11 名学生补课一到两个月,共收取费用 4800元。经文水县教育科技局 2021 年 2 月 8 日党组会议研究,决定给予贺小燕警告处分,将贺小燕年度师德考核和年度考核均确定为"不合格"等次,扣除其当年奖励性绩效工资,5 年内禁止其参与各类评先评优、职称晋升,同时,责令涉事教师将所收取的补课费退还学生家长。

(十一) 其他违反职业道德的行为

教师违反职业道德的行为种类繁多,《处理办法》不可能一一列举。为全面处理教师违反职业道德的行为,《处理办法》在列举十类违反职业道德行为之后,做出了"其他违反职业道德的行为"的规定。该规定在立法理论上称为兜底性条款,用来概括与前面列举的具体事物性质相同、不属于此前列举范围之内的一切事物,以避免处理的漏洞。

解释或者运用"其他违反职业道德的行为"的规定时,要坚持同类原则,即只有那些与前述十类行为性质相同即具有"违背职业道德"的性质的行为,才属于"其他违反职业道德的行为"的范围。如前所述,前述十类行为都是基于故意而实施的行为,由此,只有基于故意而实施的行为才属于"其他违反职业道德的行为",而基于过失或者无主观过错而实施的行为,如教师进入教室之际推门碰倒门后的学生导致后者轻伤,就不是违反职业道德的行为。组织学生参加以营利为目的的表演、竞赛活动,要求学生为自己做家务,泄露学生或者家长的信息,要求学生家长为利用职务之便为自己谋取不当利益,可以被认为属于"其他违反职业道德的行为"。个别学校曾经发生教师组织学生应援娱乐明星的情况。这

---

① 可参见,山西省教育厅,文水县东南街第一小学教师贺小燕有偿补课被处分,http://jyt.shanxi.gov.cn/ztzl_151/sdsfxwbg/202102/t20210209_878667.html。

样的行为,不属于《处理办法》具体规定的行为,但是该行为冲击正常教学活动,并且对学生的价值观、人生观会造成不良影响,所以应当认定为"其他违反职业道德的行为"。

二、认定

本书认为,在处理教师违反职业道德行为时,需要注意两个问题。

(一)把握正当行为与违反职业道德行为之间的界限,避免将正当行为认定为违反职业道德的行为

在处理教师违反职业道德行为过程中,主管部门应该准确把握一般行为与违反职业道德规范行为之间的界限。其中,一个普遍问题是要正确把握教师正当惩戒行为与违反职业道德行为之间的界限。

中小学生心智尚未成熟,世界观、价值观尚未形成,是非善恶有时区分不清,自控能力较差。只讲道理、循循善诱往往很难收到良好的教育效果,适当的惩戒可以帮助学生形成规矩意识。所以,教育惩戒是学校和教师履行教育教学职责的必要手段和正当职权。学校和教师实施教育惩戒,应当符合教育规律,注重育人效果;遵循法治原则,做到客观公正;选择适当措施,与学生过错程度相适应。学校和教师对学生采取点名批评、责令赔礼道歉、做口头或者书面检讨、适当增加额外的教学或者班级公益服务任务、适当时间内的教室内站立、课后教导以及其他适当措施,都是正当的惩戒行为,[①]不应被认定为违反职业道德的侮辱、虐待或者伤害学生的行为。

(二)对《处理办法》列举的违反职业道德行为进行实质解释

在调整人的权利义务关系、维护现存社会关系和社会秩序的规范体系中,道德规范和法律规范是最重要的规范。相比而言,道德规范比法律规范对人提出了更高的要求,凡是符合道德规范要求的行为一定更符合法律规范的要求、成立合法行为,但是符合法律规范要求的行为不一定符合道德规范的要求。教师是教书育人的职业,任务是培养社会主义建设事业的接班人,教师的行为对于受教育者有直接、深刻的影响。从这个角度而言,对教师提出更高的道德要求以引导教师"学为人师,行为世范"是必要的。这也决定了教师的行为比其他行业的人员的行为更容易被认定为违反职业道德规范。

但是,对教师进行处分或者做出其他处理,实质是剥夺教师一定权益、对教师的行为进行否定性评价。所以,相关机关和学校在理解和适用《处理办法》过程中,对《处理办法》关于教师违反职业道德行为的规定仍然要从严解释,不轻易将教师的行为认定为《处理办法》规定的行为,不随意处理教师。

---

① 教育部于 2020 年 12 月 23 日发布了《中小学教育惩戒规则(试行)》,于 2021 年 3 月 1 日起施行。

第三节 违反教师职业道德行为的处分

《处理办法》规定的对违反职业道德的教师进适用的处理包括两类：处分和其他处理。其中，处分包括警告、记过、降低岗位等级或撤职、开除，其他处理包括给予批评教育、诫勉谈话、责令检查、通报批评，以及取消在评奖评优、职务晋升、职称评定、岗位聘用、工资晋级、申报人才计划等方面的资格。

一、处分

（一）警告

警告，是警戒性处分，是五种处分中最轻的处分。警告一般适用于违反职业道德行为轻微，适于继续在现有岗位工作的教师。对于有轻微违反职业道德行为的教师，一旦发现，就立即予以警告。警告的处分期间为 6 个月。

警告处分，公办学校教师由所在学校提出建议，学校主管教育部门决定。民办学校教师由所在学校决定，报主管教育部门备案。

（二）记过

记过，是警戒性处分，指将违反职业道德的行为、过错和处理结果在档案中予以记载。记过，比警告严重，适用于实施轻微违反职业道德行为并且造成轻微后果、但适于继续在现有岗位工作的教师。记过的处分期间为 12 个月。

记过处分，公办学校教师由所在学校提出建议，学校主管教育部门决定。民办学校教师由所在学校决定，报主管教育部门备案。

（三）降低岗位等级

降低岗位等级，是指降低教师的岗位等级和工资福利待遇，即通过处分、使违反职业道德的教师的待遇直接受到损失的处分。降低岗位等级，适用于实施一般违反职业道德行为并且造成一定后果、但适于继续在教育教学岗位工作的教师。降低岗位等级，对于被处分人担任的职务没有影响。降低岗位等级的处分期间为 24 个月。

（四）撤职

撤职，指撤销教师在学校担任的行政职务。撤职，适用于实施一般违反职业道德行为并且造成一定后果、适于继续在教育教学岗位工作但是不宜担任行政职务的教师。需要明确，只要没有被开除、辞退或者调离，被处分者的教师身份依然保留。撤职的处分期间为 24 个月。

（五）开除

开除，是《处理办法》规定的最严重的处分。对于有事业编制、在公立学校工作的教师,指解除被处分教师与单位的人事关系;对于民营学校的教师和在公立学校工作但是未纳入人事编制管理的教师,指解除教师与学校之间的聘用关系。教师一旦被开除,将不再具有教师身份。开除,适用于实施了违法甚至犯罪行为、造成较为严重后果从而不宜继续从事教育教学工作的人员。

需要指出,教师违反职业道德的行为情节严重构成违法行为的,还将由有关机关按照法律法规的规定进行处理,教师将承担民事责任或者(和)行政责任;构成犯罪的,将由公安司法机关按照相关法律规定追究刑事责任。

二、其他处理

(一)批评教育、诫勉谈话、责令检查、通报批评

批评教育,指教育行政部门或者教育机构对于违反职业道德的教师指出其错误,责令其不得继续实施违反职业道德的行为。

诫勉谈话,是指对有轻微违反职业道德行为的教师进行谈话、诫勉教育,指出其存在问题,督促整改,帮助其吸取教训,使其不再实施违反职业道德的行为。

责令检查,是指责令有违反职业道德行为的教师就自己的错误写出书面检查,即要求其详细说明违反职业道德行为的过程、分析发生违反职业道德行为的原因、错误的性质,保证不再实施类似行为。责令检查是责令教师自我反省的重要措施。

通报批评,是指教育行政部门或者教育机构,就违反教师职业道德的教师的行为的情况和对其的错误分析和对其的批评在一定范围内公布,一方面就错误行为提出批评,一方面使其他人员引以为戒。

(二)取消特定资格

对于违反职业道德的教师,在给予处分的同时,可以在一定时期内取消其评奖评优、职务晋升、职称评定、岗位聘用、工资晋级、申报人才计划等方面的资格。

参照《事业单位工作人员处分暂行规定》的规定,教师受到警告处分的,在受处分期间,不得聘用到高于现聘岗位等级的岗位,在作出处分决定当年的年度考核不能确定为优秀等次;教师受到记过处分的,在受处分期间,不得聘用到高于现聘岗位等级的岗位,年度考核不得确定为合格及以上等次;教师受到降低岗位等级处分的,自处分决定生效之日起降低一个以上岗位等级聘用,按照事业单位收入分配有关规定确定其工资待遇;在受处分期间,不得聘用到高于受处分后所聘岗位等级的岗位,年度考核不得确定为基本合格及以上等次;教师受到记过以上处分的,在受处分期间不得参加本专业(技术、技能)领域专业技术职务任职资格考试(评审)。

第四节　违反教师职业道德行为的处理程序

对于违反教师职业道德的教师进行处理的程序,主要规定在《处理办法》中。《处理办法》第五条规定:"学校及学校主管教育部门发现教师存在违反第四条列举行为的,应当及时组织调查核实,视情节轻重给予相应处理。作出处理决定前,应当听取教师的陈述和申辩,听取学生、其他教师、家长委员会或者家长代表意见,并告知教师有要求举行听证的权利。对于拟给予降低岗位等级以上的处分,教师要求听证的,拟作出处理决定的部门应当组织听证。"与《行政诉讼法》等法律相比,《处理办法》关于处理程序的规定过于简单。基于正当程序原则的要求,按照该条规定,本书认为,对于可能违反教师职业道德的教师进行处理,必须遵循一定的程序。

一、立案

对任何事务进行处理,首要步骤是立案。立案,是处理程序开始的标志,是进行后续调查乃至其他工作的前提;不经过立案,调查和其他工作就没有前提,就是违反规定的即程序违规,就不应当产生相应的效果。

教育行政部门或者教育机构接到有关教师实施违反职业道德行为的举报或者控告后,或者发现教师实施违反职业道德行为后,应当由教育行政部门的人事部门或者教育机构的人事部门组织工作组(在举报对象或者检举对象是中共党员的时候,应当吸收党的纪律检查委员会监察委员会派驻教育行政部门或者教育机构纪检监察工作机构人员参加),对于举报或者控告或者发现的线索进行初步审查,即联系举报人或者控告人听取其意见。如果经过初步审查认为举报或者控告没有事实基础,或者举报人或者控告人没有提供一定证据材料或者线索,举报或者控告属于空穴来风或者主观臆测,应当做出不予立案的决定。如果认为举报或者控告有事实基础,或者举报人或者控告人提供了一定了证据材料或者可靠线索,说明有教师实施违反职业道德的行为的可能,即应当做出立案决定;立案决定,应当以教育行政部门或者教育机构的名义以书面形式作出。

与被调查的教师有夫妻关系、直系血亲、三代以内旁系血亲关系或者近姻亲关系的人员、与被调查的案件有利害关系的人员以及与被调查的教师有其他关系而可能影响案件公正处理的人员,应当回避,即不应当作为工作组的人员,不得参与对于教师可能实施的违反职业道德行为的处理工作。

二、调查

做出立案决定后,应当由前述工作组组织成立调查组(在举报对象或者检举对象是中共党员的时候,应当吸收党的纪律检查委员会监察委员会派驻教育行政部门或者教育机构纪检监察工作机构人员参加),进行调查,包括搜集证据材料、询问教师本人和其他了解情况的人员,以查清教师是否实施了违反职业道德的行为,或者说教师的行为是否违反了职业道德。

(一)成立调查组

调查组,应当由教育行政部门或者教育机构的公道正派、在单位享有较高威望的人员组成。与被调查的教师有夫妻关系、直系血亲、三代以内旁系血亲关系或者近姻亲关系的人员、与被调查的案件有利害关系的人员以及与被调查的教师有其他关系而可能影响案件公正处理的人员,应当回避,即不应当作为调查组的人员,不得参与调查工作。

(二)进行调查

进行调查,即由调查组进行询问、检查,提取证据以认定事实的活动。

任何一项调查活动,都必须由两名以上调查人员进行。

1.询问

询问,即对控告人、举报人、受害人、证人以及被调查的教师进行当面谈话,让其就本人亲身经历或者亲眼见到或者听到的事实经过进行陈述,就调查人员提出的有关事实的问题进行回答。每次询问开始之前,调查人员应当向被询问人介绍自己的身份,说明其应当如实陈述以及不如实陈述、隐瞒真相可能要承担的责任。询问的过程,应当详细记录下来,形成《询问笔录》;询问结束后,调查人员应当将询问笔录交询问对象核对,其有权就与自己叙述不符合的记载内容进行更正;核对无误后,询问对象应当在《询问笔录》末尾签名并按手印、写明日期,调查人员也因当签名。

2.检查

由调查人员对于教师涉嫌违反职业道德的行为的实施现场进行调查,了解现场的情况,详细地记录观察到的涉嫌行为对于现场场所和各种物品造成的影响,留下的痕迹。检查,应当形成《检查笔录》,由调查人员签字,并记载检查的日期。

必要的时候,应当将与涉嫌违反职业道德的行为相关的物品、资料提交专业鉴定部门进行鉴定,由鉴定部门提供鉴定意见。

3.提取证据

这里的提取证据,指提取可能反映教师实施涉嫌违反职业道德行为的物证、书证、视听资料、电子数据,等等。

提取证据,应当详细记录证据的类别、规格、数量,提取证据的主体、时间和地点,提供证据的单位或者个人的情况,由提供证据的单位和人员签名确认,形成《提取笔录》。调查人员也应当在《提取笔录》末尾签名。

《提取笔录》的主要意义在于对于证据的来源、证据的提取等,做出客观的记载,以辅助说明证据的客观性、可靠性。

(三)调查终结

调查人员通过各种调查活动、搜集证据后,认为,对于教师涉嫌违反职业道德的行为已经搜集到充分的证据,可以对事实做出清楚的认定,即符合"事实清楚、证据确凿"的要求,就可以终结调查工作。

调查终结,应当做出《调查报告》。《调查报告》的内容应当包括:调查对象的基本情况;案件来源;调查的经过;经过调查认定的事实;认定事实的证据;对于事实性质的认定;关于处理意见的建议以及建议依据;调查组人员;调查终结时间。

根据调查情况,调查组可以提出不同建议:第一,被调查教师没有实施相关行为的,应当撤销案件;第二,被调查教师的行为不构成违反职业道德行为的,应当撤销案件;第三,被调查教师行为构成违反职业道德行为的,应当给予某种处分或者处理。

调查组应当将《调查报告》和证据材料提交工作组。

三、听取教师的陈述和申辩,举行听证

如果《调查报告》提出的处理意见是撤销案件,工作组在接到《调查报告》后,认为以上处理意见正确,可以直接做出终结案件处理的结论。终结案件处理的结论,应当向被调查人宣布,并在适当范围内(如被调查人所在单位)宣布;有控告人和举报人的,应当通知控告人和举报人。

如果《调查报告》的处理意见是给予被调查教师某种处分或者处理,工作组应当听取被调查教师的陈述和申辩。

需要指出,调查组在进行调查的过程中,听取被调查教师的意见是必要环节;教师在向调查组陈述过程中必然要进行申辩,陈述对于自己有利的意见主张,对与事实不符的控告、检举或者虚假材料提出反驳或者反对意见。但是,教师是当事人,对其进行处分或者给予其他处理关涉其重要利益。所以,在作出处理决定前有必要专门提供机会,让教师提供对于自己有利的证据材料,充分阐述对于证据采纳、事实认定、规定适用、拟处理决定的意见,是尊重其当事人地位的体现,是正当程序原则的必然要求。

听取被调查教师的陈述和申辩时,应当告知其有要求举行听证的权利。如果教师要求举行听证,工作组应当进行研究以决定是否举行听证。如果拟给予降低岗位等级以上的处分,教师要求听证的,拟作出处理决定的部门应当组织听证。组织听证,即挑选被调查教师、被害人以外的人员作为听证员,与被调查的教师共同参加专门会议,听取被调查教师和听证员对证据采纳、事实认定、规定适用、拟处理决定的意见。听证员在听证会上发表的意见,只能作为做出处理决定的参考,而对于做出处理决定不具有约束力。

四、合议

工作组在听取教师的陈述和申辩后,或者在听证会结束以后,举行工作组全体成员参加的闭门会议,就证据采纳、事实认定、规定适用、拟处理决定等问题进行充分讨论。合议过程中,每个工作组成员都应当发表自己的意见。最后,工作组按照"少数服从多数"的原则确定处理意见。

工作组进行合议,应当详细记录合议过程,记录每个人的意见。合议记录存入档案,不对外公开。工作组任何人不得向任何其他人泄漏合议情况。

五、作出处理决定

工作组应当做出处理决定,应当制作《处理决定书》。

《处理决定书》应当载明下列内容:第一,被处理人的姓名、工作单位和职务;第二,被处理人违反教师职业道德行为的事实和认定事实的证据;第三,做出处分和处理的种类和制度依据;第四,不服处分、处理决定的申诉途径和申诉期限;第五,作出处理决定的教育行政部门或者教育机构的名称和日期。

教育行政部门或者教育机构应当在做出处理决定后五个工作日内将《处理决定书》送被处理的教师签收,并在适当范围内宣布处理决定。

第五节 教师权利的救济

"无救济则无权利。"即使法律对公民的权利规定完备、列举全面,如果在侵权行为发生后,公民无法获得有效的法律救济,那么,这些法律关于权利的规定将成为一纸空文。所以,国家一方面在法律上对权利作出全面的规定,一方面必须建立权利救济的途径,使得那些权利被侵犯的公民,能够诉诸法律获得救济的机会。[1]

作为普通公民,教师与其他任何行业职业的人员一样,享有广泛的权利。根据《中华人民共和国宪法》第二章的规定,这些权利包括:平等权、选举权和被选举权、政治自由、宗教信仰自由、人身自由、人格尊严不受侵犯、住宅不受侵犯、通信自由和秘密权、诉愿权、劳动权、劳动者的休息权、获得物质帮助的权利、受教育的权利、文化活动权、妇女的平等权、婚姻家庭制度、华侨归侨的权益保护。为保障这些基本权利得以实现,国家有义务提供保障。这些保障包括:(一)立法上的保护义务:根据《中华人民共和国立法法》第8条的规定,某些事项关涉公民重大利益,只能由立法机关制定法律加以规定,而其他法规等制度不能规定。这些重要事项包括:国家主权的事项;各级人民代表大会、人民政府、人民法院和人民检察院的产生、组织和职权;民族区域自治制度、特别行政区制度、基层群众自治制度;犯罪和刑罚;对公民政治权利的剥夺、限制人身自由的强制措施和处罚;税种的设立、税率的确定和税收征收管理等税收基本制度;对非国有财产的征收、征用;民事基本制度;基本经济制度以及财政、海关、金融和外贸的基本制度;诉讼和仲裁制度;必须由全国人民代表大会及其常务委员会制定法律的其他事项。(二)行政上的保护义务:行政即是指国家行政机关依照宪法和法律行使行政职权,作出行政行为。《中华人民共和国立法法》规定,各行政机关应当根据宪法和法律,制定行政法规、规章,各行政机关制定的法规、规章不得与上级行政机关所制定的规定相冲突。所有行政人员不得以任何理由、任何非法手段剥夺公民的人身自由与征收公民合法私有财产。在执法过程中,必须严格按照宪法和

---

① 陈瑞华.看得见的正义[M].北京:法律出版社,2019:198.

法律规定的程序与职权行使行政权,不得作出违背宪法和法律的行为,不得以任何形式侵犯公民的基本权利。对于违反宪法和法律侵犯公民基本权利的行政人员或者任何人,国家都应当予以处罚与惩戒;构成犯罪的,依法追究刑事责任。(三)司法上的保护义务:司法保护是对公民基本权利保护的最后一道最有效防线。公安机关行使侦查权、检察机关行使检察权和侦查权、人民法院行使审判权。各公安司法机关通过行使刑事追诉权、行政和民事审判权履行司法职能,担负司法保护公民基本权利的重任。对于违反宪法和法律的司法人员,国家应当依法追究其法律责任。

　　作为教育教学专业人员,教师在教育活动中享有一定的与职业活动紧密相关的特殊权利,充分享有这些权利是教师全心全意投入教育工作、献身教育事业的重要条件。《中华人民共和国教师法》(以下简称《教师法》)把"保障教师的合法权益"作为立法宗旨之一。根据该法第七条的规定,教师的权利包括:进行教育教学活动,开展教育教学改革和实验;从事科学研究、学术交流,参加专业的学术团体,在学术活动中充分发表意见;指导学生的学习和发展,评定学生的品行和学业成绩;按时获取工资报酬,享受国家规定的福利待遇以及寒暑假期的带薪休假;对学校教育教学、管理工作和教育行政部门的工作提出意见和建议,通过教职工代表大会或者其他形式,参与学校的民主管理;参加进修或者其他方式的培训。为保障这些权利得到充分实现,该法第9条规定了各级人民政府、教育行政部门、有关部门、学校和其他教育机构应当履行的职责:提供符合国家安全标准的教育教学设施和设备;提供必需的图书、资料及其他教育教学用品;对教师在教育教学、科学研究中的创造性工作给以鼓励和帮助;支持教师制止有害于学生的行为或者其他侵犯学生合法权益的行为。为保障这些权利得到实现,该法第八章《法律责任》规定了教师对侵害自己权益的行为的救济途径:第一,教师对学校或者其他教育机构侵犯其合法权益的,或者对学校或者其他教育机构作出的处理不服的,可以向教育行政部门提出申诉,教育行政部门应当在接到申诉的三十日内,作出处理。第二,教师认为当地人民政府有关行政部门侵犯其根据本法规定享有的权利的,可以向同级人民政府或者上一级人民政府有关部门提出申诉,同级人民政府或者上一级人民政府有关部门应当作出处理。第三,对依法提出申诉、控告、检举的教师进行打击报复的,由其所在单位或者上级机关责令改正;情节严重的,可以根据具体情况给予行政处分。国家工作人员对教师打击报复构成犯罪的,依照《刑法》的有关规定追究刑事责任。

　　综上所述,教师既享有《宪法》规定的公民的基本权利,也作为特定职业从业人员享有《教师法》规定的与教师职业紧密相关的权利。这些权利如果遭到侵害,教师可以通过多种途径寻求救济。对此,可参见本章的"思考与拓展"中"教师常见的几种权益救济途径"。限于篇幅,本节以下部分主要介绍教师对于教育行政主管部门或者教育机构根据《处理办法》作出的处理决定不服的救济途径。

　　根据《处理办法》第九条第1款的规定,教师不服处理决定的,可以向学校主管教育部门申请复核。对复核结果不服的,可以向学校主管教育部门的上一级行政部门提出申诉。即,受到处理的教师的权利救济途径有两个:复核和申诉。

一、对处理决定不服的救济途径之一：复核

申请复核，是指对处理决定不服的教师，向教育部门申请复核，要求其重新审查做出处理决定所依赖的证据、认定的事实、适用的规定，撤销原《处理决定书》或者重新作出处理决定的行为。

被处理人为公办学校教师的，这里的教育部门即为原做出决定的教育部门；被处理人为民营学校教师的，这里的教育部门为对做出处理决定的民营学校有行政管理权的教育部门。就对中小学教师违反职业道德行为的处理而言，这里的教育部门往往为县（市、市辖区）政府的教育行政主管部门。

被处理人申请复核，应当提交《复核申请书》。《复核申请书》包括首部、正文和尾部三个部分：第一，首部。写明文书名称即"复核申请书"；写明申请人信息；写明申请事由。第二，请求和理由。申请请求，主要写明申请人不服原处理决定，要求撤销、变更原处理决定，或者请求重新做出处理决定。第三，附项。

《复核申请书》的核心部分是申请理由，可以围绕以下问题进行阐述：① 证据问题，即证据本身不客观、证据之间有矛盾；② 事实认定问题：事实认定不准，或者遗漏事实；③ 性质认定问题：处理认定行为性质不当，导致适用规定不当；④ 处理决定不当；⑤ 违背制度规定的程序。

《复核申请书》示例

复核申请书

申请人：王军，男，×岁，汉族，出生于 1985 年×月×日，河南省×县×中学教师，居住×县城关镇幸福路温馨苑八号楼一单元 501 号

申请人因违反职业道德行为一案，不服河南省×县教育局于 2019 年 9 月 12 日作出的第×号《处理决定书》，特根据《中小学教师违反职业道德行为处理办法》第九条的规定申请复核。

复核请求：

撤销×县教育局于 2019 年 9 月 12 日作出的第×号《处理决定书》。

事实与理由：

1.《处理决定书》认定事实错误

前述第×号《处理决定书》认定我对任教的二年级学生李××进行体罚导致其受伤是认定事实错误。事实经过是：2019 年 5 月 16 日上午，我在该班上语文课期间，学生李××不听讲反而数次与其后面的学生张×说话，张×不理他，我也两次向李××示意、一次口头要求其不要再说话，但是李××不听劝阻仍然向张×说话，扰乱了课堂秩序。我便当场要求其离开座位在最后一排座位后站立。约五分钟后，我让全体学生默读课文熟悉内容。趁此机会，我到李××身边对他进行口头教育，李××向我承认错误，我便告诉他回自己的座位学习。李××快速跑向自己的座位，不小心被学生徐立军伸向过道的腿绊住脚而摔倒受伤。我和学生徐立军立即将他搀扶起来查看伤情。下课后，我立即告诉该班班主任戴爱国，戴老师与学生家长电话联系后，我们俩带李××到学校附近医院检查

治疗。

所以,我本人没有对李××进行体罚更没有殴打。李××和其家长向学校和教育局控告我对李××进行殴打导致其受伤,没有事实根据,是诬告陷害。

2. 处理程序不当

×县教育局人事科科长谢光荣作为工作组重要成员参加了事件的调查以及其他处理工作。而谢光荣为学生李××父亲的妻弟、李××的舅舅,应当回避而没有回避。

综上所述,《处理决定书》以李××和其家长的虚假陈述作为主要证据,认定我实施殴打行为造成李××受伤,在认定事实方面发生了严重错误;有工作人员应当回避而参加了处理工作,违反程序。《处理决定书》认定事实和做出的处理决定是完全错误的。

为维护我的合法权益,特申请进行教育局进行复核,还原事实真相,做出正确处理。

此致

河南省×县教育局

申请人 王 军

2019 年 9 月 16 日

附:

1. ×县教育局第×号《处理决定书》复印件一份;

2. 证人徐立军,河南省×县×中学学生,住址×县胜利路光明小区九号楼二单元506号。徐立军的父亲徐建国,河南省×××集团财务部职员,住址同上,联系方式18603000001。

二、对处理决定不服的救济途径之二:申诉

申诉,是被处理教师对教育行政部门做出的复核决定不服,而向作出复核决定教育行政部门的上一级行政部门要求对复核决定进行审查并做出新的处理的救济方法。接受申诉并进行处理的是省辖市(自治州、盟)政府的教育行政部门或者直辖市政府的教育行政部门。

被处理人提出申诉,应当提交《申诉书》。《申诉书》的结构与前述《复核申请书》结构和内容相同。

《申诉书》的核心部分仍然是申请理由。《申诉书》可以针对《复核决定书》存在的以下问题阐述理由:① 证据问题,即证据本身不客观、证据之间有矛盾;② 事实认定问题:事实认定不准,或者遗漏事实;③ 性质认定问题:处理认定行为性质不当,导致适用规定不当;④ 处理决定不当;⑤ 违背制度规定的程序。

《申诉书》示例

申诉书

申诉人:王军,男,×岁,汉族,出生于1985年×月×日,河南省×县×中学教师,居住×县城关镇幸福路温馨苑八号楼一单元501号

申诉人因违反职业道德行为一案,不服河南省×县教育局于2019年11月29日作出

的第×号《复核决定书》,特根据《中小学教师违反职业道德行为处理办法》第九条的规定提出申诉。

申诉请求:

1. 撤销河南省×县教育局于 2019 年 9 月 12 日作出的第×号《处理决定书》和 2019 年 11 月 29 日作出的第×号《复核决定书》;

2. 重新作出处理决定。

事实和理由:

1.《处理决定书》和《复核决定书》认定事实错误

前述第×号《处理决定书》认定我对任教的二年级学生李××进行体罚导致其受伤是认定事实错误。事实经过是:2019 年 5 月 16 日上午,我在该班上语文课期间,学生李××不听讲反而数次与其后面的学生张×说话,张×不理他,我也两次向李××示意、一次口头要求其不要再说话,但是李××不听劝阻仍然向张×说话,扰乱了课堂秩序。我便当场要求其离开座位在最后一排座位后站立。约五分钟后,我让全体学生默读课文熟悉内容。趁此机会,我到李××身边对他进行口头教育,李××向我承认错误,我便告诉他回自己的座位学习。李××快速跑向自己的座位,不小心被学生徐立军伸向过道的腿绊住脚而摔倒受伤。我和学生徐立军立即将他搀扶起来查看伤情。下课后,我立即告诉该班班主任戴爱国,戴老师与学生家长电话联系后,我们俩带李××到学校附近医院检查治疗。所以,我本人没有对李××进行体罚更没有殴打。李××和其家长向学校和教育局控告我对李××进行殴打导致其受伤,是诬告陷害。

所以,《处理决定书》认定我实施殴打行为造成李××受伤,在认定事实方面发生了严重错误;《复核决定书》维持《处理决定书》同样属于认定事实错误。

2. 处理程序不当

×县教育局人事科科长谢光荣作为工作组重要成员参加了事件的调查以及其他处理工作。而谢光荣为学生李××父亲的妻弟、李××的舅舅,应当回避而没有回避。

我提出复核申请后,×县教育局重新组织调查,×县教育局人事科副科长丁尚作为工作组重要成员参加复核阶段全部工作。而丁尚为学生李××父亲的高中同班同学,应当回避而没有回避。

综上所述,×县教育局在处理我涉嫌违反教师职业道德事件的过程中,两次违反程序,错误认定事实,导致做出错误的《处理决定书》并以《复核决定书》维持错误的《处理决定书》,严重侵害我的合法权益,并对对我所在单位同事的工作热情乃至全校教学工作造成不良影响。

为维护我的合法权益,特提出申诉,请求查清事实真相,做出正确处理。

此致

河南省 Y 市教育局

申请人 王 军

2019 年 12 月 1 日

附：

×县教育局于 2019 年 9 月 12 日作出的第×号《处理决定书》和 2019 年 11 月 29 日作出的第×号《复核决定书》复印件各一份。

三、对撤销教师资格处罚不服的救济

实践中,发生教师违反职业道德行为的事件之后,仅仅由教育行政部门或者学校对教师依照《处理办法》给予处分或者处理的占大部分;还有一部分事件,教师不仅受到《处理办法》规定的处分,而且受到剥夺更为重要利益的处理,其中最为普遍的是被撤销教师资格。教师被撤销教师资格,即不能从事教师工作,这无疑是对教师非常重要的利益的剥夺。教师对剥夺教师资格的处罚不服有什么救济途径? 这是广大教师普遍关心的问题。对此问题,《教师资格条例》(1995 年 12 月 12 日国务院令第 188 号发布施行)和《〈教师资格条例〉实施办法》(教育部 2000 年 9 月 23 日发布施行)都没有规定。[1] 本部分根据《行政复议法》《行政处罚法》和相关行政法规,对受到撤销教师资格处罚的教师的救济途径进行介绍。[2]

(一) 前提:撤销教师资格的处理属于行政处罚

对撤销教师资格的处理决定不服的救济途径是什么? 寻求这一问题答案的前提,是明确撤销教师资格处理的性质;明确撤销教师资格处理的性质的前提,是明确授予教师资格的性质。

规定教师资格的制度中,效力最高的是法律,即《教师法》,该法第十条规定:"国家实行教师资格制度。""中国公民凡遵守宪法和法律,热爱教育事业,具有良好的思想品德,具备本法规定的学历或者经国家教师资格考试合格,有教育教学能力,经认定合格的,可以取得教师资格。"该法第十一条规定了取得不同教师资格应当具备的相应学历条件。该法第十三条规定认定教师资格的权力专属于政府部门或者受政府部门委托的高等学校:"中小学教师资格由县级以上地方人民政府教育行政部门认定。中等专业学校、技工学校的教师资格由县级以上地方人民政府教育行政部门组织有关主管部门认定。普通高等学校的教师资格由国务院或者省、自治区、直辖市教育行政部门或者由其委托的学校认定。"

根据以上规定,取得教师资格是公民从事教师工作的前提条件,认定或者授予教师资格是行政权力,由教育行政部门或者教育行政部门委托的高等学校行使。所以,授予教师资格是一种行政许可。相应地,撤销已经授予公民的教师资格,是撤销行政许可,是一种行政处罚。《教育行政处罚暂行实施办法》明确规定撤销教师资格为教育行政处罚的一个种类。

---

[1]　行政法规和部门规章都没有规定救济途径,属于更低效力层级的省级人民政府教育行政主管部门的文件更不好做出规定。见河南省教育厅 2003 年 3 月 25 日发布的《河南省实施〈教师资格条例〉细则(试行)》。

[2]　教师严重违反职业道德而构成民事侵权行为的,受害人要提起民事诉讼要求教师进行民事赔偿;教师的行为构成犯罪的,将被追究刑事责任。两者都属于诉讼范围,作为被告人的教师对人民法院判决不服的救济途径,属于民事诉讼或者刑事诉讼范围内的问题,限于结构和篇幅,本书不做讨论。

（二）撤销教师资格的情形

关于撤销教师资格的原因或者情形，《教师资格条例》第十九条第1款规定："有下列情形之一的，由县级以上人民政府教育行政部门撤销其教师资格：（一）弄虚作假、骗取教师资格的；（二）品行不良、侮辱学生，影响恶劣的。"

1．弄虚作假、骗取教师资格

这是指为获取教师资格实施了弄虚作假的行为。

《教师资格条例》第二章《资格认定条件》较为详细地规定了公民获取教师资格的政治条件、职业道德条件、学历条件和教育教学能力条件。《教师资格条例》第十五条就申请人申请教师资格应当提交证明申请人具备以上条件的材料作了详细规定，这些材料包括：身份证明；学历证书或者教师资格考试合格证明；教育行政部门或者受委托的高等学校指定的医院出具的体格检查证明；户籍所在地的街道办事处、乡人民政府或者工作单位、所毕业的学校对其思想品德、有无犯罪记录等方面情况的鉴定及证明材料。

为获取教师资格而弄虚作假，是就获取教师资格必须具备的以上政治条件、职业道德条件、学历条件或者教育教学能力条件向教育行政部门或者高等学校提供虚假材料的行为。常见的弄虚作假的行为包括：提供虚假学历证书，提供虚假考试合格证明材料，提供虚假体检证明材料，提供关于思想品德、无犯罪记录等方面情况的虚假证明材料，等等。申请人本不具备相应条件，通过提供虚假材料使得教育行政部门或者高等学校授予或者认定教师资格，就是"骗取教师资格"。

2．品行不良、侮辱学生，影响恶劣

品行不良，指教师违反社会公德、生活作风不良的行为；侮辱学生，指教师在教育教学活动中或者其他场合对作为自己教育对象的学生实施的贬低人格、破坏名誉的行为。无论实施两种行为中的哪一种，必须达到"影响恶劣"的程度，才可以撤销其教师资格。"影响恶劣"是指以上行为影响范围较广，使社会公众知晓并由此造成社会公众对教师道德水平的负面评价。

（三）撤销教师资格处罚的实施机关

国家教育委员会于1998年3月发布的《教育行政处罚暂行实施办法》第五条第1款和第4款分别规定："教育行政处罚由违法行为发生地的教育行政部门管辖。""除国务院教育行政部门管辖的处罚案件外，对其他各级各类学校或者其他教育机构及其内部人员处罚案件的管辖为：（一）对高等学校或者其他高等教育机构及其内部人员的处罚，为省级人民政府教育行政部门；（二）对中等学校或者其他中等教育机构及其内部人员的处罚，为省级或地、设区的市级人民政府教育行政部门；（三）对实施初级中等以下义务教育的学校或者其他教育机构、幼儿园及其内部人员的处罚，为县、区级人民政府教育行政部门。"

根据以上规定，对高级中学教师撤销教师资格的处罚，由省级或地、设区的市级人民政府教育行政部门实施；对初级中学教师和小学教师撤销教师资格的处罚，由县、区级人民政府教育行政部门实施。

（四）救济途径之一：行政复议

行政复议，是与行政行为具有法律上利害关系的人认为行政机关所作出的行政行为侵犯其合法权益，依法向具有法定权限的行政机关申请复议，由复议机关依法对被申请行政行为合法性和合理性进行审查并作出决定的活动和制度。行政复议是行政机关实施的被动行政行为，它兼具行政监督、行政救济和行政司法行为的特征和属性。它对于监督和维护行政主体依法行使行政职权，保护相对人的合法权益等均具有重要的意义和作用。

《中华人民共和国行政复议法》（以下简称《行政复议法》），第六条规定了公民可以提起行政复议的范围，第三项为"对行政机关作出的有关许可证、执照、资质证、资格证等证书变更、中止、撤销的决定不服的"，撤销教师资格就属于行政机关作出的有关资格证书的撤销的决定。

《行政复议法》第九条规定："公民、法人或者其他组织认为具体行政行为侵犯其合法权益的，可以自知道该具体行政行为之日起六十日内提出行政复议申请；但是法律规定的申请期限超过六十日的除外。""因不可抗力或者其他正当理由耽误法定申请期限的，申请期限自障碍消除之日起继续计算。"《行政复议法》第十二条规定："对县级以上地方各级人民政府工作部门的具体行政行为不服的，由申请人选择，可以向该部门的本级人民政府申请行政复议，也可以向上一级主管部门申请行政复议。"

根据以上规定，中小学教师在收到县级教育行政部门①做出的关于撤销教师资格的处罚决定书之后，如果不服，可以提出行政复议申请。提出行政复议申请的时间，是在接到处罚决定书第二天开始计算的六十日以内；教师可以选择向该教育行政部门所属的县级人民政府提出申请，也可以向该教育行政部门的上一级主管部门提出申请。

申请行政复议，应当提交《行政复议申请书》。《行政复议申请书》包括首部、正文和尾部三个部分：第一，首部。写明文书名称即"行政复议申请书"；写明申请人信息；写明申请事由。第二，请求和理由。申请请求，主要写明申请人不服处罚决定，要求撤销处理决定。第三，附项。

《行政复议申请书》的核心部分是申请理由，可以围绕以下问题进行阐述：① 证据问题，即证据本身不客观、证据之间有矛盾；② 事实认定问题：事实认定不准；③ 性质认定问题：处罚认定行为性质不当，导致适用规定不当；④ 处罚决定不当；⑤ 违背制度规定的程序。

《行政复议申请书》示例

行政复议申请书

申请人：王军，男，×岁，汉族，出生于 1985 年×月×日，河南省×县×中学教师，居住×县城关镇幸福路温馨苑八号楼一单元 501 号

被申请人：河南省×县教育局

---

① 如前所述，对于不同教师撤销教师资格的处罚权，分别属于不同级别的教育行政部门。这里以县级教育行政部门做出行政处罚为例。

法定代表人:汪福涛,局长

申请人因不服被申请人于2020年3月6日作出的第×号《教育行政处罚决定书》,特根据《行政复议法》第六条第(三)项和第九条的规定,申请行政复议。

复议请求:

撤销×县教育局第×号《教育行政处罚决定书》。

事实与理由:

1.《教育行政处罚决定书》认定事实错误

前述第×号《教育行政处罚决定书》认定我对任教的二年级学生李××进行侮辱是认定事实错误。事实经过是:2019年5月16日上午,我在该班上语文课期间,学生李××不听讲反而数次与其后面的学生张×说话,张×不理他,我也两次向李××示意,一次口头要求其不要再说话,但是李××不听劝阻仍然向张×说话,扰乱了课堂秩序。我便当场要求其离开座位在最后一排座位后站立。约五分钟后,我让全体学生默读课文熟悉内容。趁此机会,我到李××身边对他进行口头教育,李××向我承认错误,我便告诉他回自己的座位学习。

在上述过程中,我对李××口头指出其行为的错误,要求其改正错误,这是我履行教师职责的具体表现,根本不是侮辱;我责令李××站到教室后面,时间较短,是正常的教育惩戒,与所谓侮辱没有任何关系。李××和其家长向学校和教育局控告我对李××进行侮辱是诬告陷害。

所以,《教育行政处罚决定书》认定事实完全错误。

2. 程序违法

《教育行政处罚暂行实施办法》第二十五条规定:"在做出处罚决定前,教育行政部门应当发出《教育行政处罚告知书》,告知当事人做出处罚决定的事实、理由和依据,并告知当事人依法享有的陈述权、申辩权和其他权利。""当事人在收到《教育行政处罚告知书》后七日内,有权向教育行政部门以书面方式提出陈述、申辩意见以及相应的事实、理由和证据。教育行政部门必须充分听取当事人的意见,对当事人提出的事实、理由和证据进行复核,当事人提出的事实,理由或者证据成立的,教育行政部门应当采纳。教育行政部门不得因当事人的申辩而加重处罚。"县教育局调查后直接向我送达《教育行政处罚决定书》,没有向我发出《教育行政处罚告知书》,没有向我告知相关事实、理由和依据,没有向我告知陈述权、申辩权和其他权利。

所以,教育局的行政处罚完全违背了《教育行政处罚暂行实施办法》第二十五条的规定,构成程序违法。

综上所述,×县教育局对我实施行政处罚认定事实严重错误,严重违反法定程序。为维护我的合法权益,特申请×县人民政府进行行政复议,依照《行政复议法》第二十八条第(三)项之规定,撤销上述《教育行政处罚决定书》。

此致

河南省×县人民政府

申请人 王 军

2020年3月9日

附：

1.《行政复议申请书》副本两份；

2.×县教育局第×号《教育行政处罚决定书》复印件一份。

（五）救济途径之二：行政诉讼

行政诉讼，是指公民、法人或者其他组织认为行使国家行政权的机关和组织及其工作人员所实施的具体行政行为，侵犯了其合法权利，依法向人民法院起诉，人民法院在当事人及其他诉讼参与人的参加下，依法对被诉具体行政行为进行审查并做出裁判，从而解决行政争议的制度。它对保障一个国家依法行政，建立法治政府，确保公民、法人或其他组织合法权利免受行政权力的侵害，具有十分重大的意义。

《中华人民共和国行政诉讼法》第四十四条第1款规定："对属于人民法院受案范围的行政案件，公民、法人或者其他组织可以先向行政机关申请复议，对复议决定不服的，再向人民法院提起诉讼；也可以直接向人民法院提起诉讼。"据此，中小学教师对于教育行政部门做出的撤销教师资格的行政处罚不服，可以提出行政复议，对行政复议决定书不服的，提起行政诉讼；也可以不经过行政复议，直接向人民法院提起行政诉讼。

根据《中华人民共和国行政诉讼法》的以上规定和其他相关规定，受到撤销教师资格处罚的教师，如果提起行政复议后对复议机关做出的《行政复议决定书》不服，而后提起行政诉讼的，以做出行政复议决定的机关和原做出撤销教师资格处罚的教育行政部门为共同被告，在收到《行政复议决定书》后十五日内向人民法院提起行政诉讼；如果不经过行政复议而直接提起行政诉讼，则以做出撤销教师资格处罚的教育行政部门为被告，在收到《教育行政处罚决定书》后六个月内，向该教育行政部门所在地的基层人民法院提起行政诉讼。

提起行政诉讼，应当提交《起诉状》。《起诉状》包括首部、正文和尾部三个部分：第一，首部。写明文书名称即"起诉状"；写明原告、被告信息。第二，诉讼请求和事实、理由。诉讼请求，主要写明申请人不服处罚决定或者复议决定，要求撤销处理决定或者复议决定，等。第三，附项。

《起诉状》的核心部分是诉讼理由，可以围绕以下问题进行阐述：① 证据问题，即证据本身不客观、证据之间有矛盾；② 事实认定问题：事实认定不准；③ 性质认定问题：处罚认定行为性质不当，导致适用规定不当；④ 处罚决定不当；⑤ 违背法律规定的程序。

《起诉状》示例

起诉状

原告：王军，男，×岁，汉族，出生于1985年×月×日，河南省×县×中学教师，居住×县城关镇幸福路温馨苑八号楼一单元501号

被告：河南省×县人民政府

法定代表人：黄前进，县长

被告：河南省×县教育局

法定代表人：汪福涛，局长

诉讼请求：

撤销×县教育局于 2020 年 3 月 6 日作出的第×号《教育行政处罚决定书》和河南省×县人民政府于 2020 年 4 月 29 日作出的第×号《行政复议决定书》。

事实与理由：

1.《教育行政处罚决定书》和《复议决定书》认定事实错误

前述第×号《教育行政处罚决定书》认定我对任教的二年级学生李××进行侮辱是认定事实错误。事实经过是：2019 年 5 月 16 日上午，我在该班上语文课期间，学生李××不听讲反而数次与其后面的学生张×说话，张×不理他，我也两次向李××示意、一次口头要求其不要再说话，但是李××不听劝阻仍然向张×说话，扰乱了课堂秩序。我便当场要求其离开座位在最后一排座位后站立。约五分钟后，我让全体学生默读课文熟悉内容。趁此机会，我到李××身边对他进行口头教育，李××向我承认错误，我便告诉他回自己的座位学习。

在上述过程中，我对李××口头指出其行为的错误，要求其改正错误，这是我履行教师职责的具体表现，根本不是侮辱；责令李××站到教室后面，时间较短，是正常的教育惩戒，与所谓侮辱没有任何关系。李××和其家长向学校和教育局控告我对李××进行侮辱是诬告陷害。

所以，《教育行政处罚决定书》认定事实完全错误；《行政复议决定书》维持《教育行政处罚决定书》同样属于认定事实错误。

2. 程序违法

《教育行政处罚暂行实施办法》第二十五条规定："在做出处罚决定前，教育行政部门应当发出《教育行政处罚告知书》，告知当事人做出处罚决定的事实、理由和依据，并告知当事人依法享有的陈述权、申辩权和其他权利。""当事人在收到《教育行政处罚告知书》后七日内，有权向教育行政部门以书面方式提出陈述、申辩意见以及相应的事实、理由和证据。教育行政部门必须充分听取当事人的意见，对当事人提出的事实、理由和证据进行复核，当事人提出的事实，理由或者证据成立的，教育行政部门应当采纳。教育行政部门不得因当事人的申辩而加重处罚。"县教育局调查后直接向我送达《教育行政处罚决定书》，没有向我发出《教育行政处罚告知书》，没有向我告知相关事实、理由和依据，没有向我告知陈述权、申辩权和其他权利。

所以，教育局的行政处罚完全违背了《教育行政处罚暂行实施办法》第二十五条的规定，构成程序违法。

《行政复议法》第二十四条规定："在行政复议过程中，被申请人不得自行向申请人和其他有关组织或者个人收集证据。"而在行政复议过程中，×县教育局自行向李××进行调查并且将调查结果作为证据向复议机关提供，复议机关采纳为认定案件事实的证据，违反了《行政复议法》第二十四条的规定，构成程序违法。

综上所述，×县教育局对我实施行政处罚认定事实严重错误，严重违反法定程序；复议机关违背法定程序，做出的复议决定同样认定事实错误。为维护我的合法权益，特提起诉讼，请求人民法院依照《行政诉讼法》第七十条之规定，撤销上述《教育行政处罚决定书》

和《复议决定书》。

此致

河南省 A 市中级人民法院

申请人　王　军

2020 年 5 月 8 日

附：

1.《起诉状》副本两份。

2.《教育行政处罚决定书》和《行政复议决定书》复印件各一份。

教师对于一审人民法院作出的《行政判决书》不服，还可以在收到《行政判决书》之后十五日内向上一级人民法院提起上诉。

➢ 扫章首二维码查看：阅读补充材料 W4－1：教师常见的几种权益救济途径

思考与拓展

1. 简述违反教师职业道德的处理原则。

2. 简述教师违反职业道德行为的种类及其认定。

3. 简述教师违反职业道德行为的处分类型。

4. 简述教师违反职业道德行为的处理程序。

5. 简述教师权利救济的基本途径。

6. 关于"通过课堂、论坛、讲座、信息网络及其他渠道发表、转发错误观点，或编造散布虚假信息、不良信息"行为中"错误观点"的认定，可能发生什么问题？怎么解决？关于其中的"虚假信息"，应当作出什么限定？

7. 法律法规检索网站推荐：

国家法律法规数据库 https://flk.npc.gov.cn/

扫码查看
拓展资源

内容概要

本章从教师心理健康、压力与心理健康及教师职业倦怠预防等三个方面分析教师心理健康调适。全文从健康、心理健康、压力、职业倦怠等概念入手,分析了心理健康、压力、职业倦怠的含义,以及心理健康的相关标准,教师不良心理的主要表现,影响心理健康的相关因素,提高心理健康水平的策略;从分析压力与健康入手,提出了教师的压力源,教师在工作压力之下的非理性反应,应激源的测定及危害评估,应对压力的策略;分析了教师职业倦怠的类型、心理反应,职业倦怠的现状,职业倦怠原因,职业倦怠表现,以及如何预防和消除策略等。并提供了相关资料、量表等以便学习者更好地理解和应用本章知识。

第一节 教师心理健康

一、心理健康的含义

健康是人类生存极为重要的内容,它对于人类的发展,社会的变革,文化的更新,生活方式的改变,起着决定性的作用。然而,人类并不是一下子就认识到健康的重要性的。从祭天求神,祈祷长生不老药,到积极地预防疾病,人类经历了漫长而痛苦的岁月。

(一) 关于健康

1. 健康的含义

现代医学认为,人是生物、心理、社会的复合体。随着社会的进步,时代的发展,人们认识能力的逐渐提高,尤其是医学科学的日新月异,健康的概念也发生了本质的改变,突破了传统的"健康即无病"的观念限制。

1948 年,世界卫生组织(WHO)成立时在其《宪章》上开宗明义地指出:"健康不仅仅是没有疾病和衰弱的表现,健康乃是生理上、心理上和社会适应上一种完美而良好的状态。"①

1978 年 9 月,国际初级卫生保健大会所发表的《阿拉木图宣言》中宣称:"健康不仅是疾病与体弱的匿迹,而且是身心健康、社会幸福的完美状态。"

1989 年世界卫生组织对"健康"做出了新的解释:"健康不仅是没有疾病,而且包括躯体健康、心理健康、社会适应良好和道德健康。"

从这里我们可以看出,健康不仅是没有身体疾病,而且还要有完整的生理、心理状态和良好的社会适应能力。

1948 年联合国通过的《世界人权宣言》第 25 条表明,"人人有权享受为维持他本人和家属的健康和福利所需的生活水准,包括食物、衣着、住所、医疗和必要的社会服务。"

1959 年《儿童权利宣言》中提出,"儿童应受到特别保护,并应通过法律和其他方法而获得各种机会与便利,使其能在健康而正常的状态和自由与尊严的条件下,得到身体、心智、道德、精神和社会等方面的发展。"

1989 年通过的世界《儿童权利公约》第二十七条第一款规定:缔约国确认每个儿童均有权享有足以促进其生理、心理、精神、道德和社会发展的生活水平。

以上世界组织所通过的宣言与公约中,都说明了健康权应为基本人权,政府应积极保障人民享有此权利。特别提出"心理"的健康权,是为了强调以往在提到健康时只着重在身体层面,然而从以上诸条文可知"心理健康权"与"身体健康权"应受到同样的重视。

健康不能只看成是无病痛或单纯个人身体状况。在一个不健康的社会群体中,个体健康是不可能充分发展的,由身心有病痛的个人组成的社会群体也不可能是真正健康的。个体健康有助于社会群体的健康,而社会群体的健康也有助于增强个人的体质。

一个人对健康的看法明显地影响到其与健康有关的行为。那些把健康看作只是无病痛的人是不大可能对自己的健康担负很多个人责任的。他们把健康看作是由医生或公共卫生人员来应对的问题,而不是看成是他们自己真正关心的问题。在维护自身健康的问题上,他们也倾向于采取消极的态度。尽管这些人可能实际上并无病痛,但通常也不是非常健康的。

2. 健康的标准

WHO 规定了健康的 10 条标准:

(1)有足够充沛的精力,能从容不迫地应付日常生活和工作的压力,而不感到过分紧张;

(2)态度积极,乐于承担责任,不论事情大小都不挑剔;

(3)善于休息,睡眠良好;

(4)能适应外界环境的各种变化,应变能力强;

(5)能够抵抗一般性的感冒和传染病;

---

① 孔庆蓉,孙夏兰,杨玉莉.心理健康新观念[M].北京:中央编译出版社,2016:20.

(6) 体重得当,身材均匀,站立时头、肩、臂的位置协调;

(7) 反应敏锐,眼睛明亮,眼睑不发炎;

(8) 牙齿清洁、无空洞、无病感、无出血现象,齿龈颜色正常;

(9) 头发有光泽,无头屑;

(10) 肌肉和皮肤富于弹性,走路轻松。

从这 10 条标准中,我们可以看到:前 4 条是属于心理方面的。这也就说明了心理健康对于人是非常重要的,因为只有身体、心理两方面都健康,才能称得上是真正健康的人。所以,要达到健康的要求,只讲生理健康是不够的,还要讲究心理健康。

(二) 心理健康的含义

1. 心理健康的含义

关于心理健康的概念,从世界范围来看还存在着许多争论,没有一个公认的解释。

1948 年在伦敦举行的第三届国际心理卫生大会上,对心理健康做过这样的解释:心理健康是指在身体、智能以及情感上与他人心理不相矛盾的范围内,将将个人心境发展成最佳的状态。这是目前为止大多数人所认可的一个关于心理健康的解释。

当前,国内有关著述中通常采用《简明不列颠百科全书》中的定义:"个体心理在本身及环境条件许可范围内所能达到的最佳功能状态,不是十全十美的状态。"这就是说,心理健康指的是人的一种心理功能状态,即能够使人们所具备的全部心理潜能都得到充分发挥的理想状态。处于这种状态下的人不论从事何种活动都能达到比较理想的水平,同时自身的发展也能得到比较充分地提升。与此相反,如果一个人在某种活动中不能充分发挥潜能,达到理想水平,这就说明他在心理功能的发挥上受到了某种干扰,遇到了某些障碍,这也就意味着他的心理发展处于不够健康的状态之中。

心理健康是以促进人们心理调节、发挥更大的心理效能为目标,也就是使人们不断地提高心理健康水平,在环境中健康地生活,从而更好地适应社会生活,更有效地为社会和人类作出贡献。

2. 心理健康的标准

人的生理健康是有标准的,一个人的心理健康也是有标准的。只不过人的心理健康的标准不及人的生理健康的标准具体与客观。关于心理健康的标准,不同的心理学派各自提出了自己的观点。对于心理健康标准的描述,并无一个普遍模式。对于不同的人,心理健康可能以不同的方式表现出来。而对于同一个人,在不同时期所反映的心理健康特点也可能是不尽相同的。怎样才算得上是一个心理健康的人? 心理健康的标准到底有哪些? 这是近年来国内外心理学家研究的重要课题。

我国尚没有统一的心理健康标准,但目前为大家所接受的一种观点包括以下内容。

认识自己,悦纳自己。接受现实的自我,选择适当的目标,寻求良好的方法,不随意退却,不做自不量力的事,才可创造理想的自我;欣然接受自己,于是可避免心理冲突和情绪焦虑,使人心安理得,获得健康。

面对现实,适应环境。心理健康者总是能够与现实保持良好的接触。他们能发挥自己最大的能力去改造环境,以求外界现实符合自己的主观愿望;在力不能及的情况下,他们又能另择目标或重选方法以适应现实环境。心理异常者的最大特点就是脱离现实或逃避现实。他们可能有美好的理想,但却不能正确估价自己的能力,又置客观规律而不顾,因而理想成了空中楼阁。于是便怨天尤人或自怨自艾,逃避现实。

结交知己,与人为善。乐于与人交往,和他人建立良好关系,是心理健康的必备的条件。但不要天真地认为,我怎样待他,他就怎样待我。这其实是一种儿童的思维,但成人却也常常摆脱不了。与人相处的原则是:对得起他人、对得起自己。对于事实已证明不可深交的人,我们不妨浅交,不必疾恶如仇,保持适当距离即可。

努力工作,学会休闲。工作的最大意义不仅限于由此而获得物质生活的报酬,从心理学的观点看,它对个体还具有两方面意义:一是工作能表现出个人的价值,获得心理上的满足,获得一种成就感;二是工作能使人在团体中表现自己,以提高个人的社会地位。个人在团体中要得到接受和承认并提高自己的地位,工作成绩便是与人比较的最好标准。

现代社会生活节奏紧张,我们应合理地安排休闲时间,经常改换方式,参加一些职业性或社会性的活动。要使休闲日更为丰富多彩,真正成为恢复体力、调剂脑力、增长知识、获得健康的时机。

案例 5-1

受益的不仅仅是学生①

有一位教师说:"由于上级部门对我不公正的待遇,致使我没有分配到住房,感到心情郁闷,明显影响了上课的情绪。但周四下午第三节是团体心理辅导活动,我还是要组织、准备的。结果,那天刚好是《情绪气象台》这一内容。当然,有关情绪的认知我不是不知道,如消极的情绪产生消极的行为等,可自己这几天就是无法排遣消极情绪,回家看见妻子、孩子,心里很烦。真没想到,在进行《情绪气象台》心理辅导过程中,我的情绪居然由'阴'转'晴'。当我观看学生表演的情绪小品时,有了一点开心;当我评价学生的演出水平时,心情竟大为好转;当我对情绪认知解说时,我情不自禁地将不愉快的心境告诉了学生。这样一来,积郁在我心中的烦闷、苦恼顿时烟消云散,心胸也豁然开朗。虽然我还没法改变分房的结局,但是我完全可以改变自己的心情!"

心理健康教育不仅仅是一套方法和技术,更重要的是体现一种人性精神。在承认学生个别差异的基础上尊重每一个学生的价值,相信每一个学生有发展自我的潜能,不仅仅以学习成绩、智力水平、家庭背景、经济状况衡量评价学生。教师与学生是平等的,教师只是利用一些技巧,帮助、引导学生挖掘自身的心理潜能,通过自己的努力,积极、主动地提升心理素质,改变不正确的认知,达到成长的目的。在这个过程中,双方是以商讨的方式来解决问题的,教师即使对学生的人生观、价值观有不同的见解,也是以商量的口吻加以

---

① 田丽.小学教师心理健康教育教程[M].哈尔滨:哈尔滨地图出版社,2006:12-13.

提出,并启发学生加以积极思考,而不是将自己的意愿强加给学生。

案例 5－2

"往后走"①

甲老师对学生命令到:"往后走!"学生装作没有听到。乙老师说:"我请你吃饭,你往后走吧。"学生没有理他。丙老师说:"请你往后走,你看大家都这样。"学生看看他,不置可否。丁老师说:"我也正好往前走,来,咱们一起走吧。"于是两人肩并肩往前走,边走边聊,越聊越高兴,不知不觉到了老师们要求学生到达的位置。丁老师与学生走的过程中,只是慢慢地将每一步朝一个方向转一点,绕了一个圈,到了指定的位置。

人总是先有愿望、计划和打算,然后再去完成这个目标。人最讨厌别人强制自己去做自己不愿意做的事,因此,教师在教育学生的过程中,就要在尊重学生的前提下,根据学生的需要、愿望和特点,采取相应的措施,引导学生逐步地达到预定的目的。

二、教师心理健康

(一) 教师心理健康的标准

姜忠喆、代建春认为,教师的责任感与使命感、自信心与自卑感、压力与困惑等,会依据每个人不同的经历与学历、不同的性格特征和心理承受能力等多种因素,赋予自身相应的情绪、情感、动机、目标、态度、行为和结果。好的结果自然会给人一种成功而愉悦的心理体验,使人更加自信;反之,不好的结果便会给人一种不良的、甚至很糟糕的心理体验。教师心理健康的标准应包括以下几个方面:

能积极地悦纳自我。即真正了解、正确评价、乐于接受并喜欢自己。承认人是有个体差异的,允许自己不如别人。

有良好的教育认知水平。能面对现实并积极地去适应环境与教育工作要求。例如,具有敏锐的观察力及客观了解学生的能力;具有获取信息、适宜地传递信息和有效运用信息的能力;具有创造性地进行教育教学活动的能力。

热爱教师职业,积极地爱学生。能从爱的教育中获得自我安慰与自我实现,从有成效的教育教学中得到成就感。

具有稳定而积极的教育心境。教师的教育心理环境是否稳定、乐观、积极,将影响教师整个心理状态及行为,也关系到教育教学的工作效果。

能自我控制各种情绪与情感。繁重艰巨的教育工作要求教师有良好的、坚强的意志品质,即教学工作中明确目的性和坚定性;处理问题时决策的果断性和坚持性;面对矛盾沉着冷静的自制力,以及给予爱和接受爱的能力。

---

① 田丽. 小学教师心理健康教育教程[M]. 哈尔滨:哈尔滨地图出版社,2006:15.

和谐的教育人际关系。有健全的人格,在交往中能与他人和谐相处,积极态度(如尊重、真诚、羡慕、信任、赞美等)多于消极态度(如畏惧、多疑、嫉妒、憎恶等)。

能适应和改造教育环境。能适应当前发展、改革与创新的教育环境,为积极改造不良教育环境、提高教学质量献计献策。

俞国良、曾盼盼认为教师心理健康的标准至少应包括以下几点:

对教师角色认同。勤于教育工作,热爱教育工作。能积极投入到工作中去,将自身的才能在教育工作中表现出来并由此获得成就感和满足感,免除不必要的忧虑①。

有良好和谐的人际关系。具体表现在:① 了解彼此的权利和义务,将关系建立在互惠的基础上,其个人思想、目标、行为能与社会要求相互协调;② 能客观地了解和评价别人,不以貌取人,也不以偏概全;③ 与人相处时,尊重、信任、赞美、喜悦等正面态度多于仇恨、疑惧、妒忌、厌恶等反面态度;④ 积极与他人做真诚的沟通。教师良好的人际关系在师生互动中则表现为师生关系融洽,教师能建立自己的威信,善于领导学生,能够理解并乐于帮助学生,不满、惩戒、犹豫行为较少。

能正确地了解自我、体验自我和控制自我。对现实环境有正确的感知,能平衡自我与现实,理想与现实的关系。在教育活动中主要表现为:① 能根据自身的实际情况确定工作目标和个人抱负;② 具有较高的个人教育效能感;③ 能在教学活动中进行自我监控,并据此调整自己的教育观念,完善自己的知识结构,做出更适当的教学行为;④ 能通过他人认识自己,学生、同事的评价与自我评价较为一致;⑤ 具有自我控制、自我调适的能力。

具有教育独创性。在教学活动中不断学习,不断进步,不断创造。能根据学生的生理、心理和社会性特点富有创造性地理解教材,选择教学方法,设计教学环节,使用语言,布置作业等。

在教育活动和日常生活中均能真实地感受情绪并恰如其分地控制情绪。由于教师劳动和服务的对象是人,因此情绪健康对于教师而言尤为重要。具体表现在:① 保持乐观积极的心态;② 不将生活中不愉快的情绪带入课堂,不迁怒于学生;③ 能冷静地处理课堂情境中的不良事件;④ 克制偏爱情绪,一视同仁地对待学生;⑤ 不将工作中的不良情绪带入家庭。

(二)教师不良心理的主要表现

从整体上看,教师群体和其他群体一样,其心理健康状况的不良表现主要有以下几个方面:

躯体化。主要反映身体不适,包括心血管、胃肠道、呼吸和其他系统的主诉不适,头痛、背痛、肌肉酸痛以及焦虑的其他躯体表现。

抑郁。主要表现为心境苦闷、生活兴趣减退,动力缺乏,活力丧失,失望,悲观等以及与抑郁有关的认知和躯体征象。

偏执。主要表现为个体有偏执性思维,如敌对、猜疑、妄想、夸大等。

———

① 王以仁,陈芳玲,林本乔.教师心理卫生[M].北京:中国轻工业出版社,1999:65.

人际敏感。主要指某些个人不自在与自卑感,特别是与他人相比时更为突出。在人际交往中表现出自卑感、心神不宁、明显不自在。以及在人际交往中自我意识过强,消极等待等。

敌意。主要从思想、感情及行为三个方面来反映敌对的表现。具体的表现包括时常有厌烦的感觉,摔物,喜欢与人争论直到不可控制的脾气爆发等。

强迫症状。主要指那些明知没有必要,但又无法摆脱的无意义的思想、冲动和行为。例如强迫性洗涤、强迫性仪式动作等。

焦虑。一般指烦躁、坐立不安、神经过敏、紧张等主观焦虑体验以及由此产生的躯体表征,如气促、出汗、尿频、失眠、发抖、惊恐等。

恐怖。恐惧的对象包括人、物、事等方面及社交恐怖。

精神病。主要有精神分裂症和情感性精神病,心理和行为有非常明显的异常。

（三）教师心理问题的一般症状

心理学家俞国良教授在研究中,总结出了教师心理问题的四大症状[1]:

生理-心理症状。表现在抑郁,精神不振,对学生漠然冷淡;焦虑,对外界担心和过分忧虑;有说不出原因的不安感,无法入睡等;一些人表现为不关心身边的事情,但是对以后可能发生的事却忍不住担忧。在抑郁和焦虑心态中,常常还会出现身体症状,如失眠、无食欲、咽喉肿痛、腰部酸痛、恶心、心跳过速、呼吸困难、头疼、晕眩等。

人际关系问题。教师心理不健康会直接影响其与他人的关系,教师既是学生的老师,也可能是一家之长,要做家庭主要事务的承担者和社会模范公民,但很多教师缺乏时间进行自我心理调节,一旦心理出现问题,极容易在人际关系中表现出不适应。如,有些教师在与他人的交往中沉溺于倾诉自己的不满,没有耐心听取他人劝告和建议,拒绝从另一个角度看问题;有的教师则表现出攻击性行为,如冲家人发脾气、体罚学生等。

职业行为问题。教师心理不健康,受害最大的是学生。这种症状在职业上主要表现为:逐渐对学生失去爱心和耐心,并开始疏远学生,备课不认真甚至不备课,教学中缺乏新意,讲课乏味;对教学中出现的问题小题大做,出现过激反应,处理方法简单粗暴,甚至体罚打骂学生;有的教师则出现缺乏责任感,对学生中出现的问题置之不理,听之任之。

教师的职业倦怠。这是教师中出现最多的问题,教师在教书生涯中面对的常常是同样年龄的孩子,做着带有一定重复性的工作,如何克服自己的倦怠,保持对学生的热情和爱心,对每一个老师都是一种考验和挑战。

对教师而言,心理问题的出现,往往会导致他们对学生耐心的缺乏,在缺乏积极进取和负责任精神的情况下,心理出现问题的教师将开始厌恶本职工作,用消极态度从事教育事业,这种情况一旦普遍存在,将对学校教师群体的整个士气产生极不良影响。

---

① 俞国良,曾盼盼.论教师心理健康及其促进[J].北京师范大学学报(社会科学版),2001(01):20-27.

三、影响教师心理健康的因素

关于影响教师心理健康的因素,学者们从不同的角度进行了探讨。俞国良、曾盼盼认为,教师心理不健康是在外界压力和自身心理素质的互动下形成的。个体对压力的应对是外界压力和自身人格特性的函数。若教师无法对来自社会、职业的压力作出有效的应对,就容易出现心理行为问题,从而导致心理不健康。[①] 以下简要分析影响教师心理健康的社会、职业、个人三因素。

(一) 社会因素

现代信息技术的普及和大众传媒的飞速发展,使知识、信息的普及化程度大大提高,教师早已不是学生唯一的信息源了,这使得教师的权威意识日渐失落,教师的社会地位和社会作用受到了严峻的挑战。尤其是当前我国素质教育的全面推行更是对教师素质提出了全新的要求,冲击着教师的心理。

教师劳动的复杂度、繁重度、紧张度比一般职业劳动者大,但教师的待遇一直没有得到应有的提高。住房、医疗保健福利和其他方面的福利,如解决夫妻分居、子女就业等都较差,尤其是一些农村、山区学校更是如此。中国的职称评定制度也远不能满足教师的需要。

(二) 职业因素

社会对教师的期望是教好每个学生,但是学生作为具有主动性和差异性的发展中的个体,其学业成绩较易衡量,但兴趣、行为、态度和价值观等方面的变化不仅缓慢、难以评价,而且往往与教师的付出不成比例,大部分教师难以证明自己到底取得了什么成就。

与其他劳动者相比,教师属于一个比较孤立、比较封闭的群体,与社会的联系较少,参与种种决策的机会也很少。大部分教师生活在一个儿童的世界里,教师90%的工作时间是专门与儿童在一起的,他们进行反思和与亲朋好友交流的时间很少。因此,教师的合群需要和获得支持的需要经常得不到满足。国外有些研究曾发现教师职业倦怠与教师缺乏社会支持的知觉有很高的相关(Burke, Greenglass, 1989)。

其他因素。目前教师普遍认为自己的自主权太小,教材、教学进度甚至教学方法都不由教师决定,学校的组织管理在一定程度上只重工作任务的完成而不顾教师的个人需要,管理手段简单机械。此外,师范教育与教学实践的脱节也是普遍存在的问题。

(三) 个人因素

在相同的压力下,有些教师可能会出现心理问题,有些则能维持健康的心理状态。造成这些差别的个人因素主要有:

人格因素。研究发现,不能客观认识自我和现实,目标不切实际,理想和现实差距太大的教师或有过于强烈的自我实现和自尊需要的教师更容易出现心理问题。个人生活的

---

① 俞国良,曾盼盼.论教师心理健康及其促进[J].北京师范大学学报(人文社会科学版),2001(1):20-27.

变化。在人的一生中,经常会有生活的变化,无论这些改变是积极的(如结婚、升迁)或是消极的(如亲人死亡、离婚),都需要个体作出种种心理调整以适应新的生活模式。在这种调整时期,心理问题容易发生。尤其是进入一个人生阶段到另一个人生阶段的过渡时期,如艾里克森等提出的"中年危机时期",个体需要对自己、家庭及职业生活作出再评价,这些很可能会显著地影响个体的自尊、婚姻关系以及对工作的忠诚和投入。

四、如何提高教师的心理健康水平

根据知、情、意的心理过程理论,提高教师的心理健康水平主要从下列几个方面入手。

(一)提高教师对周围环境的适应能力

个体对环境和社会的适应能力,是其赖以生存的最基本的条件之一。人类除了被动地适应环境外,还能通过自己的主观能动性和实践活动改造环境。而人生活的环境又往往是不断变化的,这就要求个体要提高对周围环境的适应能力,从而对客观环境积极主动而不是消极被动地适应。

(二)提高教师的感知觉能力

感知觉能力的高低是衡量心理健康水平的标志之一。感知觉能力是认知能力的重要组成部分,感知觉能力强的人感觉敏锐,接收的信息量大,认知渠道通畅,与周围事物的交流快。有人认为感知觉能力强的人敏感,往往对刺激过敏,不利于心理健康。殊不知人对刺激反应的主要调节器并非感官,而是大脑。对同一刺激做出何种反应是由大脑指令的,感官只不过是刺激的输入器。个体提高感知觉水平,是提高认知能力的前提。而健康的心理无疑包含了良好的学习和认知。

(三)提高教师心理活动的耐受力

人对慢性精神刺激的抵抗能力称为心理活动的耐受力。人与人之间心理活动耐受力的差异是很大的,有的人虽然能抵抗一时的强烈精神刺激,却不一定能抵抗慢性精神刺激。甚至可以说,在心理素质构成中耐受力水平比心理活动的强度水平更重要。

(四)提高教师心理活动的自控力

心理活动的自控力包括自我控制和自我调节的能力。人的心理活动的可控性是相对的。一方面,人对情绪、情感、思维等心理活动是可以自觉控制的;另一方面,人的心理又是相对不可控制的。一个人能不能控制自己的情绪、情感和思维方向等都是相对的。严格地讲,即使是可控的心理活动,也带有一些随意性,只是由于随意的水平低而难以自己察觉而已。心理活动的随意性程度与自觉控制水平的高低及自控力有关。因此,自控力水平是衡量心理健康的一项重要指标。

(五)提高教师心理活动的内部协调性

心理活动的内部协调性是判断心理是否正常的标准之一。即使心理活动内部协调的正常人,也存在着这种协调性水平的差异。心理活动的内部协调性完全丧失,可诊断为精神病;心理活动的内部协调性不好但未丧失,往往可以追溯其心理创伤史,但这不是精神病,只是心理健康水平不高。

(六)提高教师的自我意识水平

自我意识是人的意识发展的高级阶段,是人对自己的心理过程、结果、特点的感受、评价并根据这些感受和评价来调节行为,以与环境保持平衡的活动。自我意识水平也是衡量心理健康水平的标志之一。但自我意识不是自我中心意识,良好的自我意识是指个体对自己能自觉认识,对自己的定位符合环境,与社会一致。而以自我为中心,是指对自己的认识不符合实际,与环境和社会冲突。

(七)提高教师心理活动的周期节律性

人的心理活动在采取的形式和活动的效率方面存在着内在节律,这种节律具有周期性。如果某人心理活动的固有节律经常处于紊乱状态,则说明其心理健康水平不高。提高个体心理活动的周期节律性,但也不能为节律所限,应在节律性与灵活性之间保持适度的张力。只有这种既有节律性又有灵活性、适应性的心理状况,才可视为高水平的心理健康状况。

(八)提高教师的社会交往能力

良好的社会适应是心理健康的主要标志,社会适应是靠社会交往来完成的。高水平的社会交往能力可以理解为:既不自我封闭、与社会隔绝,也不热情泛化、过分交往,而表现为选择交往、适度交往,对社会的参与度视领域的不同而不同。

(九)提高教师的心理康复能力

心理康复能力是指个体蒙受精神刺激后心理创伤的复原能力。出于人们气质、认知能力与经验的差异,心理康复能力也存在着很大的差异。提高个体的心理康复能力就是使个体建立并维持良好的心理修复机制,以求尽快平复精神创伤,过后对该创伤能平静回忆、理智对待,不对心理产生不良影响。

总之,人的心理作用是不能低估的。只要我们能自觉地增强心理健康意识并采取有效的措施,就一定会使我们每个人的生活质量得到明显的提高,同时也会使我们为社会做出更大的贡献。

➤ **扫章首二维码查看:阅读补充材料:W5－1:心理健康、心理保健、心理教育、心理辅导、心理咨询和心理治疗**

第二节　压力与心理健康

一、压力与工作压力

（一）压力

压力源于拉丁文 Strictus，为紧绷之意。压力最初是一个具有客观属性的物理学概念，指垂直作用于固体界面单位面积或流体上的力。1932 年，Canon 首先将压力的概念引入心理学领域，并成为首位系统研究人类心理压力的学者。目前，在心理学领域，压力主要用来描述个体面对工作、人际关系等问题时，感受到的心理的紧张。英文 stress 和 pressure 均表达压力的意思，stress 侧重内心体验，也称为"应激"；pressure 侧重外界压力。

（二）工作压力

20 世纪 70 年代起有关压力的研究扩展到了社会学领域。在管理学和组织行为学的研究领域中，学者开始关注工作的压力问题，并将其定义为工作压力（Job Stress or Work Stress）。工作压力由压力衍生而来。基于刺激的定义，工作压力即工作环境中可能引发压力的工作事件；基于反应的定义，工作压力是对工作环境的反应，如：焦虑、失眠等；基于刺激—反应交互作用的定义，工作压力是对负性工作环境知觉后的反应[①]。

形成压力的原因是多方面的，通常情况下工作中产生或形成的各种压力即职业压力包括工作任务过重、人际沟通、角色冲突、工作环境，等等。如果这种压力得不到释放或缓解，将会影响到员工的身心健康、情绪与工作行为各个方面。

二、压力与健康

（一）压力与心身疾病

心理—生物—社会医学模式把人体的健康和疾病看成是一个多因素共同作用下的动态变化过程，疾病的发生发展和转化是在心理、生理、自然和社会诸因素的综合交互作用下的结果。Graham 等人研究发现紧张刺激与高血压发病关系密切，职业上精神高度紧张、责任过重或矛盾较多的人易患高血压，重大的创伤性事件或长期处于紧张状态亦可使高血压发病率增高。

心身疾病就是指心理社会因素在疾病的发生、发展和转化过程中，起主导作用的、具有明显生理结构功能障碍的一类躯体性疾病。现代社会，承受压力是生活中不可避免的，压力产生的紧张状态可以提高警觉水平，适当的压力是保持健康所必须具备的条件。但

---

① 　贾子若.安全绩效与工作压力研究［M］.石家庄：河北科学技术出版社，2015：9.

是压力过于强烈、持久,超过个人的耐受能力,就会破坏人的心身平衡,影响人的学习与工作,损害心身健康,这是压力的有害方面,也是主要方面。压力引起的一系列心理和生理反应过于强烈,就会以临床症状和体征的形式出现,并成为人们身体不适、虚弱、精神痛苦的根源。

在现代社会,威胁人们健康的疾病大多已不再是传染性疾病,冠心病、高血压、癌症等疾病已成为新的致死因素,严重地危害着人类的生命。流行病学、行为医学研究发现,这些疾病的发生与社会和心理诸多因素有关,其中心理应激是重要因素。

(二) 压力诱发心身疾病的原因

一般来说,在压力状态下,人们把身体及心理的能量都积累起来用于对付紧急事件,通常会表现出来超乎寻常的力量。从某种程度上说,这是人的身体对"应激"反应的结果。因为在应激状态下,肾上腺分泌出大量的肾上腺素,血压上升,心跳加快;肝脏分解糖原供应血液,从而加快了人体器官功能的活动;血液循环的加快,能为大脑和肌肉提供更多的能量,能使人更为机敏、更有力量。应激产生的超乎寻常的力量,能让人们避免伤害,应对紧急事件,但不能维持太久,人体内没有取之不竭的动力源泉。如果长期处于应激状态,对人的身心健康很不利,甚至还会有危害。加拿大生理学家塞尔耶(Hans Selye)经过多年研究后指出,应激状态延续会破坏一个人的生物、化学保护机制,使人的免疫系统遭到破坏,降低对疾病的抵抗力,易受疾病的侵害。

人们在应激反应时,不单是生理性反应,还伴随着心理性的反应。心理性反应主要是情绪反应,诱发诸如焦虑、恐惧、愤怒、忧伤、憎恨、烦躁、沮丧、抑郁等情绪反应,这些消极的情绪往往会诱发各种疾病。

长期处于应激状态下的人,往往体验着不良的情绪,这是引起身体、心理疾病的诱因;而持久的激情状态破坏了机体的免疫功能,使机体对疾病的抗阻能力降低,当情绪引起机体病变时,机体免疫系统不能有效地杀死病变细胞,导致心身疾病的产生。

三、教师的压力

(一) 教师压力的含义

达恩汉姆(Dunham)提出了理解教学中的压力本质的三种主要方法:① 基于压力的"工程学"模式去看待学校中的教师所受的压力;② 基于压力的"生理学"模式,关注教师对这些压力做出反应的方式;③ 基于压力的"认知交互作用"模式,关注压力、反应及教师用以对付压力的应对资源。

我们可以借助柯礼柯夫、苏利夫(Kyriacou & Sutcliffe)所提出的教师压力模式(见图5-1)来理解教师压力的内涵。

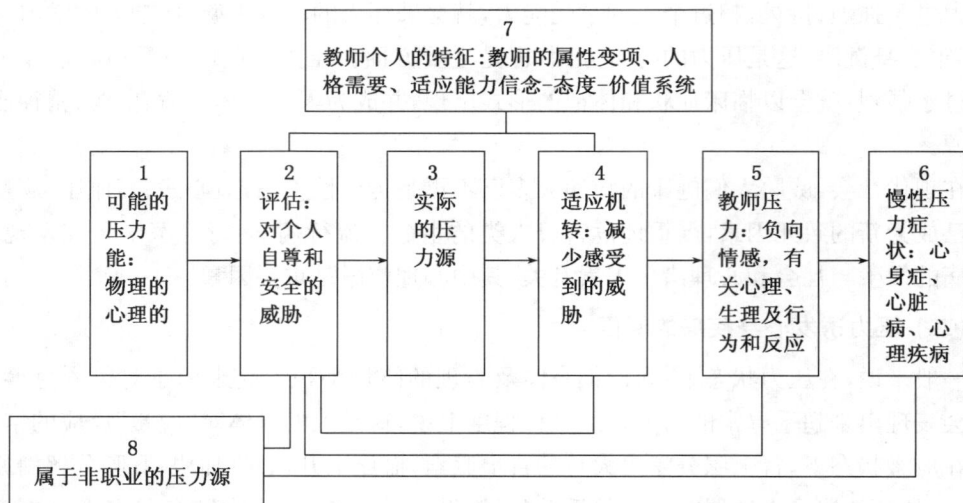

图 5-1 Kyriacon & Sutcliffc 的教师压力模式

(资料来源:王以仁等著:《教师心理卫生》。)

关于教师压力的定义,研究者们最广泛引用的是柯礼柯夫和苏利夫对"教师压力"的界定:教师由于感知到工作某些方面的需要对自尊和健康构成威胁而产生的情感体验(如愤怒、沮丧),身体的防御机制被唤醒以减少这种感知到的威胁,从而产生对这种消极情感的反应综合征。这一定义认为,教师压力是消极的、对教师健康构成潜在威胁。根据对以上理论及模式等的理解,我们认为,教师的压力是教师因为工作上所赋予的职责、要求、期望等超出自己的负荷,并感受到对个人自尊和安全的威胁而产生的消极情感体验,如愤怒、焦虑、沮丧等。

(二) 我国教师心理压力的现状

朱从书(2001)的一项研究发现有 66.0% 的中小学教师感到"压力较大或极大";徐富明等(2002)采用随机抽样方式对 300 多名中小学教师的调查显示,70% 的教师认为自己面临较大的职业压力,63.8% 的教师报告职业压力给自己造成了较大或很大的影响,并且已给教师带来诸如心理方面、生理方面以及个人发展方面的负面影响;北京教科院基教所(2002)对北京市教师进行的一份调查显示:93.1% 的教师感到当教师越来越不容易,压力很大,并认为这已成为带有普遍性的重大的生活和生存问题。对于"如果有机会,是否考虑调换工作"这一问题,50.8% 的教师表示会考虑调换工作,31.7% 教师表示无所谓,只有 17.5% 的教师表示喜欢这一工作。另有数据显示,工作压力的增大使 13.3% 的教师产生各种心理问题。《中国教育报》的一份报道显示:在对"我认为现在教师的精神压力太大"的看法上,40.1% 的教师认为"非常符合",38.5% 的教师认为"符合",16.9% 的教师回答"一般",只有 4.5% 的教师认为"不符合"和"完全不符合",说明现在教师普遍感到精神压力大[①]。

---

① 张海芹. 教师心理健康导论[M]. 北京:线装书局. 2009:120.

（三）教师压力源分析

1. 压力源

为了对压力进行定量分析研究，研究者一般将压力与引起压力的来源区分开来。Holmes 和 Rahe 引入了一个新的概念，把压力产生的原因称为压力源（stressor）或称应激源，即把生活变化中对人的精神产生影响的事情称为生活事件。压力源是典型的生活事件，但不是所有的生活事件都产生压力源，有关研究表明负性的生活事件才是影响健康的原因。压力源广泛地存在于我们的生活之中。有些压力源是稍纵即逝的，它引起瞬间的兴奋和欢欣。有些压力源则持续到日、周或月，造成习惯性的高压反应，使人经常处于一种戒备状态，甚至导致心理失衡。

2. 压力源的分类

我们所遇到的压力源可能在自身，也可能在环境之中。自身的压力源包括痛苦、疾病、记忆、罪恶感、不良的自我概念等，可称之为"内因性压力源"；环境的压力源包括热、冷、噪声、其他任何无机性的刺激和有机性的刺激，可称之为"外因性压力源"。但是，人类最主要的压力源是人，人际关系是造成压力的最主要来源。如果我们把造成压力的各种因素做大致分类，可以划分为躯体性、心理性、社会性和文化性四大类压力源。

（1）躯体性压力源

躯体性压力源是指经由人的躯体直接发生刺激作用的刺激物，包括各种物理的、化学的、生物的刺激物。如过高过低的温度、酸碱刺激、变质食物等。这一类刺激是引起生理压力和压力的生理反应的主要原因。

（2）心理性压力源

心理性压力源是指来自人们头脑中的紧张性信息。例如，心理冲突与挫折、不切实际的期望、不祥预感，以及与工作责任有关的压力和紧张等。心理性压力源与其他类压力源的显著不同之处在于它直接来自人们的头脑中。弗雷德曼（Friedman）和罗森罗（Rosenman）两位学者在对心脏病的长期研究中归纳出一种特殊的性格称为 A 型性格（Type A），指出这种性格比其他性格更容易导致心脏受损。A 型性格是一种有冲劲、精力旺盛、竞争性强的性格，执意要在任何情况下获胜，他们总想在最短时间内处理无数难以确定的事物，如果有需要的话，他们不惜反击一切成为阻力的人或物……A 型性格者经常都是努力工作的高成就者，事业十分成功，但却由于压力过大或无法处理压力而赔上了自己的健康。

资料 5-3

A 型性格和 B 型性格及其测查①

美国心脏病学者弗雷德曼和罗森曼(M·Friedman & R·H·Rosenman)在 20世纪 50 年代研究发现并提出。

A 型人的特点:争强好胜,追求成就,总想超过别人;做事匆忙,性急,行动较快;常有时间紧迫感;容易紧张,爱生气,常有敌意情绪倾向。

B 型人的特点:不爱竞争,一般不紧张,很少有时间紧迫感,对人随和,很少生气,喜欢生活得自在、舒服。

中国版的 A 型行为类型问卷(TABP)是 1983 年由张伯源教授主持在研究和参考了美国的有关 A 型行为测查量表的内容并结合中国人自身的特点共同研究编制而成的。问卷含 60 个题目,回答按"是"和"否"评分,用于鉴别行为类型是属于 A 型或是 B型的人。整个问卷包含 60 个题目,分成 3 个部分。

TH:共有 25 个项目,表示时间匆忙感,时间紧迫感和做事忙节奏快等特点。

CH:共有 25 个项目,表示竞争性,缺乏耐性和敌意情绪等特征。

L:共有 10 个项目,作为测谎题,用以考查被试回答问题是否诚实、认真。

A 型性格自测

1. 在谈话中,你是否过分强调一些词,并且对句子中最后几个词一带而过?

2. 你行动、吃饭、走路的速度是否很快?

3. 当事情进展的速度不能如你所愿时,你是不是会变得不耐烦,或者生气?

4. 你是否经常在同一时间内干几件事?

5. 你是否经常把话题转到你所感兴趣的问题上?

6. 当你休息时,是否有点负罪感?

7. 你是否经常不注意环境中的新事物?

8. 你是否更关注结果而不是过程?

9. 你是否经常在很短的时间内安排很多的事情?

10. 你是否发现你与同样喜欢赶时间的人在暗地里竞争?

11. 在交谈时,你是否喜欢用一些有感染力的手势?

12. 你是否认为行动迅速是成功的关键?

13. 你是否经常用数字给你否成就打分(比如,卖出货物的数量等?)

如果你的答案出现 5 个以上的"是",那就表示你具有 A 型性格的特征。A 型性格的人应注意舒压及抗压。

---

① 张作记.行为医学量表手册[M].北京:中华医学电子音像出版社,2005:157.

（3）社会性压力源

社会性压力源主要指个人社会生活条件的变化，并要求人们对其做出调整或适应的情境和事件。这里的生活条件是指组成一个人的日常生活方式的许多"经验和事件"，包括：居住地及居住环境、工作的类别及工作场所的环境条件、饮食情况、个人生活习惯、娱乐活动的种类与时间、体力活动的程度、社会联系等。比如下岗、离婚或失去亲人、战争与动乱。

（4）文化性压力源

如各种观念的冲突。对人类影响比较大的应激源是社会性的和心理性的应激源。

另外，心理学家张春兴认为压力有两种不同的表现形式：一类是突发性的事件刺激，伴随个人脱离困境而压力得到迅速缓解；另一类是当事人虽然认知到生活环境中存在着对自己具有威胁的事件，但因限于个人条件，只能任其存在无法将它消除，此种生活事件随时会使当事人在心理上感到压力，这更接近日常生活的现实，并将这类压力称之为"生活压力"。他认为生活压力应是研究者所关注的重点。

3．教师压力的成因分析

（1）教师工作压力

来自工作方面的心理压力是教师心理压力中最主要的部分，一些不合理的压力主要来源两个方面：

第一，工作量压力。大量的关于教师压力研究表明，工作量过大是教师压力的重要来源之一。无论国外还是国内，教师工作负荷过重成为一种普遍现象。

第二，工作质量压力。社会对片面追求升学率的批判越来越深刻，学校对升学率的追求却有增无减，从而对中小学教师造成的压力也越来越大。

（2）教师角色压力

角色压力通常由角色冲突及角色模糊所引起。当个体经常被要求扮演本质上不相容的两种或以上的角色时，便产生了角色冲突；角色模糊通常指由于对工作的目标和范围缺乏充分的信息，而使个人无法获得明确的角色要求或期望。无论是角色冲突还是角色模糊，二者皆源于外界的角色期望所形成的压力，这种压力通常被称为角色压力。

社会赋予教师太多的角色。威腾博格认为教师角色应包括：做社会模范的代表，促进社会道德进步；给学生以正确的评价与判断；指导学生发现学习方法，学习知识，获得技能；解决学生之间的争论；查明破坏规则的学生；帮助学生确立目标及方向；帮助学生控制行为；帮助学生建立自信；帮助形成团体学习氛围并做好团体的领导角色；做学生的代理父母，照料并指导学生；反对成人给予学生挫折感；与学生建立温暖的关系并互相信赖；根据学生心理需要给学生情感帮助。

在我国，无论横向看还是纵向看，教师角色都很复杂。横向看，教师不但要承担传道授业解惑者、辅导者、顾问、评价者等教学角色，还要承担组织者、管理者、沟通者等行政角色；纵向看，社会发展与教育进步不断赋予教师新的角色，不断对教师提出新的要求，先是要求教师既要教书，又要育人；随着社会进步和知识更新加快，又要求教师做终身学习者，参加各种在职培训；随着学校之间竞争日趋激烈，学校要求教师具有服务意识，做学生及其家长的服务者;随着对学生问题解决能力和创新能力培养的倡导,教师自己首先应是具有创新能力的人,从而巧妙地做学生的引导者、促进者;随着教改的逐步深化,对教师的研究能力要求越来越高,教师要成为研究者……教师被期望承担的角色如此之多,当角色难以协调或角色难以明确时,便产生角色冲突或角色模糊。

（3）社会压力

这些压力源于教师职业的社会地位。

第一,角色期待压力。中国传统文化对教师赋予"圣人"的人格定位。"天地君亲师",教师不但承载了文化传递的使命,更承载了道德传承的使命,教师更应该充当道德的典范,自身应该做到德正业勤,以"师者为道高,表者为楷模",人们通常还认为教师要有高大的形象,要为学生树立好的榜样。"为人师表"是对教师的基本要求。正是这种期望,使教师面对学生时,要迫使自己严格自律,以榜样的姿态、良好的形象出现;要时刻注重自己在学生心目中的高大形象,甚至是刻意限制自己的各种形象细节,这都给教师带来极大的心理压力。

第二,学生家长的压力。教师面临着望子成龙心切的家长,孩子大多都是独生子女,家庭的掌上明珠,有的家长呵护过度,有的疏于管理、有的简单粗暴,使孩子养成了以自我为中心、骄横任性、自由散漫、缺乏责任心,造成了厌学逃学,沉迷于网吧、早恋、打架斗殴等;社会就业压力的增大,家长渴望自己的孩子能考上名牌大学,不惜花大钱求人,选学校、选老师、选座位,要当班干部;受市场经济、价值取向多样化的影响,有的家长认为教育就是服务,学生、家长应该是上帝,出了丁点儿问题就要问责教师,造成家长过度干涉学校工作,孩子在校稍有问题,家长就会过分责难教师;离异子女、留守儿童、特困生性格更容易自卑、孤僻、执拗,心理健康问题突出,心理承受能力差,经不起失败和挫折;由此种种家庭的原因,使老师对学生严不得、宽不得,常常处于尴尬的两难境地,导致了教师工作难度加大,心理压力增大。

第三,媒体压力。一些新闻媒体乐于报道教育的负面现象,夸大指责教师,使公众对学校、教师信任感逐渐降低。让教师感觉处于被公众舆论与群众意识包围的汪洋大海中,这也带给教师极大的压力。

（4）教师教改压力

大量研究证明,变革是压力的普遍且重要的来源。在我国,教育改革对教师提出了越来越高的要求。当前,基础教育课程与教学改革正在不断深化,基础教育阶段新的课程标准相继出台,教材更新力度加大、速度加快,新的课程理念和教学理念在不断推广,现代教育技术纷纷涌现,所有这一切都对教师提出了更高要求。

（5）对教师人身权的侵害压力

首先,家长侮辱殴打教师的事件竟然时有发生,尤其在偏远落后地区。这种家长侮辱殴打教师事件的发生,受伤害的不只是受害教师,所有的教师都感觉到自身的安全受到威胁。一方面,现在的家长望子成龙心切,将自己也管教不了的孩子送到学校,对老师寄予厚望;另一方面,家长不能积极与教师配合,甚至听信学生的片面之词而对教师不满。许多情况下,与家长的关系难处,已成为许多教师的压力来源。

其次,功利化教育伤害教师。急功近利的教育造成教师知识结构的不合理,"缺乏通识"已严重阻碍教师教学水平的提升。长此以往,教师完全有可能被异化为按输入程序机械运行的"机器"。这样的教师如何承担得起培养创新人才的历史重任?

(四) 教师心理压力的非理性反应

教师的心理压力在行为上往往产生两种反映,一种是理智行为,另一种是非理智行为。理智性的反应是人们在生活、工作、学习中产生心理压力时,能冷静地分析压力产生的原因,积极寻找缓解压力的对策,进一步分析实现目标的各种主观条件,适时调整目标,改变方法或变化行为方式等,变压力为激励力量的一种反应形式。这种反应一般不会带来心理问题。

下面主要谈谈非理智性反应的集中表现形式及后果。

1. 攻击反应

个体感受到某些压力后,可能会引起强烈的愤怒情绪,其幅度可能由轻度一直到难以控制的大怒,甚至可能对构成压力源的人或物进行直接攻击,也可能表现为迁怒他人,即把强烈愤怒的情绪发泄到其他的人或物上。比如,有的教师受到不公平的待遇后往往拿学生出气,或者向家人出气。这样往往旧的问题没有解决又引发了新的矛盾,进一步加重心理压力,带来一系列的心理问题。

2. 退化

有的教师没有能力化解各种压力时,表现出一种与自己的年龄和身份不相称的幼稚行为。如一个老教师,因连续两次申报高级职称都失败了,眼看着比自己年轻的同仁一个又一个评上高级教师,加上个别素质不高的同事在旁边冷嘲热讽,这位教师感受到了前所未有的压力,感觉是校领导有意为难,于是冲到校长室,以死相逼,闹了一场令人心酸的风波。其实,这是缺乏明辨是非能力的表现,以为这样能够获得别人的同情和照顾。显然,这类人的理智程度和自控力已到了危险的边缘。自身受到某种压力而对同事大发脾气或为一点小事发怒时,就是退化行为。

3. 逃避

个体受到压力后逃避现实,逃到自以为很安全且不出现差错的地方去,如有的教师因讲真话受到打击后缄默不语,有的教师因工作勤奋不被理解后不再积极努力而是甘于平庸。逃避可以让心情紧张得到暂时的缓解,但是长此以往可能导致教师害怕承受压力。

4. 冷漠

有的教师受到压力后,并不积极地力图改变现状,而是表现出漠不关心或无动于衷。但冷漠并非没有心理上的愤怒和不满,不过是将这种情绪暂时压抑下去,这类人尽管表面上也许无动于衷,但可能内心异常痛苦。所以,冷漠的反应并不是受压后再没有愤怒的情绪体验,而是以强大的克制力将愤怒埋在胸中,冷漠的背后也许潜伏着更大的攻击行为。

5. 自我惩罚

当个体感受到压力太大,而又缺乏对压力的承受力时,可能陷入绝境而万念俱灰。此时，如果得不到外界的援助，当事者又把压力的原因归结为自己无能，就可能自暴自弃，而将自身作为发泄的对象，从而伤害自己的身体，甚至轻生厌世。

（五）应激源的测定及危害评估

社会应激源即社会生活的变化或变故，对个体的身心健康具有影响作用。在 1967 年，Holmes 和 Rahe 通过编定"社会生活再适应量表"对应激源的危害性进行测定和评估。

Holmes 和 Rahe 研究发现，人们遭受的生活变动越多，患病的可能性越大。假如，一个人在一年内遭受的生活事件积分超过 200 分，患病的机会就有 50%；如果超过 300 分，患病机会可高达 79%～100%；如果累计得分低于 30 分，表示生活安定，心境平静，保持身心健康的水平就远远高于平均水平。

社会生活事件或生活上的变故与身心健康的关系，是建立在应激状态的能量消耗上，当我们将自己的内部能量倾注在这些事情上时，那么自身的防御能量就会显著下降，因而产生疾病的可能性也会随之增加。由于人们个体间的心理差异，在对待事件态度应激反应方面就会表现出很大的不同，所以，在"生活事件量表"中得分高的人，不一定都会按照研究者预测的那样患上身心疾病。

国内学者张明园等人（1987）参考国外 Holmes 和 Dorenwend 及国内郑延平和杨德森等编制的量表和调查表，编制了生活事件量表（Life Events Scale，LES）[①]，并对 10 省市的 1364 名正常人进行了测试，取得了正常人群及不同年龄组的常模，已在国内临床和研究中应用。

➤ 扫章首二维码查看：阅读补充材料 W5－2：生活事件量表（LES）

四、教师应对压力的策略

21 世纪在给人们带来全新感受的同时，也给教师带来了很多新的应激源。人们也无可避免要做出应对反应。那么，我们应该如何增加应对压力的能力，避免身心疾病的发生呢？

（一）常见的错误方法

1. 依赖药物

有些人相信药物可以消除压力，因而常常服用，甚至滥用。药物只可以暂时消除紧张情绪，但不可能去除压力的根源。长期持续性地使用药物，而不主动去控制自己的压力行为，就会产生药物依赖，导致各种疾病。

2. 饮酒

有些人认为酒精是解除压力的方法之一，因此面临压力时借酒消愁。酒精是神经系统的刺激物，同时也是一种镇静剂，能够暂时起到抑制中枢神经系统的作用，但经常饮酒，

---

① 张明园. 精神科评定量表手册[M]. 长沙:湖南科学技术出版社,1998:154－160.

容易引致酒精中毒而危害健康,而且饮酒过量还会影响人的判断力。

3.抽烟

有些人遇到大压力时拼命吸烟,以缓解紧张的神经。但吸烟过量会引致神经过敏,因吸入大量尼古丁而使心肺呈现紧张状态,产生一些意料不到的反应和后果。

(二)正确的应对方法

1.认识压力及其可能导致的后果

当我们认识到在现实生活中充满竞争,心理压力和精神紧张无法彻底消除时,就可能对已出现或将要出现的压力有一定的承受力。同时可以学习一些更有效的应对方法。

不对自己过分苛求。有的人把自己的抱负定得过高,根本无能力达到,于是终日郁郁寡欢。如果把自己的目标和要求定在自己的能力范围内,自然就会心情舒畅。对他人期望不要过高。许多人把希望寄托在他人身上,若对方达不到自己的要求,便会大失所望。其实,每个人都有自己的优点和缺点,何必要求别人迎合自己的要求呢? 相反,如果多看别人的优点可以更好地调动别人与你合作。

要善于抓住工作重点,在一段时间内只做一件事。心理学家发现,忧虑、精神崩溃等状况的发生主要原因是由于患者面对很多急需处理的事情,精神压力太大。要减少自己的精神负担,不要同时进行两件以上的事以免弄得心力交瘁。

2.端正人生态度,发挥心理压力的动力作用

心理压力是人类生活中的一种必然存在,它对人们既有积极的动力作用,也有消极的伤害性的影响。当人们以乐观、自信的人生态度去面对心理压力事件时,心理压力就成为激励人们前进的动力,对人生与事业有促进作用;当人们以消极的心态对待心理压力事件时,就会产生沉重的精神负担,重者会引起人们的身心疾病。所以,教师应调节对压力事件的看法与态度,把心理压力变为人生动力。一个人的幸福与否,不取决于金钱地位和名利,主要取决于自己的心态。

3.磨炼意志,增强抗压性

心理压力是人们对外界刺激进行反映时所产生的一种主观体验,它的大小因人而异。同样的事件或刺激情境对不同的人产生的心理压力的大小是不同的。同样的外界刺激到底会给人造成多大的心理压力,实际上是由每个人自身的抗压性(或称抗压能力)所决定的。抗压性较强的人,对于相同的刺激所感受到的心理压力就较小,相反抗压性较弱的人感到的心理压力就较大。人的抗压性不是天生的,加强意志品质的培养,磨炼人的意志力是增强抗压性的有效方法,也是减轻心理压力的重要心理基础。

首先,教师要加强意志独立性的培养。为此,教师要明确自己行动的目的性,增强教书育人的责任感和使命感,根据自己的认识和信念独立地采取决定和执行决定,在行动上克服受暗示性,不屈从于周围人们的压力,不为别人的言行所左右。

其次,教师要加强意志果断性的锻炼。为此教师必须全面而深刻地考虑自己行动的目的和方法,懂得所做决定的重要性,明辨是非,当机立断,克服犹豫不决和优柔寡断(人

们在犹豫不决和优柔寡断时,一直处于动机斗争过程中,感受到的心理压力大)。在行动中,敢于承担责任,敢作敢为。当然,也要克服轻举妄动和草率行动。轻举妄动和草率行动由于不考虑主客观条件,不考虑计划实施的可能性和行动后果,常常带来行动的失败,从而造成心理压力。

再次,要加强意志坚定性的培养。教师要坚信自己决定的合理性,并保持充沛精力,克服各种不符合目的的内外部困难和干扰,不屈不挠地为实现目的而奋斗,做到在困难面前不退缩,在压力面前不屈服,在引诱面前不动摇。

最后,教师要注意培养自己的自制性,学会自觉、灵活地控制自己的情绪,克服懒惰、恐惧、紧张、愤怒和失望等不良情绪的干扰。

4. 利用合理化效应安慰自己

这是一种暂时起作用的方法,是心理防御反应中的一种。合理化效应就是要为自己找一个开脱的理由,缓解内心的压力。类似于鲁迅笔下的阿Q精神胜利法。阿Q在被别人殴打时口中总是一句"儿子打老子",于是就忘却皮肉之苦。这种方法在应激反应中,也具有很重要的作用。

读一读下则寓言故事,有什么启发?

狐狸与葡萄①

有人根据《伊索寓言》中的"狐狸与葡萄"的故事,编了一则新的寓言,说几只狐狸同时来到葡萄架下,望着那一串串成熟的葡萄,却无法摘到。

第一只狐狸跳了多次仍然够不着,笑了一笑说:"一定是酸葡萄。"然后,心安理得地走了。

第二只狐狸高喊:"下定决心,排除万难,吃不到葡萄死不瞑目!"为了吃上葡萄,就拼命地一次一次往上跳,最终因体力耗尽而死。

第三只狐狸因为吃不到葡萄而整日闷闷不乐,责问自己没有长高点,抑郁成疾,不治而亡。

第四只狐狸心想:"我连葡萄都吃不到,活着还有什么意义呢?"于是找了附近一根树藤上吊了。

第五只狐狸吃不到葡萄便破口大骂,骂农夫把葡萄架搭得太高,让农夫听到了被打死了。

第六只狐狸抱着"我得不到,别人也别想得到"的心理,想一把火把葡萄架烧了,刚刚点着火便被众狐狸发现,遭到毒打,以致身亡。

第七只狐狸因为吃不到葡萄而抓狂直至发疯,蓬头垢面,整日间念念有词:"吃葡萄不吐葡萄皮……"

第八只狐狸到附近找来一架梯子,结果满载而归。

第九只狐狸企图通过偷骗抢的方式从第八只狐狸处获得葡萄,结果遭到惩罚。

———————————

① 伍新春,张军. 教师职业倦怠预防[M]. 北京:中国轻工业出版社,2008:142-143.

综观这八只未摘到葡萄的狐狸的反应,还是认为"葡萄是酸的,不好吃"的那只聪明,虽然它找的理论不一定说得通,但它却以此换得了心理平衡。

5. 积极进行应激训练,防患于未然

对于生死攸关或重大事件的应激有两种反应。一种是积极的应对,调动心理与心理潜能,保护自己不受伤害;另一种则是消极的状态,是指应激所造成的高度紧张情绪阻碍正常的认识功能,思维混乱,甚至因机能失调而休克。前者无论是社会性应激还是心理应激,都能摆脱困难,化险为夷。心理学认为,积极的应激状态是可以训练的。平时,我们有意识地对自己或他人,提出一些在新出现情况应该怎么办的问题(尤其是在意外的危险的情况下),培养思维的敏捷性、决策的果断性,在出现突发事件时就能镇定自若;在必要的时候,就能当机立断,转危为安。

6. 适时、合理宣泄

如果不良情绪积蓄过多,得不到适当的宣泄,容易造成身心的紧张状态。这种紧张持续时间过长或强度过高,可能造成心身疾病。因此,我们应该选择合适的时候、合理的方式宣泄自己的情绪。情绪的宣泄可以从"身""心"两个方面着手。"心"方面如在适当的环境下放声大哭或大笑,对亲近和信任的朋友或亲人倾诉衷肠,给自己写信或写日记,电脑爱好者还可以建立自己的博客、闪客、维客等。"身"方面如剧烈的体力劳动,纵情高歌,逛逛街,买点自己喜欢的东西等。还可以出门旅游,从大自然中使自己的情操得到陶冶。

7. 加强营养与锻炼

在应激的状态下,人们要耗费大量的体力与精力,所以营养保健就很重要。注意合理营养,平衡膳食,每天要摄取足够量的维生素,每天要保证7～8小时的睡眠时间,注意养成良好的生活习惯,积极锻炼身体。

在日常生活中,我们还要积极地培养自己良好的个性,提高自身的心理素质,积极参与社会活动,寻求社会支持,以达到缓解心理压力的目的,做到"不管风吹雨打,胜似闲庭信步"。

8. 构建良好的社会支持系统

研究结果提示,良好的社会支持可以有效地缓解心理压力。为了减轻教师的心理压力,构建良好的社会支持系统非常必要。第一,教师在工作之余走出家门,多与同学、同事、朋友、亲属等进行交往、交流,因为人与人心理距离的缩短由人们之间的情感交流来保证。第二,教师应提高人际交往技巧帮助,教师人际关系的和谐不仅与交往频率有关,更与人际交往的质量有关,良好的人际交往技巧能做到"知人、知心",根据他人的特点与需求,把握人际交往的量与度。第三,教师因为工作方式的相对独立性,容易造成人际交往范围狭小、人际协作有限和自我封闭。因此,当教师出现心理压力和紧张情绪时,他们常常感到孤独、无援、痛苦。与人交谈不仅可以使教师内心的消极情绪得到一定程度的宣泄,把积郁在心里的能量及时释放出来,也可以使教师获得朋友、亲属及社会上其他人的理解和支持,从而帮助教师抵御沉重的心理压力,消除紧张情绪。利用情绪对比,情绪对比就是使两种对立的情绪发生冲突,使正面的积极情绪战胜消极的反面情绪。具体做法为当教师感到紧张、压力大时,找来一些极幽默的笑话、相声、漫画、书籍等来听或看,并由衷开怀大笑。人在笑时，心、肺等内脏器官得到了短暂的运动锻炼，一方面增强了有机体的免疫力，另一方面刺激大脑产生出一种叫作儿茶酚胺的激素，这种激素是人体内的一种天然麻醉剂，它的作用就是帮助人们减轻疼痛和不舒服感，消除厌烦、忧郁和紧张的心理状态。

9. 放松情绪，减轻心理压力感

高强度的心理压力一旦产生，必然伴随着情绪上的焦虑和高度紧张，而高度紧张的情绪又使人产生更强的压力感，因此，放松情绪对于缓解压力非常有用。

放松是指身体或精神由紧张状态转向松弛状态的过程。放松主要是消除肌肉的紧张。在所有生理系统中，只有肌肉系统是我们可以直接控制的。当压力事件出现时，沉重负担不断积累；个人的压力增大时，持续数分钟的完全放松，比一小时睡眠的效果还好。身体放松的常用方法有游泳、做操、散步、洗热水澡；精神放松的方法有听音乐、看漫画、静坐、钓鱼等；其他常用方法还有瑜伽、冥想等。

10. 注意睡眠卫生，减少失眠

睡眠是人们生存和保证正常生活所必需的，是消除疲劳的极有效的途径。俄国著名生理学家巴甫洛夫把睡眠称为"神经系统的救星"。近代生理学研究表明，人在睡眠时，脑的血液供应相对增多，脱氧核糖核酸（DNA）的合成加快，神经传导中不可缺少的介质——乙酰胆碱含量显著提高，使脑组织已经消耗的能量得到补充、恢复，从而为第二天大脑兴奋做好准备。另外，睡眠还能使生长激素分泌增加。因此，适时的睡眠对脑的发育、脑功能的恢复、记忆的巩固以及儿童的生长发育都有重要作用。如较长期的睡眠不足会出现头晕、食欲减退、精神萎靡不振、注意力不集中、记忆力下降、情绪淡漠或急躁，从而影响学习和工作。

当我们在生活中遇到压力事件时，无论是急性的或慢性的，如果情绪处于紧张状态，首先受影响的就是睡眠。当承受的压力较大时，常常躺在床上辗转反侧、终不成眠，压力反应一再被激起，生理活动一直停留在相当高的水平，神经系统的兴奋一直没有落在睡眠所需的界限，弄得精疲力竭。有的教师由于过于担心睡不着而形成条件反射，一到睡眠时间就恐惧；上床后思想像脱缰的野马，不能控制；早上起床头昏脑涨，疲乏无力。如果长期睡眠不足易造成严重后果。最直接的表现是注意力不集中，影响工作效率。

睡眠是一种保护性抑制，可以消除疲劳、恢复精力体力。因此，改善睡眠质量可以提高学习工作的效率。失眠会造成慢性的疲劳状态，降低白天的活力，导致工作学习效率不佳。与睡眠充足的人相比，睡眠不足的人明显容易动怒且忧郁不安，而且也易引发精神疾病和其他疾病。

> ➤ **扫章首二维码查看：阅读补充材料：W5－3：关于压力的三种流派**
> **W5－4：工作压力**
> **W5－5：心理疾病**
> **W5－6：关于工作压力源的其他分析**
> **W5－7：睡眠与睡眠卫生**

第三节　教师职业倦怠预防

一、倦怠与职业倦怠

(一) 倦怠

人类所创造的文字里也为其赋予了丰富的含义。汉文字含义丰富,充满着表述上的极大张力。关于倦怠二字,在中国古代有着含义颇丰的应用。孔子说:"诲人不倦。"这是用来规劝育人者在育人时不应生厌烦与推诿之心。此处,孔子所言的"倦"与《易·击辞》中"通其变,使民不倦"同义。《康熙字典》也有关于"倦"的解释:"至于日晨体劳怠倦一张一弛文武之训。"此处,怠倦合用,意为身心疲乏。"怠"字在《辞海》上含义有二:"慢也;惰也。"搜其含义近似十"倦"字,不过更强调一个人慢吞吞做事、软塌塌待人的"温吞水"的不上进状态。

从汉语中"倦""怠"两字的含义,我们或许可以下这样的结论:"倦"字通常指人的身心俱疲的身心状况;而"怠"字则是"倦"所带来的少气乏力的消极后果。简而言之就是:因倦生怠。

英语中的倦怠要好解释的多,它们在解释"burnout"一词时说得也直白得多。《朗文当代英文词典》给出了两种含义:① the time when a rocket or jet has finishedall of its fuel and stops operating;② a state in which you have ruined your health by working too hard. 第一个含义暗喻一个人"油尽芯枯"的时候;第二个含义则说明"过度疲劳"导致"身心疲乏、诸病缠身"的状态。

无论是汉语中的"倦怠"也好,还是英语中的"burnout"也好,都已经为科学的实证研究所证明。他们是一种具有弥散性的情绪状态,可导致一个人放弃努力,放弃行动,接受失败的反应。对这些释义的考察,我们似乎可以看到身处倦怠的人们,因为过度劳作而精疲力竭、面色苍白、四肢乏力、无精打采的样子。这也是我们看到"倦怠"一词时所感受到的总体印象。

(二) 职业倦怠

由于职场中的个体在生活及工作的情绪态度等扑朔迷离的复杂性,1974 年,美国心理学家 Freudenberger,首次将"职业倦怠"一词引入心理学研究领域,并进而推动起其他专家学者在这个领域的广泛研究。职业倦怠一词自诞生以来,许多研究者都在各自的研究中对其定义进行了界定。其中,马斯拉奇从三个维度对"倦怠"进行了界定:

情绪衰竭(emotional exhaustion),指对个体的情绪和情感处于极度疲劳状态,工作热情完全丧失,是倦怠的个体压力维度。

非人性化(depersonlization),指个体以一种消极、否定、麻木不仁的态度来对待自己的同事和服务对象,是倦怠的人际关系维度。非人性化也被称为玩世不恭。

低个人成就感(reduced personal accomplishment),指个体消极评价自己工作的意义与价值,是倦怠的自我评价维度。

根据这三个维度 Maslach 等人编制了测定职业倦怠的问卷来界定职业倦怠者。尤其值得一提的是,我国的倦怠研究者提出了一个"知识枯竭"的维度,界定为"教师不能适应社会的快速变革和知识的急剧更新,难以应付学生的问题,再学习能力差,体验到知识上的枯竭感"。

也有许多心理学家研究表明,职业倦怠一般具有生理耗竭、才智枯竭、情绪衰竭、价值衰落、非人性化和攻击行为六大特征。

总之,职业倦怠是员工无法应对长期过度压力的一种极端形式,是不可调和的压力反应的产物。职业倦怠是一个多维度的存在,它不仅包括个体长期处于工作压力状态下所导致的持续增加的情感冷漠、绝望以及情绪衰竭,也包括对自我和他人不断增加的否定与判断,不断丧失社会适应能力以及解决新问题、寻求新方法的再学习能力。

二、教师职业倦怠

长期的和连续的高强度压力极有可能会导致职业倦怠的发生。因此,作为高压力充斥的教师职业,已经为职业倦怠的发生提供了一个前提条件。尤其在我国的中小学,由于升学率在学校教育中的彰显,教师面临着极高强度的压力。如果再加上教师没有合理的应对策略和措施以及在压力和教师个体之间没有充足的缓冲资源,教师职业倦怠就极有可能发生。在这个意义上,教师群体尤其是中小学教师群体会成为职业倦怠的高发人群。

(一)教师职业倦怠的含义

教师的职业生涯不是一成不变的,而是充满了各种变数的曲折发展过程。在教育教学实践中,教师会不断地经历成功与失败、热情与沮丧、成长与停滞以及自信与怀疑等。从教师职业生涯的视角来看,倦怠就是教师在持续参与教育教学事务时,由于长期的工作压力、紧张心情及较低的成就感,在特定的职业发展阶段出现的情绪低落和身心疲惫的心理状态。

教师职业倦怠是由于缺乏足够的缓冲资源,教师在长期的和连续的过度压力体验下产生的情绪、态度和行为的衰竭状态,是教师不能有效解决教育工作压力的一种反应。其典型症状是工作的满意度低,工作热情和兴趣的丧失、情感的疏离和冷漠以及教育教学手段和方法的"枯竭"。

教师职业倦怠四种心理反应:

首先,情绪衰竭。这个阶段的教师常常表现为疲劳、烦躁、过敏、情绪紧张。

其次,人格丧失。一般通过减少和学生的联系表现出来。教师不愿与学生接触,从行动上、心理上疏远学生,常常对学生发无名火,谩骂以至体罚学生。

再次,成就感降低。教师的职业是教书育人,教师一旦发现他们的职业为他们提供较少的反馈时,就会对工作不满意,不再做出努力,进而在生活方面体现出失败感,容易引发教师离职、旷职及退缩行为。

最后,知识枯竭。在我们国家,中小学教师在职业倦怠方面还存在一个特殊的维度,就是"知识枯竭"维度。它是指教师由于"失去社会适应的能力以及再学习的能力",对在教育过程中出现的新问题而方法枯竭,从而会进一步产生挫败感。

(二)教师职业倦怠的类型

教师职业倦怠的类型主要有以下六种[①]:

无助型。这类教师在高压下表现为放弃努力,以减少对工作的投入来求得心理平衡。他们认为,不管自己工作多么努力,结果都同样令人失望。因而,他们不再相信自己的行为能有助于目标的实现,具有习得性无助的心理。

狂热型。这类教师有着极强的成功信念,能狂热地投入工作,但理想与现实间的极大反差,使他们的这种热情通常难以坚持长久。部分狂热型的教师具有自恋的特点,倦怠发生前,通常对学生不错,但与同事间的关系很差,他们自认为是无私奉献者,而经常指责那些"不愿"全身心奉献的同事。

抱怨型。这类教师往往有较强的能力和较高的成就需要,但是,由于教育工作本身缺乏刺激,心理上难以从工作中获得价值满足,自尊心很容易受到伤害,常感到"怀才不遇",因而怨天尤人,对他人冷嘲热讽,对工作敷衍塞责,并常有离职的意向。

挑战型。这类教师喜欢具有挑战性、新鲜感的工作,却容易"喜新厌旧",不能对一项任务从一而终。他们不怕工作量大,也不怕工作困难,而是对每天和每年面对单调的缺乏激情的工作感到厌倦。

退缩型。这类教师逃避现实,事不关己高高挂起,常做一些与教育或专业无关的事情,并伴有抽烟、酗酒等不良嗜好。这类教师看似逍遥,实则有较大的内心冲突。遇到无法逃避的事情,常不知所措,拖延推诿。

混合型。多数倦怠的教师处于以上几种类型之间,形成混合型。他们对工作的厌倦导致对工作没有激情和创造力,生活也难以体验到快乐。有时候他们感到压力太大、悲观失望、甚至退缩;有时候感到精力充沛,非常想证明自己;有时候对学校和孩子的问题与纠纷,感到没有兴趣。

(三)教师职业倦怠的现状

众多研究发现,教师是职业倦怠的高发人群。近几年,整个国家和教育事业都处在非常特殊的转型期,广大教师承载着来自各方的压力,部分教师出现了"心有余而力不足"或"力有余而心不足"的负性现象,逐渐丧失工作信心和热情,形成职业倦怠症。教师职业倦怠症可以从多角度探研其表征,工作状态主要表现为对自己的职业缺乏热情和激情、成就感低、效率低下,甚至出现厌烦学校或学生,做出过激言行,严重背离师德规范;心理上表现为疲劳、焦虑、烦躁、易怒、过敏、情绪紧张、冲动或懒惰等;生理上的表现是头脑不清爽、失眠(或睡眠质量不高)、白天老想睡觉、全身乏力、四肢胀痛等。

2005年8月27日,中国人民大学公共管理学院与人力资源研究所和新浪网教育频

---

① 伍新春,张军. 教师职业倦怠预防[M]. 北京:中国轻工业出版社,2008:35-36.

道进行的"2005年中国教师职业压力和心理健康调查"。该调查结果显示：超过80%的被调查教师反映压力较大；近30%的被调查教师存在严重的工作倦怠，近90%的教师存在一定的工作倦怠；近40%的被调查教师心理健康状况不佳，20%的被调查教师生理健康状况不佳；超过60%的被调查教师对工作不满意，部分甚至有跳槽的意向①。

对上面的调查进行分析，我们可以得出这样的结论。第一，教师的确是教师职业倦怠的高发人群。第二，很多教师已经处于或即将陷入教师职业倦怠的泥潭。

三、教师职业倦怠原因分析

（一）教师职业的压力

全社会的期望都压在教师身上，教育主管部门和校长为了提高升学率，通过各种各样的形式向教师要质量、要分数；家长望子成龙的心理转变为对教师的企盼，不允许学校和教师有一点差错；班级人数的膨胀、过多的考试与授课数量也增添了教师工作的负荷；教师职业的要求和对社会承担的责任，使教师承受着极大的心理压力。过去当教师再苦再累也算是个"铁饭碗"，随着"末位淘汰制"的试点及其推行，老师深感当年手中的职业安全感已不存在。他们只有在自己的岗位上奋力拼搏、有所作为，才可能称职。因此，在校园里，不少老师事事不松懈，时时争第一。随着素质教育观念的不断深入，各级各类学校间激烈的竞争，升学压力的加重，不仅体现于学科教学，而且渗透到各种各样的活动之中。教师在进行学科教学的同时，要参加各种活动和竞赛的辅导。本人的学历进修和各类的继续教育培训，评职称前的各种要求达标，使教师疲惫不堪。

（二）新型师生关系带来的挑战

现代教育提倡新型民主化的师生关系，可教师在工作中一旦和学生发生冲突，最终的责任往往由教师来承担。从法律、法则上来说，目前在我国还很少有教师对学生具有震慑力的教育方法和手段，而在美国，对于未完成学业的学生，惩罚是写进学生守则的。对于过于调皮捣蛋的学生，教师可用"on the wall"（站墙上，中国一般叫"立壁角"）之类的教育方法。从这个角度上讲，我们教育立法时需要正视并考虑，如何明确学生的公民责任，突出教育方法的选择与使用，以便教师依法而有所作为，从而避免教师被"责任"二字压得缩于手脚。

由于受社会日趋功利取向的影响，师生的感情日渐淡薄，在这种情境下，教师要加倍用心力于教学上，但所获的报偿却又相对地渐少，不仅易使教师心力交瘁，也易导致倦怠感的产生。1979年美国教育协会（NEA）的民意测验发现：接受调查的3/4的教师认为问题学生对他们的教育效率有很大的影响，管教学生的困难已成为教师压力及倦怠的主要因素。特别是随着社会的变迁，学生的问题行为也日益增多，教师必须耗费加倍的时间与精力来处理学生问题。

---

① 可参见，中国与世界经济社会发展数据库皮书数据库，中国教师职业压力和心理健康调查，https://www.pishu.com.cn/skwx_ps/literature/2593655.html。

（三）教师职业的低回报

Freudenberger（1981）在探讨心理倦怠的心理机制时，提出"投入—回报"不对称理论。倦怠定义为一种迫不得已的生存方式调整的结果，即在现实不能吻合所期待的"投入—回报"逻辑时的心理疲劳和挫折状态。Brissie 等人（1998）的研究发现，教师的个人回报感越强，其工作倦怠水平越低。

资源保存理论从需求和资源平衡的角度来解释职业倦怠的机制，人们都有着要留存、保护和建立资源的本能愿望，因此有价值的资源的丧失对人们来讲就是种威胁，个体失去特定的资源，或是无法得到预期的回报时，个人就会倾向于逃避、倦怠、不投入即产生倦怠。面对生活重压的老师，虽然近年来待遇在一定程度上有所提高，但多数生活并不富裕，需要承受一定的经济压力。同时，全社会对教师这一职业的期望值在不断升高，家长因孩子成绩的不理想而责备甚至殴打教师的事还时有发生。因而，教师要耐心地面对种种社会压力。另外，人事制度的改革，末位待岗制，教师资格社会化，学校内的学生和家长评定教师等制度的推行，在一定程度上给教师带来了压力，这也使得"不能得罪学生和家长"成了教师难以逾越的一道坎。

（四）教师角色冲突

教师作为人类灵魂的工程师，许多教师都认为应该在学生、家长甚至社会上保持一个完美的形象，认为这是职业的必然需要，所以凡事要求自己做到尽善尽美，很在乎他人的评价，如果出现差错，内心的自我谴责往往强烈而持久。可是职业的神圣感和实际社会地位间存在着较大反差，这样的反差容易造成教师社会角色和自然角色之间的冲突。教师为了为人师表，常常无意识中压抑和否定自我的正常欲求以满足职业需要。社会大众对教师原本就有过高的期望，而教师往往为了强调其专业性，增强大众的信心，以至于产生对自己不切实际的过高期望，在授教期间内化了与真实世界不相符合的专业角色，如认为"我应该永远是身心健康的，不应该像别人一样有问题""我可以奉献百分之百的时间、精力给学生"等，而跨出教育圈之后，便面临着理想与现实的各种差距。然而，一般教师却很难承认因工作压力所带来的倦怠，即使有可用的社会支持，他们仍旧不敢轻易利用，因为他们认为"自己不该有问题"、倾向于隐藏自己的情绪以维持大众对专业的想象，如此一来，职业带来的无情心理压力就增大了，长期的心理负重和矛盾冲突，极易使这一群体产生心理问题。

（五）教师人格因素

教师个体自身的人格特征对职业倦怠的产生也有直接影响。世上不存在具有绝对完整人格的个体。教师人格特征中往往也存在一定的不良因素，所不同的是个体人格特征有所差异。教师若存有某种不良的人格特征，如怯懦、自卑、孤僻、狭隘等，在面临同样的压力时，该类特征明显的教师往往不能采取适当的策略加以应付，更容易陷入倦怠状态。再比如有 A 型人格特质的个体较易产生倦怠。有 A 型人格特质的人通常表现为成就感强烈、竞争意识浓厚，动作行为急躁、紧迫，言语粗鲁等。心理学研究表明，具有 A 型个体特征的个体，其血液的激素成分比其他个体多得多，同样刺激条件下更容易受环境的影响,产生心理紧张反应。

（六）学校组织结构与气氛

研究显示,缺乏校长的支持是教师产生工作压力和倦怠的重要因素。由于各种原因,教师往往对所处的组织环境不满,抱怨学校领导过于缺乏同情心,官僚主义作风严重,无效能,不了解教师的情况,不关心教师,对教师的评价不够公正。在学校的组织结构方面,一些学校呈现阶层制组织结构状态。在这种状态下,教师的专业角色时常面对挑战,工作过程中教师的自主性降低,工作任务中的行政色彩较浓,很大程度上加重了教师的工作负担,也使得整个学校的组织气氛更趋向于非人性化。另外,由于教师本身的进修渠道非常有限.在相对刻板的科层体制下,教师自身职业发展的阶梯相对减少,久而久之,也会导致教师忙于应对学校的行政任务,进而产生倦怠。

四、教师职业倦怠的影响

教师职业倦怠,主要表现在影响工作、影响认知、影响情绪、影响生活、影响健康等方面。

（一）影响工作

1. 教育教学效果下降

教师的身心与疲劳过度,逐渐对学生失去爱心和耐心,并开始疏远学生,对学生的观察、教育能力就会在无形之中降低,备课不认真甚至不备课,教学活动缺乏创造性,并过多运用权力关系(主要是奖、惩的方式)来影响学生,而不是以动之以情、晓之以理的心理引导方式帮助学生。

对学生和家长的期望降低,认为学生是"孺子不可教也",家长也不懂得如何教育孩子和配合教师,从而放弃努力,不再关心学生的进步。

对教学完全失去热情,甚至开始厌恶、害怕教育工作。随之而来的是教育、教学方法的不灵活或出现失常现象,在工作上变得机械,工作效率低,工作能力下降,最终导致教学质量降低。

教师不能适应社会的快速变革和知识的急剧更新,难以应付学生的问题,而体验到知识上的枯竭感。时常将教学过程中遇到的正常阻力扩大化、严重化,情绪反应过度。如将一个小小的课堂问题看成是严重的冒犯,处理方法简单粗暴,甚至采用体罚等手段。或者有些教师在尝试各种方法失败后,对教学过程中出现的问题置之不理,听之任之。

2. 人际关系紧张

教师因小事而情绪波动,表现失常。在人际关系上变得疏离,退缩,摩擦增多,情绪充满忧郁和攻击性。影响到师生之间、同事之间甚至家人之间的关系,人际关系紧张,人际交往障碍,自身也因此而自责、困惑却又无力自拔。比如,有些教师使用粗暴的体罚,急躁的情绪、行为来对待学生,实则是一种身心疲倦,压力增大后所产生的"危险信号",有时会给学生带来难以弥补的伤害。

（二）影响认知

职业倦怠对教师认知的影响主要表现在自我效能感的下降。自我效能感一词自20世纪80年代以来在心理学中广为使用。它是美国心理学家班杜拉（Albert Bandrua）于1977年首次提出的。人们研究发现，它不仅影响我们的学习、任务选择和内部目标设定，还决定我们将付出多大的努力以及在遇到障碍或不愉快经历时将坚持多久，它还影响我们的思维模式和情感的反应模式，影响着我们的人际交往以及对自我人格的建构。

教师自我效能感的降低，将会产生以下几个不良影响：

1. 掌握信息的技能不足

因倦怠教师面对繁多的信息时，无法调动正常的思维逻辑，常常不能透过现象看本质，不能通过分析、甄别、筛选和归纳出自己所要的信息。

2. 决策能力下降

面对教学情境的各种应激源，教师在做出决策时或瞻前顾后、犹豫不决，害怕承担失误所造成的风险；或不假思索，草率行事，对决策缺乏应有的理智判断和热情。

3. 不适应感无能感进一步弥散

因倦怠导致的决策失误，经常使教师产生苦恼时，又会反作用于教师的自信心，使其无能感更加强烈。

（三）影响情绪

职业倦怠对教师产生的情绪影响主要是消极的方面。主要有以下几种表现：

1. 否认

否认是一种比较原始而简单的心理防卫机制，主要的实施方法是借助扭曲个体在敏感情景下的想法、情感以及感觉来逃避心理上的痛苦，或将不愉快的事件加以否定，当作根本没有发生，以此来获得心理上的暂时安慰。

2. 阿Q精神

一种自骗性心理防卫机制。主要表现为两种情况。

一是酸葡萄机制，即当自己所追求的东西因自己能力不够而无法获得时，就加以贬抑和打击。所谓"吃不到葡萄说葡萄酸"就是一种通过贬抑食物来为自己的行为寻找合理化的说辞。

二是甜柠檬机制，即企图说服自己和别人，自己所做的事情或拥有的已经是最佳的抉择。

酸葡萄和甜柠檬两种机制有时适当运用，能协助我们接受现实。但若过分使用，必然导致"阿Q精神"，阻碍我们追求进步。

3. 责备他人

凡事归咎于外，责任外化，事事归咎客观环境、归咎他人时，就会表现为责备他人，由此自怜、不平、烦恼等。

4. 自我贬损

处事比较内敛,事事反求诸己,对自己比较严苛。遇到暂时的困境或不如意时,第一反应就是自责。

5. 刻板

对任何新建议或新观点不易接受,害怕挑战。

6. 敏感和神经质

面对纷至沓来的各种刺激,为避免与他人接触、与外界接触而暴露自己的弱点而选择逃避,有时常会发无名火,让周围人摸不着头脑。

(四)影响生活

1. 易沾染低俗嗜好

低俗嗜好一旦走进人的生活中会产生生理上或心理上的快感,总希望找到一个能代替工作的追求来填补心理上留下的空白。

2. 酗酒

酗酒会导致心率加快,皮肤升温,神志不清,更严重会酒精中毒。

3. 健忘

健忘又叫暂时性记忆障碍,即大脑的思考能力暂时出现了障碍。

(五)影响健康

1. 影响身体健康

在生理方面,表现出一系列生理耗竭的状态,如精力缺乏,容易疲劳,身体虚弱,对疾病抵抗力减弱,经常感冒或有各种生理上的小毛病,甚至出现偏头痛、紧张性头痛、胃肠不适、失眠等身心疾病。比如,女教师常常出现内分泌紊乱和月经失调。从医学角度讲,主要有:

(1)病理疲劳。特点是持续疲乏,且不易恢复,多数情况下需要借助于药物治疗。

(2)体力疲劳。表现为全身或局部酸、软、痛、疲乏无力和力不从心等。

(3)脑力疲劳。表现为头昏、目眩、头疼、记忆力下降、思维混乱、注意力不集中等。

2. 导致心理障碍和心理疾病

在心理方面,轻则是教师的消极态度和情绪表现明显,重则会因不良心理状态而引起神经衰弱,或因不堪压力而导致精神崩溃。

(1)失败感和低自尊。教师会厌倦目前的工作,觉得工作无法给自己带来成就感,丧失理想,缺乏动机,欠缺热忱,倾向于低自我概念,包括不适应感,无能感,失败感和低自尊等方面,并采取悲观、否定主义态度,愤世嫉俗。

(2)沮丧冷漠。当教学节奏加快时,情绪较紧张,不安、易怒、易燥、动辄会责怪并迁怒于学生。缺乏热情与活力,感到沮丧、无助、无望、失去控制感,容易消沉或敏感易怒、神经质、容忍度低、自我评价降低,对同事不愿理睬,对学生冷漠,经常觉得自己孤立无援。

即使在教学过程中遇到挫折时拒绝领导和其他人的帮助和建议,将他们的关心看作是一种侵犯,或者认为他们的建议和要求是不现实的或幼稚的。

五、预防和消除教师职业倦怠的策略

教师的职业倦怠主要从政府、学校和个人等方面进行预防和消除。

(一)政府与学校在预防和消除教师职业倦怠的作用

1. 发挥政府的宏观调控和政策导向作用,提高教师待遇

教师职业倦怠的产生与其社会经济地位较低、待遇不尽如人意有很大关系。为教师职业创造良好的社会环境是解决教师产生职业倦怠问题的有效途径。如针对教师待遇过低的问题,运用行政调控手段将教师收入和教师地位的提高作为考核地方政府业绩的参考,保证教师待遇逐步合理化,并针对社会对教师的过高期望,积极优化社会舆论,倡导新型职业价值观,确立对教师的合理期待水平,给教师创造一个宽松的舆论环境等。

2. 学校改变其管理机制和模式

学校的管理机制和模式对教师的职业心理具有重要影响。学校要树立良好的校风、学风,在精神面貌和敬业精神上给予教师积极影响,从专业水平和教学技能的提高上促进教师成长。学校要对教师进行定期培训,帮助教师更新教学理论,提高教学技能,正确认识职业生涯中各种挫折,有效控制个人情绪,实践证明,良好的学校氛围能为教师发展提供有力支持,并能激发教师的成就动机,有效预防职业倦怠的发生。学校管理者特别是校长要关心、支持教师工作,真正做到管理为教学服务。

学校还要不断激发教师的工作动机。教师职业倦怠的产生与工作兴趣和动机的丧失有关,因而学校应激发教师内在的工作兴趣和理想抱负,满足教师多方面的需要。如赋予教师参与学校管理的权力,增强教师对学校的责任感,满足其履行不同角色的需要等,让教师担任不同年级的教学工作,拥有更大的自主权,适当增加其工作难度等,往往更能激发其工作积极性,防止职业倦怠产生。

加强组织文化建设。一些研究提出营造良好的学校文化与氛围是避免或缓解教师职业倦怠的重要举措。首先,要实行开放民主的管理,赋予教师更多的专业自主权与更多的自由度,并让教师参与决策。其次,要建立奖罚分明的激励机制。再次,建立团队工作机制,加强教师与社会的交流和沟通,鼓励教师分享彼此的教学经验。从次,重新设计工作,使教师的工作内容更丰富并具有挑战性,或进行工作轮换,以防止教师的倦怠。最后,要将学校的行政管理由管理型向支持型转变,帮助教师建立合理的职业发展目标、认清职业角色,为教师安排自由支配的时间。这可以缓解教师过重的负担,提高教师专业能力,有效降低教师的职业倦怠。

3. 开展心理健康教育,引导教师培养健康人格

(1)培养教师健康的心理,完善自我人格。职业倦怠的产生往往与不健康的心理有关,如自我怀疑、心胸狭窄、自尊心过高(低)、情绪化、敌视他人等。因此,加强对自身心理健康的维护和人格锻炼,是减少心理挫折和职业倦怠感的根本途径。有关专家认为,对教

师心理素质的培养应从师范院校开始,在参加工作后更应经常对教师进行心理健康维护和疏导。

(2)培养教师积极的自我意识。心理学研究证明,自我接受能力强的人将会积极地避免因现实与理想人格之间的差异而造成的内部冲突,并对外部世界持同等接受的态度。反之,则会因为事情不如所愿而动辄感到愤怒、沮丧和失望。因此,教师应走出"完美形象"、无所不能的思维误区,清楚知晓自己的优缺点所在,正视自己的喜怒哀乐,不自我为难和拒绝。培养积极的自我意识,悦纳自己,不过分苛求外部环境,在力所能及的范围内尽自己的努力,在理想和现实中找到最佳结合点。

(3)养成教师积极的应对客观压力策略。如:提高工作效率,避免长时间重复无益的工作;进行自我心理暗示,用积极的情绪替代消极的情绪;做到劳逸结合,加强体育锻炼,如游泳、散步、打球等。教师要随时保持比较旺盛的精力,应对工作和生活的挑战。

(二)教师个人消除教师职业倦怠的策略

1. 建立合理的专业期望

作为教师应了解到自己事业的可能性与其局限性,而不能只是一味强调专业的自主性与为社会培养人才的重大责任,应承认自己也是一个平凡的人会有七情六欲、喜怒哀乐。只有了解自己的优缺点所在,才不会因为自己的现状与预期目标相差太大而产生理想的幻灭,做一个真实的人。许多教师对学生的要求过高,如果学生达不到自己的要求,便会失望。其实学生是成长中的受教育者,自然有缺点。教师要热爱学生,多看其优点,用发展的眼光看学生,这样不但有助于师生关系的改善,也有益于师生的心理健康。

2. 丰富生活,学会放松

自己放松是指身体或精神由紧张状态转向松弛状态的过程,当感到压力不断时,持续数分钟的放松,往往比一小时的睡眠要好。除了日常的游泳、散步、做操、洗热水澡、听音乐,和家人或朋友聊聊天,去美容院换个发型,或给肌肤补充一些水分等松弛方法外,还可以学习放松训练技术来应付压力,这是一种通过机体的主动放松来增强自我控制能力的方法。在一个安静的环境中按一定的要求完成某种特定的动作程序,通过反复的练习学会有意识地控制自身的心理生理活动,可以降低机体唤醒水平,增强适应能力,调节因紧张反应而造成紊乱的心理生理功能。由于这种松弛是持久的、有益的,是由自身努力形成的,所以容易形成对环境的控制感。在一旦出现焦虑性的心理障碍或抑郁性心理障碍时,不妨想办法休假几天,外出旅游,亲近自然。新鲜的空气、悦目的景色、鸟虫的鸣叫,将把心头的阴翳一扫而光。

3. 寻求社会支持

研究表明,当威胁到人们身心健康的事件发生时,缺乏社会支持的人与具有较多社会支持的人相比更可能生病或死亡。任何人都不能完全防止不良情绪的产生,关键在于如何调整自己的不良情绪,不让它随意泛滥和持续时间过长,这样可以防止或减少不良情绪对身体健康造成的损害。所以,当教师受到压力威胁时,不妨与家人亲友或知心朋友一起讨论目前压力的情境,在他们的帮助下确立更现实的目标,以便对压力的情境进行重新地审视,一些消极情感如愤怒、恐惧、挫折等便可以得到某种程度的发泄,这对舒缓压力和紧张的情绪是非常必要的,情况严重的可以进行心理咨询和治疗来争取必要的心理援助。

4. 坚持进行适宜的体育锻炼

体育锻炼可以帮助教师明显地减轻压力和倦怠,一方面因为体育锻炼使身体健壮,精力充沛,应付能力增强;另一方面,用于锻炼的时间减少了笼罩于压力情境的时间,某些锻炼如散步,慢跑等也能提供难得的"空闲"机会,可以对问题加以反思,寻找解决问题的策略。体育锻炼要有规律和持之以恒,以适量和娱乐性为原则。过量或竞争性强的运动不但不会减轻压力,其本身也是压力的潜在来源。最简单的锻炼方法是利用课间十分钟进行锻炼。教师讲课,站立时间较长,利用课间休息十分钟积极地进行锻炼,不仅能有效地消除站立后的疲劳感,而且可以达到强身健体的目的。

5. 自我暗示

学生的纪律问题是造成教师倦怠的重要因素。因此,教师应加强处理学生问题的能力,让教学得以在安静,有纪律的情境下进行,从而提高学生成绩,减少教师的挫折感,增强教师的自我效能感。当学生和你顶嘴,或因学校某些不公平的事让你愤愤不平时,当你遇上不遂人愿和力所不及的事时,你要多想想别人的好处,像旁观者一样告诉自己,人生旅途经常会出现一些坎坷,挫折和大大小小的不顺利,没有挫折就失去了奋斗。你为一件烦恼的事情痛苦得难以自拔时,不妨对自己大喊一声:生命太短暂了,金钱、名利是身外之物,一切都是过眼烟云,还有多少事情等着我去做……便会豁然猛醒,悟透人生。另外,社会、学校在对教师提出要求的同时,有必要对教师的要求与对他们的理解和关怀结合起来,为教师排忧解难,创设宽松和谐的工作环境。学校应该把教师作为关怀的主体予以高度关注,而不仅仅是作为为了学生发展而存在的客体。只有使教师每天保持旺盛的精力,愉快的心情和良好的精神风貌,每一个孩子的健康成长才有保障和可能。

6. 加强课堂管理的能力

作为一种专门的职业,教师劳动本身要求从业者除了要有深厚的专业知识背景,还必须具备一定的协调管理能力。在教育实践过程中,教师一方面要不断提高自身的专业水平,同时还必须不断加强组织管理能力的培养。如上所述,学生的纪律问题不单单直接影响教学效果,还是造成教师倦怠的一个重要因素。因此,教师应加强处理学生问题的能力,让教学得以在有规则、有秩序的情境之下进行,一方面可提高学生的成就感,实现教学上的正向反馈,另一方面可减少教师的挫折感,增强教师的自我效能感。

7. 提升教师的职业幸福感和工作绩效

心理资本[①]是教师的心理资源,是个体在发展过程中形成的积极心理状态,它超越了人力资本和社会资本,能够通过有针对性的训练而使个体获得成长和发展,提升教师的职业幸福感和工作绩效。

① 沈继亮,陈英和.中国教育心理测评手册[M].北京:高等教育出版社,2014:506-513.

Luthans 等(2007)强调,心理资本需要符合积极组织行为标准:积极的构想概念;具备理论基础;相对固定;具有开发性;可测量性;与工作绩效有关;和其他积极结果相关。根据标准,他们认为心理资本由自信或自我效能、希望、乐观和坚忍四种积极心理状态构成。

中国本土心理资本是包含事务型心理资本与人际型心理资本的双因素构成(柯江林等,2009)。本土心理资本中的"本土"二字特指中国文化,与西方文化相对。其中事务型心理资本与西方心理资本的概念基本一致,人际型心理资本则体现为"关系本位"的本土心理要素。

吴伟炯等(2012,2013)在借鉴前人的基础上,基于中国文化背景,提出了心理资本由两个维度(事务型心理资本与人际型心理资本)八个因素(希望、乐观、坚忍、自谦、感恩、利他、情商/情绪智力和自信/自我效能)构成。

一方面,心理资本是管理与调整其他心理资源以获得令人满意结果的关键性基础资源;另一方面,心理资本各组成成分以协同的方式发挥作用。作为一种综合的积极心理资源,心理资本具有投资和收益特性,可以通过特定方式进行训练与开发,将个体潜力挖掘出来。从组织层面看,心理资本能够帮助企业获得竞争优势;从个体层面看,心理资本是促进个体幸福感与绩效提升的重要因素。

➢ 扫章首二维码查看:**阅读补充材料W5‒8:中小学教师心理资本量表**
W5‒9:职业倦怠
W5‒10:健忘症的自我诊断
W5‒11:课间十分钟进行锻炼

👉 思考与拓展

1. 如何理解健康?
2. 影响教师心理健康的因素有哪些?如何提高教师的心理健康水平?
3. 如何理解压力?在工作压力下,教师会有哪些非理性反应?应对的策略又有哪些?
4. 如何理解职业倦怠?教师的职业倦怠会带来哪些不良影响?如何预防与消除呢?
5. 请用所学知识分析:(1)赵朴初先生的《金缕曲·献给人民教师》;(2)陶行知先生的《四块糖果的故事》。

案例1

金缕曲·献给人民教师
赵朴初

不用天边觅。论英雄,教师队里,眼前便是。历尽艰难曾不悔、只是许身孺子。堪回首十年往事。无怨无尤吞折齿、捧丹心默向红旗祭。忠与爱,无伦比。

幼苗茁壮园丁喜。几人知,平时辛苦,晚眠早起。燥湿寒温荣与悴、都在心头眼底。

费尽了千方百计。他日良材承大厦,赖今朝血汗番番滴。光和热,无穷际。

案例 2

四块糖果的故事

陶行知先生在做育才小学校长时,一天,在校园里看到一名男生正想用砖头砸另一个同学。陶行知及时制止同时令这个学生放学后去自己的办公室。

在外了解情况后他回到办公室,发现那名男生正在等他,便掏出第一颗糖递给他:"这是奖励你的,因为你很准时,比我先到了。"接着又掏出第二颗糖:"这也是奖励你的,我不让你打人,你立刻就住手,说明你很尊重我。"该男生将信将疑地接过糖。

陶行知又掏出第三颗:"据了解,你打同学是因为他欺负女生,说明你有正义感。"

这时那名男生已经泣不成声了:"校长,我错了。不管怎么说,我用砖头打人是不对的。"

陶校长这时掏出第四颗糖:"你已经认错,我们的谈话也结束了。"

所以,教育学生或者孩子时不应用训斥、苛责、打骂等伤人自尊的方式,而应平心静气,换位思考,旁敲侧击,对比设喻,导化对方心理。很多时候,微笑比严酷更有力量,赏识比批评更具激励作用。

第六章

中小学师德师风建设与评价

扫码查看
拓展资源

内容概要

新时代中小学师德师风建设要以《关于加强和改进新时代师德师风建设的意见》提出的指导思想、基本原则、总体目标、基本路径与方法等为指导。师德师风评价的原则主要有方向性原则、客观性原则、科学性原则、教育性原则、民主性原则、底线原则、公平公正原则等,评价方法主要有内部评价、外部评价、相对评价、绝对评价、个体内差异评价、诊断性评价、形成性评价、终结性评价、量化评价和质性评价等,评价程序一般包括健全组织、制定评价方案、利用多种手段展开评价、总结与反馈等。

第一节　中小学师德师风建设

一、师德师风建设的意义

师德师风是一个古老又常新的话题。从战国时期的《礼记·文王世子》中记载的"师也者,教之以事而喻诸德也",到汉朝董仲舒提出的"善也者,既美其道,又慎其行",再到陶行知先生的名句"学高为师,身正为范",教师一直都被视为社会道德的模范和表率。国家对教育事业越来越重视,对教师职业素质也提出了更高的要求。师德是教师的灵魂,是恪守师道尊严的核心,是人才培养的关键。师德师风建设是学校实现社会主义核心价值观的基础工程和重要载体,同时也是学校社会主义核心价值观建设的核心内容,更是一所学校社会美誉度的重要评价指标。加强师德师风建设有助于提升教师的思想素质,强化师德灵魂,锻造教师崇高的道德品质和人格情操,塑造师者形象,形成良好师风,提升教师魅力,夯实学识基础,实现观念认同,并将观念外化于行动。

(一) 师德师风建设有利于"立德树人"任务的实现

新时代,习总书记多次强调立德树人是教育的根本任务。党的十八大报告指出:"全面贯彻党的教育方针,坚持教育为社会主义现代化建设服务、为人民服务,把立德树人作为教育的根本任务,培养德智体美全面发展的社会主义建设者和接班人。"①十八大以后,习总书记多次走进大中小学,在与师生座谈时深入阐述了立德树人的重要性。2013 年习总书记在山东考察时指出,国无德不兴,人无德不立。② 2013 年 10 月 7 日习近平总书记在给中央民族大学附属中学学生的回信中要求学校承担好立德树人、教书育人的神圣职责,着力培养造就中国特色社会主义事业合格建设者和接班人。③ 2016 年教师节前夕,习近平总书记在与北京八一学校师生座谈时强调,基础教育是立德树人的事业,要旗帜鲜明加强思想政治教育、品德教育、加强社会主义核心价值观教育,引导学生自立自强。④习近平总书记在党的十九大报告中指出:"要全面贯彻党的教育方针,落实立德树人根本任务,发展素质教育,推进教育公平,培养德智体美全面发展发展的社会主义建设者和接班人。"⑤习近平总书记在全国教育大会上强调,要坚持把立德树人作为根本任务,并语重心长地指出,要深化教育体制改革,健全立德树人落实机制。⑥

　　如今我们党继续继承和发扬中华民族崇德的传统,坚持把立德树人作为根本任务。如何完成"立德树人"这一根本任务,良好的师德师风必不可少,德国教育家第斯多惠曾说:"为了给学生道德上的影响,教师本人必须是有高尚道德的人。"习近平总书记在同北京师范大学师生代表座谈时也强调:"老师是学生道德修养的镜子。好老师应该取法乎上、见贤思齐,不断提高道德修养,提升人格品质,并把正确的道德观传授给学生。"⑦唯有如此,学生才能"千学万学,学做真人"。2019 年 3 月 18 日,习近平总书记在主持召开学校思想政治理论课座谈时指出:"亲其师,才能信其道。要有堂堂正正的人格,用高尚的人格感染学生、赢得学生,用真理的力量感召学生,以深厚的理论功底赢得学生,自觉做为学为人的表率,做让学生喜爱的人。"⑧要赢得学生的尊敬,好教师必须以才育才,切实提升学生的自学能力,把学生培养成德才兼备、全面发展的人才,由此可见良好的师德师风才是"立德树人"的前提。

(二)师德师风建设是教师队伍建设的重要内容

　　2013 年 9 月 9 日,习近平总书记面向广大教师致慰问信,其中明确指出:"教师是立

　　① 胡锦涛. 坚定不移沿着中国特色社会主义道路前进　为全面建成小康社会而努力奋斗——在中国共产党第十八次全国代表大会上的报告[N]. 人民日报,2020 - 11 - 18.

　　② 习近平. 习近平在山东考察时强调　认真贯彻党的十八届三中全会精神　汇聚起全面深化改革的强大正能量[N]. 人民日报,2013 - 11 - 29.

　　③ 习近平. 习总书记给中央民族大学附属中学全校学生的回信[N]. 人民日报,2013 - 10 - 7.

　　④ 习近平. 习近平在北京八一学校考查时强调　全面贯彻落实党的教育方针　努力把我们的基础教育越办越好[N]. 人民日报,2016 - 9 - 10.

　　⑤ 习近平. 决胜全面建成小康社会　夺取新时代中国特色社会主义伟大胜利——在中国共产党第十九次全国代表大会上的报告[N]. 人民日报,2017 - 10 - 28.

　　⑥ 习近平. 习近平在全国教育大会上强调　坚持中国特色社会主义教育发展道路　培养德智体美全面发展的社会主义建设者和接班人[N]. 人民日报,2018 - 9 - 11.

　　⑦ 习近平. 习近平做党和人民满意的好教师———同北京师范大学师生代表座谈时的讲话[N]. 人民日报,2014 - 9 - 10.

　　⑧ 习近平. 用新时代中国特色社会主义思想铸魂育人贯彻党的教育方针落实立德树人根本任务[N]. 人民日报,2019 - 3 - 19.

教之本,兴教之源,承担着让每个孩子健康成长、办好人民满意教育的重任。"①2014 年 9 月 9 日,习近平总书记在考察北京师范大学,并慰问师生,希望广大教师要:"有理想信念、有道德情操、有扎实学识、有仁爱之心",勉励广大教师做"四有好老师"。② 2015 年 9 月 9 日,习近平总书记给"国培计划(2014)"北师大贵州研修班参训教师回信,希望广大教师要做"教育改革的奋进者、教育扶贫的先行者、学生成长的引导者"。③ 2016 年 9 月 9 日,习近平总书记来到北京八一学校看望慰问师生,并对教师提出要求,希望"广大教师做学生锤炼品格的引路人,做学生学习知识的引路人,做学生创新思维的引路人,做学生奉献祖国的引路人"。④ 2017 年 5 月,习近平总书记对黄大年同志先进事迹做出重要指示,要求学习黄大年同志的爱国情怀和敬业精神。⑤ 2018 年 9 月 10 日,习近平总书记出席全国教育大会,并强调指出,建设社会主义现代化强国对教师队伍建设的风尚,努力提高教师政治地位、社会地位、职业地位,让广大教师享有应有的社会声望。⑥ 2019 年 9 月 10 日,习近平总书记在人民大会堂亲切会见教师和教育工作者代表,充分肯定广大教师和教育工作者的敬业精神和卓越成就。⑦ 这充分显示了国家对教师队伍质量的重视。

进入新时代,习总书记指出今天的学生就是未来实现中华民族伟大复兴中国梦的主力军,广大教师就是打造这支中华民族梦之队的筑梦人。新时代教师教育体系的建设,要着力抓住师德师风建设这一关键问题,深化教师培养模式的改革。新时代需要的是一支师德高尚、专业化、创新型的教师队伍。但高水平的教师队伍并不意味着教师普遍要具有顶尖学历,优异成绩,高尚的师德师风也是教师必备的"硬件"条件之一,学问精深的教师不一定受到学生的喜爱,但学问精深且师德高尚的教师,一定能赢得学生发自内心的尊重和敬佩。无德则师不立,良好的师德师风也是教师得以合理有效开展工作和参与活动的前提。

2018 年 1 月 20 日中共中央国务院印发《关于全面深化新时代教师队伍建设改革的意见》中强调要突出师德,把提高教师思想政治素质和职业道德水平摆在首要位置,把社会主义核心价值观贯穿教书育人全过程,突出全员全方位全过程师德养成,推动教师成为先进思想文化的传播者、党执政的坚定支持者、学生健康成长的指导者。2018 年 5 月 2

---

① 习近平. 习近平向广大教师致慰问信[N]. 人民日报,2013 - 9 - 10.

② 习近平. 做党和人民满意的好老师——同北京师范大学师生代表座谈时的讲话[N]. 人民日报,2014 - 9 - 10.

③ 习近平. 习近平总书记给"国培计划(2014)"北师大贵州研修班参训教师的回信[N]. 人民日报,2015 - 9 - 10.

④ 新华网. 习近平回到母校看望师生 祝贺教师节[EB/OL]. http://www. xin-huanet. com/politics/2016 - 09/09c_1119541878. htm.

⑤ 人民网. 习近平对黄大年同志先进事迹作出重要指示[EB/OL]. (2017 - 05 - 25)[2020 - 10 - 26]. http://cpc. people. com. cn/nl/2017/0525/c64094 - 29300355. html.

⑥ 人民网. 习近平在全国教育大会上发表重要讲话[EB/OL]. (2018 - 09 - 10)[2020 - 10 - 26]. http://politcs. people. com. cn/nl/2018/0910/c1024 - 30283642. html.

⑦ 新华网. 习近平会见全国教育系统先进集体和先进个人代表[EB/OL]. (2019 - 09 - 10)[2020 - 10 - 26]. http:www. xinhuanet. com/politics/leaders/2019 - 09/10/c_1124983936. htm.

日,习主席在北京大学师生座谈会上指出"评价教师队伍素质的第一标准应该是师德师风"[①];2018 年 9 月 10 日,全国教育大会上强调"将教师队伍建设工作作为基础工作";2019 年 3 月 19 日,思想政治理论课座谈会上强调教师要有堂堂正正的人格,用高尚的人格感染学生。此外,2018 年 11 月 14 日,教育部印发了教师职业行为十项准则和师德师风失范行为处理意见;2018 年 12 月 14 日,召开了全国师德师风视频工作会议;2019 年 11 月 15 日,教育部等七部门印发了《关于加强和改进新时代师德师风建设的意见》,对新时代我国师德师风建设工作展开全面指导和部署。2020 年 9 月 7 日全国教师发展大会上,陈宝生指出经过多年的努力,我国教师队伍基础地位更加坚实、履行使命更显担当、制度举措更加完善,已具备向高质量发展的良好条件和坚实基础。教育系统要以高质量发展为主线,全面深化教师队伍建设改革,破除教师发展方面的深层次体制机制障碍,开启全面建设高素质专业化创新型教师队伍的新征程。各项关于师德师风制度的出台,各地师德师风建设基地的成立,以及各项师德师风违规行为的曝光,充分显示了师德师风对于教师队伍建设的重要性。

(三)师德师风建设是新时代社会对学校的期盼

当今世界正处于大发展大变革大调整之中,新一轮科技和工业革命正在孕育,新的增长动能不断积聚。中国特色社会主义进入了新时代,开启了全面建设社会主义现代化国家的新征程。我国社会主义矛盾已经转变为人民日益增长的美好生活需要和不平衡不充分的发展之间的矛盾,人民对公平而有质量的教育的向往更加迫切,同时对中小学师德师风建设也愈加关注。

近年来,师德师风建设取得了良好成效,但也存在一些短板,师德师风问题仍不同程度地存在。如 2019 年教育部公开曝光了 18 起违反教师职业行为十项准则的典型案例,学术不端、违规收礼、有偿补课、不正当师生关系等问题频现,这些违反师德甚或社会公德的事件虽是个案,远不能代表教师队伍的主流,但这样不仅给受害学生身心健康带来了严重伤害,对治学科研环境造成了极大破坏,也对教师队伍形象造成了严重的负面影响,还在一定程度上引发了公众对教师群体素质的忧虑。

继实施新时代高校、中小学、幼儿园教师职业行为十项准则及配套的违规处理意见或办法后,2019 年教育部同中组部、中宣部等印发《关于加强和改进新时代师德师风建设的意见》,与"十项准则"共同构建起国家层面关于新时代师德师风建设的制度体系。

2020 年教育部持续关注师德师风建设问题,如 2020 年 12 月 7 日,教育部对 8 起违反教师职业行为十项准则典型问题进行公开曝光,内容主要包括性骚扰学生、有偿补课、带领学生应援娱乐明星、使用低俗不雅方式授课、体罚学生、有偿补课并指使家属殴打学生家长等问题,针对群众反映强烈的突出问题,教育部持续加大查处和通报力度,深化巩固师德师风治理成果。各地各校对师德违规问题主动出击、及时处置、坚决执行师德师风铁律,把严管与厚爱的原则体现在师德师风建设与管理中,把"害群之马"及时清出教师队

---

① 习近平. 在北京大学师生座谈会上的讲话[N]. 人民日报,2018 - 5 - 3.

伍,努力营造教育领域良好生态。如此一来从教育部到地方和学校,全方位立体式网格化的师德监管体系已然建立,良好的师德师风建设是新时代大家共有的夙愿。

二、新时代师德师风建设的总体要求

百年大计,教育为本;教育大计,教师为本。为深入贯彻落实党的十九大精神,造就党和人民满意的高素质专业化创新性教师队伍,落实立德树人根本任务,培养德智体美全面发展的社会主义建设者和接班人,全面提升国民素质和人力资源质量,加快教育现代化,建设教育强国,办好人民满意的教育,中共中央国务院提出全面深化新时代教师队伍建设改革的意见。为深入推进实施《中共中央国务院关于全面深化新时代教师队伍改革的意见》,全面提升教师思想政治素质和职业道德水平,教育部等七部门印发了《关于加强和改进新时代师德师风建设的意见》,①该文件是新时代中小学师德师风建设的指导性文件,明确了新时代师德师风建设的指导思想、基本原则、总体目标的总体要求。

(一) 指导思想

以习近平新时代中国特色社会主义思想为指导,深入学习贯彻习近平总书记关于教育的重要论述和全国教育大会精神,把立德树人的成效作为检验学校一切工作的根本标准,把师德师风作为评价教师队伍素质的第一标准,将社会主义核心价值观贯穿于师德师风建设全过程,严格制度规定,强化日常教育监督,加大教师权益保护力度,倡导全社会尊师重教,激励广大教师努力成为"四有"好老师,着力培养德智体美劳全面发展的社会主义建设者和接班人。

(二) 基本原则

新时代中小学师德师风建设应坚持以下基本原则。

第一,坚持正确方向。加强党对教育工作的全面领导,坚持社会主义办学方向,确保教师在立德树人根本任务中的主体作用得到全面发挥。

我国是中国共产党领导的社会主义国家,这就决定了我们的教育必须把培养社会主义建设者和接班人作为根本任务,培养一代又一代拥护中国共产党领导和我国社会主义制度、立志为中国特色社会主义奋斗终生的有用人才。② 这就要求教师时刻要用习近平新时代中国特色社会主义思想武装头脑,全面贯彻党的教育方针,紧扣培养什么样的人这个根本问题,推进理论学习的系统化、经常化、深入化,领会其精神实质,努力做到学以致用,与此同时也要坚定马克思主义立场观点与方法,认清中国和世界发展大势,增进对中国特色社会主义的政治认同、思想认同、理论认同;坚持价值导向,自觉践行社会主义核心价值观,并将其融入教育教学的全过程,充分发挥文化涵养师德的功能,也要了解当今的

① 可参见,中华人民共和国教育部政府门户网站,教育部等七部门印发《关于加强和改进新时代师德师风建设的意见》的通知,http://www.moe.gov.cn/srcsite/A10/s7002/201912/t20191213_411946.html。
② 习近平.习近平在全国教育大会上强调 坚持中国特色社会主义教育发展道路 培养德智体美劳全面发展的社会主义建设者和接班人[N].人民日报,2018-9-11.

世情、党情、国情、社情、民情，强化教育强国、教育为民的责任担当，把培养德智体美劳全面发展的社会主义建设者和接班人作为根本任务，把"四个服务"作为根本要求，"坚持以人民为中心发展教育"作为根本宗旨，确保"立德树人"根本任务的实现。

第二，坚持尊重规律。遵循教育规律、教师成长发展规律和师德师风建设规律，注重高位引领与底线要求相结合、严管与厚爱并重，不断激发教师内生动力。

师德师风是评价教师队伍的第一标准，把这个"第一标准"落实在师德师风建设的各项工作中，把握"教师队伍中师德师风总体是好的"这样一个基本事实，着力通过日常的教育引导、课堂育德、典型树德、规则立德，探索教师能够接受的，更易转化成行动自觉的有效方式，出实招、讲实效，进而使广大教师保存本色，追求高尚。也要正视仍有极个别教师顶风违纪的事实，通过严格的监督，考核、惩处等方式，将害群之马清出教师队伍。

第三，坚持聚焦重点。围绕重点内容，针对突出问题，强化各地各部门的领导责任，压实学校主体责任，引导家庭、社会协同配合，推进师德师风建设工作的制度化、常态化。

各地各校要把加强师德师风建设、弘扬尊师重教传统作为教师队伍建设的首要任务，夯实学校主体责任、压实学校主要负责人（第一责任人）责任。各个学校要强化教师质量建设，明确将教师思想政治和师德师风作为其主要职责，建立健全责任落实机制，坚持失责必问、问责必严。各地财政部门也要坚持将教师队伍建设作为教育重点予以优先保障，按规定统筹现有资金渠道支持师德师风建设。依托现有资源，建设一批师德师风建设基地，加强工作支撑，提高师德师风建设工作的科学性、时效性。

第四，坚持继承创新。传承中华优秀师道传统，全面总结改革开放特别是党的十八大以来师德师风建设经验，适应新时代变化，加强创新，推动师德师风建设工作不断深化。

在新的历史时期，国家对教师的师德师风日益重视。师德师风的建设不仅具有道德的导向性，而且具有影响的深远性，能借助学生和家长的力量，辐射到社会的进步与发展。[①] 纵观改革开放以来师德师风政策变迁的历程、规律以及特征，新时期应该关注师德边界、师德管理、师德建设渠道以及师德激励等方面的问题，加快师德建设的脚步，如注重师德考核，并建立师德考核机制；重视师德管理，运用法治思维进行约束；拓宽师德建设渠道，利用道德舆论的影响力；注重师德激励，激发教师师德内生动力。

（三）总体目标

在《关于加强和改进师德师风建设意见》中指出，总体目标是，经过 5 年基本建立起完备的师德师风制度体系和有效的师德师风建设长效机制。

第一，教师思想政治素质和职业道德水平全面提升，教师敬业立学、崇德尚美呈现新风貌。

第二，教师权益保障体系基本建立，教师安心、热心、舒心、静心从教的良好环境基本形成，师道尊严进一步提振。

第三，全社会对教师职业认同度加深，教师政治地位、社会地位、职业地位显著提高，

---

① 赵培举.加强师德师风建设　培养高素质教师队伍[J].中国高等教育，2013（Z2）：66－68.

尊师重教蔚然成风。

三、基本路径与方法

在新的历史时期,国家对教师的师德师风也日益重视。师德师风的建设不仅具有道德的导向性,而且具有影响的深远性,能借助学生和家长的力量,辐射到社会的进步和发展。① 如何提高教师的师德师风,实现教师道德的"知行合一",进而提高师德修养及综合素质,最终实现可持续的教师专业发展,就需要有其基本的师德师风建设路径与方法。师德师风建设的路径与方法主要依据《关于加强和改进新时代师德师风建设的意见》,主要内容如下:

(一)加强教师思想政治工作

1. 坚持思想铸魂,用习近平新时代中国特色社会主义思想武装教师头脑

健全教师理论学习制度,开展习近平新时代中国特色社会主义思想系统化、常态化学习,重点加强习近平总书记关于教育的重要论述的学习,使广大教师学懂弄通、入脑入心,自觉用"四个意识"导航,用"四个自信"强基,用"两个维护"铸魂。引导教师树立正确的历史观、民族观、国家观、文化观,坚定中国特色社会主义道路自信、理论自信、制度自信、文化自信。引导教师准确理解和把握社会主义核心价值观的深刻内涵,增强价值判断、选择、塑造能力,带头践行社会主义核心价值观。引导广大教师充分认识中国教育辉煌成就,扎根中国大地,办好中国教育。

2. 坚持价值导向,引导教师带头践行社会主义核心价值观

将社会主义核心价值观融入教育教学全过程,体现到学校管理及校园文化建设各环节,进一步凝聚师生员工思想共识,使之成为共同价值追求。要弘扬中华优秀传统文化、革命文化和社会主义先进文化,培育科技创新文化,充分发挥文化涵养师德师风的功能。一直以来,文化是一种精神、一种信念、一种力量,是民族的血脉,更是人民的精神家园。习总书记在十八届中央政治局第十三次集体学习时指出,深入挖掘和阐发中华优秀传统文化讲仁爱、重民本、守诚信、崇正义、尚和合、求大同的时代价值,使中华优秀传统文化成为涵养社会主义核心价值观的重要源泉。② 身教重于言传,要引导广大教师开展社会实践,在社会实践中厚植教育情怀。

3. 坚持党建引领,充分发挥教师党支部和党员教师作用

有效的组织建设是高效执行力的组织保障,为了保障师德师风的有效开展,应建立完善的组织机构,如建立教师党支部,使教师党支部成为涵养师德师风的重要平台;建好党员教师队伍,使党员教师成为践行高尚师德的中坚力量;重视在高层次人才和优秀青年教师中发展党员工作,完善学校领导干部联系教师入党积极分子等制度;开展"三会一课",

---

① 赵培举.加强师德师风建设 培养高素质教师队伍[J].中国高等教育,2013(Z2):66-68.
② 习近平.习近平在中共中央政治局第十三次集体学习时强调 把培育和弘扬社会主义核心价值观作为凝魂聚气强基固本的基础工程[N].人民日报,2014-2-26.

通过集中学习、定期开展主题党日活动、经常开展谈心谈话、组织党员教师和非党员结对联系等,充分发挥教师党支部的战斗堡垒作用和党员教师的先锋模范作用,充分发挥党员教师的典型示范作用,用党风涵养引领师德师风。如北京市制定了《关于加强北京市中小学校党的建设工作的意见》①将师德师风建设纳入全面从严治党、依法治教和教师队伍建设全局工作之中,同部署、同安排、同落实。

(二)提升教师职业道德素养

1. 突出课堂育德,在教育教学中提升师德素养

充分发挥课堂主渠道作用,引导广大教师守好讲台主阵地,将立德树人放在首要位置,融入渗透到教育教学的全过程。以心育心、以德育德,以人格育人格。把握学生身心发展规律,实现全员全过程全方位育人,增强育人的主动性、针对性、时效性,避免重教书轻育人倾向。对于新入职的教师,以及青年教师,要发挥传帮带作用,通过以老带新,使其尽快熟悉教育规律、掌握教育方法,在育人实践中锤炼高尚道德情操。

2. 突出典型育德,持续开展优秀教师选树宣传

一个有希望的民族不能没有英雄,一个有前途的国家不能没有先锋。习总书记指出:"榜样的力量是无穷的。"因此要大力宣传新时代广大教师阳光美丽、爱岗敬业、甘于奉献、改革创新的新形象。挖掘优秀教师典型,综合运用授予荣誉、事迹报告、媒体宣传、创作文艺作品等手段,发挥典型引领示范和辐射带动作用。如"时代楷模"张桂梅,全国育人楷模钟南山、张伯礼,人民教育家于漪,全国优秀教师黄大年、张玉滚等一批又一批的好老师用自己的行动向我们展示了为人师者大写的模样,值得每一位教师好好借鉴,深入学习。也鼓励各地各校采取实践反思、情景教学等形式,把一线优秀教师请进课堂,用真人真事诠释师德内涵,注重发现和宣传基层学校一线教师中的先进代表和典型,通过各种宣传方式,用身边的人感动身边的人,真正让教书育人典型"立"起来,"亮"起来,"学"起来。

3. 突出规则立德,强化教师的法治和纪律教育

认真学习《中华人民共和国教师法》《新时代中小学教师职业行为十项准则》《关于加强和改进新时代 师德师风建设意见》《关于全面深化新时代教师队伍的意见》《深入新时代教育评价改革总体方案》《开启全面建设高素质专业化创新型教师队伍》以及全国教师发展大会等文件,积极参与师德师风建设专题研修班,进而提高教师本身的法治素养、规则意识、提升依法执教、规范执教的能力。引导教师坚守底线,不越"红线",同时以教育部对违反教师职业行为十项准则典型问题进行公开曝光为警示,时刻自重、自省、自警、自励、坚守师德底线。

(三)加强教师管理

1. 严格招聘引进,把好教师队伍入口

学校在招聘教师时要坚持德才兼备的原则。有德无才、有才无德都不是合格的老师。

---

① 可参见,中华人民共和国教育部政府门户网站,北京市大力加强师德师风建设,http://www.moe.gov.cn/jyb_xwfb/s6192/s222/moe_1732/201912/t20191216_412287.html。

但是,教师的实际选聘工作中,教师的才能、学识相对容易考察,而应聘者的思想政治状况、道德表现等,因为具有隐蔽性的特点,不容易被发现和判断。因此,一方面要严格教师资格准入标准,建立健全教师资格培训体系,把好教师资格证第一关;另一方面,在教师选聘方面,一定要严格把关。学校在招聘教师时,不仅仅是看重在校的学业成绩,是否担任学生干部等项目,也可以提出一些情景性的问题,判断招聘对象的心理道德水平,使招聘工作更加规范化、科学化。在招聘后的试用期间,正是师德水平的重要体现,也应当是学校考察的重点,这就要充分发挥学校在选人、用人机制上的自主权。对存在师德问题的教师,坚决清出教师队伍,保证教师队伍的纯洁性与严肃性。同时,必须畅通教师出口关,健全教师淘汰机制,可以借鉴西方发达国家,制定系统的、完备的法律章程,对解聘标准、权利主体、程序等做出明确规定,使教师"能进能出"。①

2. 严格考核评价,落实师德第一标准

科学的师德考核评价制度对教师具有约束和引领作用,能有效地规范教师的道德品行。② 将师德考核摆在教师考核的首要位置,坚持主体多元评价,以事实为依据,定性与定量相结合,提高评价的科学性和时效性,全面客观评价教师的师德表现。发挥师德考核对教师行为的约束和提醒作用,及时将考核发现的问题向教师反馈,并采取针对性措施帮助教师提高认识、加强整改,强化师德考核结果的运用,师德考核不合格者年度考核应该定位不合格,并取消在教师职称评聘、推优评先、表彰奖励、科研和人才项目申请等方面的资格。另外要推动地方中小学落实新时代教师职业行为准则等文件规范,制定具体详细的教师职业行为负面清单(如案例 6-1 天津市出台的中小学师德考核负面清单)。在制定负面清单时,要指明其适用对象、标准、处理办法、考核、评价等。一经查实,要依规依纪给予处理或处分,严重的依法撤销教师资格,清出教师队伍。并建立师德曝光平台,健全师德通规通报制度,起到警示震慑作用。这种正负面清单协同作用,可以更好地使教师规范自己的言行,提高道德修养。

案例 6-1

天津市中小学教师师德考核负面清单③

1. 不得在教育教学活动中及其他场合有违背国家法律法规、损害党中央权威、违背党的路线方针政策的言行。

2. 不得利用宗教进行妨碍国家教育制度的活动、宣传封建迷信和歪理邪说、参与邪教、组织或者参加旨在损害国家利益的集会、游行、示威等活动、组织或者参加非法组织。

---

① 张彩云. 我国中小学不合格教师退出机制研究[J]. 教育科学研究,2017.03:93.
② 金昕,王彤彤. 高校师德制度建设的问题与出路[J]. 思想理论教育导刊,2016(3):143-146.
③ 天津市教育委员会,市教委关于印发天津市中小学教师教育教学行为规范,http://jy.tj.gov.cn/ZWGK_52172/zcwj/sjwwj/202011/t20201111_4062695.html.

3. 不得损害国家利益、社会公共利益,或违背社会公序良俗,参与黄赌毒等。

4. 不得通过课堂、论坛、讲座、信息网络及其他渠道发表、转发错误观点,或编造散布虚假信息、不良信息。

5. 不得在任何场合传播有害学生身心健康的思想。

6. 不得违反教学纪律,不得擅自迟到、早退、旷课、拖堂、加课、调课、换课、代课、坐着上课、无教案上课、上课时间使用手机等通信工具。

7. 不得在工作时间做出吸烟、饮酒、打游戏、玩手机、看视频、网络购物、炒股、擦车等与工作无关的事情。

8. 不得不思进取、消极怠工、慵懒无为、敷衍教学,不认真备课及批改作业,不认真辅导学生等。

9. 不得擅自从事影响教育教学本职工作的兼职兼薪行为。

10. 不得扰乱教学秩序,或故意不完成教育教学任务,给教育教学造成损失。

11. 不得以任何形式侵占、破坏学校场地、房屋和设备。

12. 不得侵占、克扣、挪用教育经费。

13. 不得在教育教学活动和学生管理、评价中不公平公正对待学生,产生明确负面影响。

14. 不得违背课标、随意提高教学难度和加快教学进度、"非零起点"教学、课上不讲课后到培训机构讲。

15. 不得违规布置家庭作业或有加重学生学习负担、增加学生课外负担的不良行为。

16. 不得在危及未成年人人身安全、健康的校舍和其他设施、场所中进行教育教学活动。

17. 不得在教育教学活动中遇突发事件、面临危险时,不顾学生安危,擅离职守,自行逃离。

18. 不得讽刺、挖苦、歧视、侮辱学生,严禁虐待、伤害学生等侮辱学生人格尊严的行为。

19. 不得对校园欺凌疏于预防、处置,未尽到相应职责,发生校园欺凌后未及时采取措施或者故意偏袒一方,致使学生伤害加重,不得瞒报、谎报校园欺凌情况,妨碍调查或者提供虚假情况,拒绝或者阻碍有关部门依法实施校园欺凌管理职责。

20. 不得与学生发生不正当关系,不得有任何形式的猥亵、性骚扰行为。

21. 义务教育学段不得公开排列学生的考试名次,不得以分数作为评价学生的唯一标准。

22. 不得在招生、考试、推优、保送及绩效考核、岗位聘用、职称评聘、评优评奖、教研科研等工作中徇私舞弊、弄虚作假。

23. 不得向学生推销图书报刊、教辅材料、社会保险或利用家长资源谋取私利。

24. 不得索要、收受学生及家长财物或参加由学生及家长付费的宴请、旅游、娱乐休闲等活动。

25. 不得组织、参与有偿补课，或为校外培训机构和他人介绍生源。

26. 除非出于专业与法律的需要，不得泄露学生、同事或学生家长的隐私信息。

27. 不得违反国家规定收取费用，或以职务之便谋取任何形式的不正当利益。

28. 不得训斥、指责学生家长，或给家长布置本应由教师完成的专业任务。

29. 不得在教职工中做搬弄是非、拉帮结派、推诿拆台、造谣生事、打架斗殴、打击报复等有损集体荣誉和不利同事团结的事。

30. 不得在专业活动中故意羞辱同事，伤害其自尊及在学生中的形象。

31. 不得剽窃、抄袭他人成果，不得在未参与工作的研究成果上署名。

32. 不得在科研工作中违规使用科研经费以及滥用学术资源与学术影响谋取私利。

33. 不得将专业性的教育教学任务交付给非专业人士执行。

34. 不得在国家教育考试监考、评卷、统分中组织、参与作弊，或有其他扰乱考试秩序的行为。

35. 不得有违反师德师风，败坏教师声誉的其他言行。

3. 严格师德监督，建立多元监督体系

中小学师德建设是在小学教育实践活动中展开的，所以应将与教育活动相关联的各方面因素纳入师德建设考评监督系统中来，构建学校、教师、学生、家长、社会五位一体的监督网络。对评价不好的教师，要及时跟踪调查，警示谈话，督促整改。设立多渠道师德举报投诉平台，开通电子邮箱、微信举报平台和线下投诉信箱，健全信访申诉、校长信箱、法律事务受理机制，各学校可在门口醒目位置公布师德举报电话，让学生、家长、社会广泛知晓投诉举报途径，及时掌握师德信息动态，对师德问题做到有诉必查、有查必果、有果必复。也可以建立师德师风监督员制度，定期对学校师德师风建设情况进行监督评议，向教育主管部门反馈，将监督评议作为学校及领导班子年度考核的重要内容。例如北京市印发《关于师德建设长效机制贯彻落实专项督查的通知》，并建立师德建设督导制度，每年对市属高校和各区中小学党建和师德师风建设工作进行督导，并形成《师德师风建设情况督导调研报告》，深入剖析问题，提出整改措施，全面提升师德素养。[①]

4. 严格违规惩处，治理师德突出问题

依据新时代教师职业行为十项准则，各校可以制定具体细化的教师职业行为负面清单。把群众反映强烈、社会影响恶劣的突出问题重点从严查处，针对中小学教师违规有偿补课、收受学生和家长礼品礼金等开展集中治理。一经查实，要依规依纪给予组织处理或

---

① 可参见，中华人民共和国教育部政府门户网站，北京市大力加强师德师风建设，http://www.moe.gov.cn/jyb_xwfb/s6192/s222/moe_1732/201912/t20191216_412287.html。

处分,严重的依法撤销教师资格、清出教师队伍。建立师德失范曝光平台,健全师德违规通报制度,起到警示震慑作用。建立并共享有关违法信息库,健全教师入职查询制度和有关违法犯罪人员从教限制制度。

对于师德败坏、学生反映突出、社会影响恶劣的教师要严厉惩处,维护教师队伍的整体良好形象。如教育部 2017 年颁布《中小学德育工作指南》,提出实行师德"一票否决制"。2018 年 11 月,教育部又印发了《新时代中小学教师职业行为十项准则》,明确新时代教师职业规范,划定基本底线,再次强调师德考核,要求在教师年度考核、职称评审、推优推先、表彰奖励等工作中必须进行师德考核,实行师德失范"一票否决"。应将这种考核制度化、规范化,使之成为一种长期起作用的有效机制。例如长沙出台的《长沙市中小学教师违纪处理办法》《长沙市中小学教师违反职业道德行为处理办法实施细则》①这就为具体问题的处理提供了政策依据。

5. 加强工作保障,强化责任落实

各地各校要把加强师德师风建设、弘扬尊师重教传统作为教师队伍建设的首要任务,夯实学校主体责任,压实学校主要负责人(第一责任人)责任。同时也要强化组织领导,毕竟有效的组织建设是高效执行力的组织保障。为了保障师德师风建设工作的有效开展,应建立完善的组织机构,成立工作小组,要由主要校领导或者分管领导牵头。开展小组设计专职工作人员,负责相关活动的策划、组织;考评制度的制定和实施;监督机制的完善和落实,真正做到层层有人管,事事有落实。如北京市建立以市委市政府分管领导为组长的师德师风建设工作领导小组,建立健全师德师风建设工作领导责任制度体系,明确市教育两委责任部门和工作职责。明确各区教育部门和各级各类学校主要负责人为师德师风建设工作第一责任人,健全组织机构,压实主体责任、优化管理职能。创新工作方式方法,采取动员学生家长和社会监督等多种措施,形成教育部门和学校"一把手"主抓,人事、宣传、党群及业务部门协同共建,教师个体严格自律,家长社会全员参与的师德师风建设工作格局。②

(四)倡导全社会尊师重教

1. 强化地位提升,激发教师工作热情

制定教育改革发展和教师队伍建设重大决策、重要文件充分听取教师代表意见。各地重要节庆日活动,邀请优秀教师代表参加。做好优秀教师表彰奖励。依法依规在作出重大贡献、享有崇高声誉的教师中开展"人民教育家"荣誉称号评选授予工作,健全教书育人楷模、模范教师、优秀教师等多元的教师荣誉表彰体系。完善表彰奖励及管理办法,依法依规确定荣誉获得者享受的政治、生活待遇,加强对荣誉获得者后续支持服务。如江西省对在乡村任教满 15 到 20 年的在岗一线教师颁发荣誉证书,任教 30 年以上并仍在教学

---

① 可参见,长沙市教育局,关于印发《长沙市中小学教师违反职业道德行为处理实施细则(试行)》的通知,http://jyj. changsha. gov. cn/zfxxgk/fdzdgk/lzyj/jylgfxwj/201501/t20150120_6709134. html.

② 可参见,中华人民共和国教育部政府门户网站,北京市大力加强师德师风建设,http://www. moe. gov. cn/jyb_xwfb/s6192/s222/moe_1732/201912/t20191216_412287. html.

一线的教师每人每月奖励 200 元。因此可通过"师德标兵""优秀班主任""师德师风示范学校"等评选活动,树立榜样,大力表彰那些思想道德素质优秀、教书育人事迹突出、学生称颂的优秀教师。① 对具有良好师德的教师,除了给予物质奖励和精神奖励外,还应优先考虑其职称和任用。更重要的是,以提供学习进修的机会作为激励,不断优化教师的工作、生活和学习环境。

2. 强化权利保护,维护教师职业尊严

学校和相关部门要依法保障教师履行教育职责,对无过错但客观上发生学生意外伤害的,教师不依法承担责任。教师尊严不可侵害,对发生学生、家长及其亲属等因为教师履职行为而对教师进行侮辱、谩骂、肢体侵害,或者通过网络对教师进行诽谤、恶意炒作等行为,有关部门要高度重视,从严处理,构成违法犯罪的,依法追究相应责任。学校及教育部门应为维护教师合法权益提供必要的法律支持。例如《中华人民共和国教师法》第三十五条规定:侮辱,殴打教师的,根据不同的情况,分别给予行政处分和行政处罚,造成损害的,责令赔偿损失;情节严重,构成犯罪的,依法追究刑事责任,公安、司法机关要强化保护教师合法权益的法律的落实。

3. 强化尊师教育,厚植校园师道文化

推进尊师文化进教材、进课堂、进校园,通过尊师第一课、9 月尊师主题月等形式,将尊师重教观念渗透进学生的价值体系。有条件的地方和学校可结合实际统筹有关资源,做好教师荣休工作,礼敬退休教师,弘扬尊师风尚,各级教育部门和学校负责人可以率先垂范,并积极报请属地党委和政府领导出面,于教师节前夕集中走访慰问优秀教师,离退休老教师,乡村一线教师,家庭困难教师等送去节日问候。建立健全教职工代表大会制度,保障教师参与学校决策的民主权利。加强家庭教育,健全家校联系制度,引导家长尊重学校教育安排,尊重教师创造发挥,配合学校做好学生的学习教育。

4. 强化各方联动,营造尊师重教氛围

只有提升教师的地位,才能激发教师工作的热情。因此,在制定教育改革发展和教师队伍建设的重大决策和重要文件时要听取教师代表意见。各地重要节庆日活动,可以邀请优秀教师代表参加。做好优秀教师的表彰奖励,依法依规在做出重大贡献、享有崇高声誉的教师中开展"人民教育家"荣誉称号评选授予工作,健全教书育人楷模、模范教师、优秀教师等多元的教师荣誉表彰体系。完善表彰奖励及管理办法,依法依规确定荣誉获得者享受的政治、生活待遇,加强对荣誉获得者后续支持服务。另外可以利用微博、微信、微视频等新媒体形式,传递教师正能量,让全社会广泛了解教师工作的重要性和特殊性。支持鼓励行业企业在向社会公众提供服务时"教师优先"。鼓励图书馆、博物馆、科技馆、体育场馆以及历史文物古迹和革命纪念馆等地对教师实行优待。鼓励社会团体、企业、民间组织对教师出资奖励,或通过依法成立基金、设立项目等方式,支持教师提升能力素质、进行疗修养或予以奖励激励。

---

① 李晓晴. 关于构建新时期师德建设长效机制的思考[J]. 教育探索,2008(09):106.

以下(案例 6-2)是山东省针对师德师风建设的方式与方法,旨在让全社会形成尊师重教的氛围。

案例 6-2

铸师者之魂　育时代新人①

近年来,山东省深入学习贯彻习近平总书记关于教育的重要论述和教师队伍建设、师德师风建设重要指示要求,认真落实教育部《关于加强新时代师德师风建设的意见》等文件精神,坚持"兴教必先强师",始终把加强师德师风建设作为教师队伍建设的第一要务,以优秀传统文化铸师魂、以先进典型弘师风、以教育培训强师德、以刚性约束严师行,引导广大教师不忘立德树人初心,牢记为党育人、为国育才使命,潜心培养担当民族复兴大任的时代新人。

一、发挥文化资源优势,涵养优秀师德师风

深入挖掘山东省特有的文化资源,重点依托孔孟故里、革命老区,建设 21 个省级师德涵养基地和 35 个教师实践教育基地,以溯师源、悟师道、弘师德为重点,广泛开展沉浸式、对话式、体验式师德实践教育,切实加强中华优秀传统文化和沂蒙精神等红色文化教育,引导广大教师传承红色基因、弘扬中华师道,自觉做到以德立身、以德立学、以德施教。目前,累计有 3 万余名高校教师到基地进行实践教育。在曲阜师范大学建设全国首家教师文化主题、师德教育特色博物馆——中国教师博物馆,构建"拜先师孔子以就道""观教师风物以悟道""学教师典范以弘道"为核心的师德教育模式,强化教师实践教育,弘扬师德文化,涵养师德师风。目前,中国教师博物馆已列入全国十家师德师风建设基地之一,每年我省高校教师 1 万余人、省外 2 万余师生到馆接受师德教育。

二、倡树师德先进典型,弘扬高尚师德风范

从 2016 年以来,陆续组织开展了"齐鲁最美教师""山东省教书育人楷模""我身边的师德标兵"等评选活动,选树表彰师德模范教师,总结宣传师德先进事迹,示范引领广大教师弘扬高尚师德,潜心教书育人,争做新时代"四有"好老师。近年来我省涌现出了彭实戈、魏建、魏亚丽等一批全国教书育人楷模、全国模范教师,在全社会引起强烈反响,其中"齐鲁最美教师"评选点击量 2020 年超过 1.68 亿次,营造了学习尊崇师德模范、紧跟师德模范步伐、弘扬师德模范精神的浓厚氛围。各地各高校也积极组织师德标兵、师德先进个人、最美教师等选树表彰活动,综合运用事迹报告、媒体宣传、文艺创作等方式,大力宣传师德师风先进人物和典型事迹,讲好师德师风故事,传递师德师风正能量。

---

① 可参见,中华人民共和国教育部政府门户网站,山东省教育厅党组书记、厅长邓云锋:铸师者之魂　育时代新人,http://www.moe.gov.cn/jyb_xwfb/moe_2082/zl_2020n/2020_zl64/202012/t20201204_503587.html。

三、强化教师师德养成，让育人者先受教育

坚持"育才由育师始"，加强对师范院校和师范专业建设的指导，通过经典诵读、一线优秀教师校长进课堂、实习支教、志愿服务等方式，突出全员全方位全过程师德养成，全面提升师范生职业素养和师德修养。严把高校教师入职关，在招聘录用和人才引进中强化思想政治素质和德行考察，在岗前培训中设置《高校教师职业道德修养》课程，作为高校教师资格考试的必考科目，倒逼新入职教师把教书育人和自我修养结合起来，更好担负起学生健康成长指导者和引路人的责任。在各类高校教师、干部、高端人才培训项目中，设置师德培养模块，明确规定课时学时，教育引导广大教师遵守教师职业道德规范、爱岗敬业、为人师表、以身作则，以高尚的道德和人格魅力感染学生，以模范的言行举止为学生树立榜样。

第二节　中小学师德师风评价

案例 6-3

中国教育报—中国教育新闻网讯（记者　蒋亦丰　通讯员　金澜）日前，浙江温州正式上线教师专用的"瓯越师德码"，今后全市普通中小学（幼儿园）、中等职业学校、特殊教育学校以及教研师训、电化教育等机构任教教师的师德师风情况一目了然。

"瓯越师德码"基于全国教师管理信息系统，实时收集记录教师师德表现情况，按照认定标准，用绿色（师德良好，无违规违纪等不良记录的）、黄色（因违反师德师风有关规定被批评教育、诫勉谈话、责令检查、通报批评的）、红色（因违反师德师风有关规定被警告、记过、降低岗位等级或撤职、开除的）对师德情况给予认定，形成含有教师个人师德健康情况大数据的专属二维码，并可为每位教师出具含有师德情况的个人师德健康报告单。

温州教育局人事处相关负责人介绍到"此外也会动态调整师德码，根据教师违纪违规行为的严重程度给予时间不等的修复期，修复期内表现良好可以转码。如果老师想通过换所学校洗白师德码问题是行不通的，因为师德码不会因此而改变，此前所有从教经历都能查证"。

据了解，温州市教育行政部门及教研、师训单位在教师职称评聘、评优评先、表彰奖励、科研和人才项目申请等方面，均要核验教师的师德健康报告。落实师德表现突出优先评选和师德失范"一票否决"制。同时，对接温州市公共信用平台，将教师师德信用情况纳入诚信温州"瓯江分"系统，对师德优秀予以加分，对违反师德负面清单行

为予以扣分,同时,温州市教育局还将根据"师德码"大数据,建立师德情况实时动态图,对红码、黄码率较高的地区和学校进行预警,切实加强和改建全市师德师风建设,营造守信光荣、失信可耻的良好氛围。

对于用师德码来对教师的师德师风进行评价,你怎么看?

在实际教育工作中,教师的师德师风评价是教师职业活动的一种重要形式,是使教师的师德规范与原则得以贯彻,并转化为教师的道德行为的重要保证。师德境界的提高,需要通过有效的师德师风评价,让教师对自己选择的教育行为负起道德责任,主动远离底线。而有效的师德评价又需要良好的教育生态和正常的教育秩序做保障。

一、师德师风评价概述

(一)师德师风评价的含义

"评价"概念涵盖英语中的 appraisal、evaluation、assessment 等词汇。评价之父泰勒认为,"评价就是通过某种技能或手段,测量出既定目标的达成程度"。[1] 陶西平主编的《教育评价词典》中将评价定义为"对人或事物的价值做出判断,依据一定的价值标准,通过系统的收集资料,对评价对象的质量、水平、效益及其社会意义进行价值判断的过程。"[2]由此可知,评价是主体对客体价值的一种判断,主体、客体和价值构成了评价的三个要素,他们之间相互联系。评价的主体是人或者社会组织,是实践者或认识者;评价的客体是主体以外以及在一定条件下包括主体在内的一切客观事物,评价主体依据自身的价值取向对有关的目标、过程、方法及结果进行评价和判断,从而决定取舍。

谈到师德师风评价,则需要从道德评价与教师职业道德评价追根溯源。道德评价是指"人们在社会生活中直接依据一定社会或阶级的道德标准凭借社会舆论、传统习俗、内心信念等方式,对自己或他人的道德行为和道德品质的价值和性质进行判断,以达到扬善抑恶的目的的评价活动。"[3]宋旭璞认为,"教师职业道德评价是人们依据一定的标准,对教师行为作出善恶判断、确定其道德价值、表明自己褒贬的一种实践活动"[4]。郑宽明和南锐主编的《教师职业道德》一书中将教师职业道德评价定义为教师自己、他人或社会,根据社会主义的教师职业道德准则、规范和科学的标准,在系统广泛地收集各方面信息,充分占有资料的基础上,运用现代技术手段,对教师的职业道德意识、道德情感、道德意志和道德行为进行考察和价值判断。[5]

综上所述,教师的师德师风评价可以理解为:教师在道德意识的支配下,依据一定的职业道德规范和准则,通过社会舆论、内心信念和教育传统等形式,对教师的师德师风进

① 孙河川.教师评价指标体系的国际比较研究[M].北京:商务印书馆,2011:28.
② 卢咏莉.申继亮.教师评价[M].北京:北京师范大学出版社,2012:2.
③ 兰雪梅.新时期我国道德评价标准研究[D].吉林大学,2007.
④ 宋旭璞.分层分类的师德评价体系初探[J].中国教师,2007(54),40-42.
⑤ 郑宽明,南锐.教师职业道德[M].北京:北京师范大学出版社,2015,174.

行价值判断的过程。可以概括为四点，一是师德师风评价的主体可以是教师、学生、同行以及其他主体，体现了评价主体的多元性；二是评价方法和手段是在系统收集教师职业道德信息基础上进行的，包括定性和定量两种方法；三是评价的核心问题是对教师师德师风进行价值判断，体现了师德师风评价的性质，与其他教育活动相区别；四是揭示了评价的目的主要是促进教师师德师风的提高和完善。

（二）师德师风评价的价值

中华民族自古崇尚师德建设，"大学之道，在明明德"。《大学》开宗明义，阐述了做学问"德"必先行，教师自身的道德活动具有强大的教化和示范作用，其人生观、世界观、价值观会潜移默化地影响学生，推而广之成为全社会的模范和榜样。师德师风建设的优劣与师德师风的评价紧密相连，师德师风评价是教师将自身意识转化为师德活动的重要杠杆，是教师师德行为选择的一个重要实践依据，其自身的价值主要有：

1. 师德师风评价是实现教育伦理原则和规范的根本保证

师德评价对教师职业道德原则和规范的实现起到了强大的助推力量。师德师风评价可以调整教师教育行为，并依靠人们以一定的师德标准进行道德评价来发挥作用，并非通过强制性的法律、法规等手段来实现。社会通过师德评价不断指出教师道德行为的得与失，进而鼓励和褒奖那些师德行为和品质，谴责和裁决不道德的心态和行为，从而激励教师巩固对良好行为的选择，消除与教师职业道德相悖的不健康的行为倾向，迫使教师的行为符合师德原则和规范的要求。另外，学校、社会对于教师师德师风的评价功能和评价活动开展的广度和深度也会直接影响到教师对其职业道德基本原则的理解、接受程度以及作用发挥的大小，因此，可以说师德评价是维护师德原则和规范的基本保障。

2. 师德师风评价是教师将师德意识转化为实践的有力杠杆

师德师风评价是使师德规范转化为教师的内心信念并逐渐体现在行为中的根本前提和保证。师德师风的阐述仅仅是向教师提供了行为的客观准则，要把这种外在的标准融入教师的内心信念，并见之于实践，就必须依靠师德评价的转化作用。师德师风的评价，不但可以使教师充分了解和认识师德师风，而且可以深入到教师的精神世界，激发教师强烈的道德责任感和职业荣誉感。不道德者会因为受到舆论的压力而引起内心的痛苦和不安，行为高尚者会在褒奖和舆论支持下得到安慰和鼓舞，并将行为持之以恒下去。这种评价会让教师对善行产生道德满足感，对恶行进行发自内心的反省和批判，从而有效地唤醒教师的道德觉悟，提升教师实践师德原则的积极性、主动性，使教师的师德原则和实践有机结合起来。

3. 师德师风评价是促进素质教育发展的重要途径

师德评价中的"评价——反馈"系统可以帮助教师辨别各种师德现象的是非善恶，判断其行为的道德价值大小，能够让他们清楚地认识到自己的师德水平与优秀教师师德之间的差距，并为教师指明努力和改进的方向，不断促使教师去纠正或强化自身的职业道德行为。同时，师德评价具有直接性、广泛性和持久性等特点，这些特性会使教师时时刻刻注意自己言行的正当性，从而升华教师的道德人格，促进教师形成稳定职业道德品质和道德习惯。合理科学地进行道德评价活动,有利于改善师德现状,提高师德师风的水平,进而促使教师以优秀的行为品质去感染和影响学生,使学生的整体素质得到全面提升,进而促进素质教育的发展。

4. 师德师风评价是改善校纪校风,调节校内外人际关系的有效条件

一方面,对于教师的师德师风评价不仅关系到教师的道德品质和名声的毁誉,同时也关系到整个学校纪律作风和教育内外人际关系的优劣。教师是办学的主体,师德是办学的保障,只有重视师德评价,善于运用道德评价的导向作用和激励效应,对教师的职业道德行为进行正确的指引,才能促进教师道德修养的不断优化,塑造教师高素质的形象,在教师队伍中建立良好的道德精神风貌,并由此影响、带动学生养成有德遵纪的良好品行,从而在学校形成一种积极向上、井然有序、锐意进取的文明校风校纪。另一方面,教育本身还是一个开放系统,教师除了要面对学生之外,还要处理好与同事的关系、与学生家长的关系、与社会其他成员的关系,在这一系列复杂的人际关系中,师德评价能够发挥协调人与人之间、个人与社会之间关系的作用,从而促进学校实现开放式办学格局,维护社会的稳定和发展。

二、师德师风评价原则

(一)方向性原则

方向性原则是指师德师风评价要体现社会主义的性质,坚持社会主义方向,在党的坚强领导下,全面贯彻党的教育方针,坚持马克思主义指导地位,坚持中国特色社会主义道路,坚持社会主义办学方向,立足中国国情,遵循教育规律,坚持改革创新,以凝聚人心,完善人格、开发人力、培育人才、造福人民为工作目标,培养德智体美劳全面发展的社会主义建设者和接班人。[①] 在师德师风评价中,贯彻方向性原则要注意:首先,必须坚持社会主义办学方向;其次,要体现社会主义的价值取向;最后,要坚持评价遵循社会主义的原则。

(二)客观性原则

评价的客观性原则是指在进行师德评价时,必须采取实事求是的态度,真实、客观地反映师德师风评价的实际情况。尊重客观事实,实事求是地反映事物的本来面目是做好一切工作的基础。贯彻评价的客观性原则,首先,要求评价者要对评价对象进行广泛调查,收集资料,按照客观、统一的标准进行评价;其次,要求评价者注意评价对象的个体差异,从实际出发;最后,评价人员在评价时要做到公正、客观。

(三)科学性原则

评价的科学性原则是指评价者要以客观事实为基础,严格遵守评价科学和教育科学的客观规律,恰当运用现代科学技术手段去设计评价标准、评价方法、处理评价结果。只有遵循科学的评价原则,才能得出科学的评价结果。在进行师德师风评价时,首先,要建

---

① 习近平. 习近平在全国教育大会上强调　坚持中国特色社会主义教育发展道路　培养德智体美全面发展的社会主义建设者和接班人[N]. 人民日报,2018-9-11.

立一个科学合理的评价指标体系；其次，要遵循评价的科学程序，即根据计划、组织、考评、评定、总结五个环节进行；最后，要运用科学的评价方法和手段。

（四）教育性原则

评价的教育性原则是指师德师风的评价要符合教育的要求，充分发挥评价的教育作用，通过评价使广大教师在评价中发扬优点，改正缺点，不断提升自身的道德修养。贯彻评价的教育性原则，首先，要求评价指标的设计具有教育性；其次，要充分尊重和信任广大教师，保证教师职业道德的顺利进行。

（五）民主性原则

民主性原则是指师德师风评价要坚持走群众路线，要相信、尊重、依靠教育行政部门、学校领导、教职员工和社会各界，调动各方面的积极性，充分发扬民主，共同搞好师德师风的评价。习近平总书记在十八届中共中央政治局常委同中外记者见面时讲到"我们的人民热爱生活，期盼有更好的教育、更稳定的工作、更满意的收入、更可靠的社会保障、更高水平的医疗卫生服务、更舒适的居住条件、更优美的环境，期盼孩子们能成长得更好、工作得更好、生活得更好"[①]。这就要求要以人民为中心，充分发扬民主的原则。在开展师德师风评价时，首先，在制定评价方案与指标体系时，要广泛征求广大教师的意见，通过反复酝酿讨论，充分发扬民主；其次，在评价过程中，评价者要具有民主思想和民主作风，要本着与广大教师合作共事的态度，充分尊重他们的意见和人格；再次，要调动广大教师进行自我评价的积极性；最后，要充分重视社会各界对师德师风评价的意见。

（六）底线原则

底线原则是指不能含糊，不能推卸，必须坚持，必须做到的事情，在道德上，是指最起码的、最基础性的，但从道德认识和道德规范来说也是最具共识性和普遍性的那一部分，是一个社会、一个群体所有成员共同遵循的行为准则。底线伦理层面的师德评价标准，对于教师来说是基础性的、不可违背的；也是逻辑上优先的、必须首先达到的标准。[②] 遵循底线原则要注意，首先，不应该做否定性的标准，即"负面清单"；其次，要把底线原则放在评价的首要位置。

（七）公平公正原则

公者无私之无谓也，平者无偏之谓也。公平公正原则是指在评价活动中，要一视同仁，秉公办理，不能有私心杂念，且评价指标要体现公平性。遵循公平性原则要注意以下几点：首先，在同一范围内，对评价类对象必须用同一标准，不能使用不同的评价标准；其次，在短期内，如果评价标准未做改动，对同类评价对象的评价标准应保持一致性；最后，要注意评价活动的透明度，在活动过程中坚持群众性和民主性。

---

① 习近平. 习近平在十八届中共中央政治局常委同中外记者见面时强调　人民对美好生活的向往就是我们的奋斗目标[N]. 人民日报，2012 - 11 - 6.

② 何怀宏. 良心论：传统良知的社会转化[M]. 上海：上海三联书店，1994：417.

三、师德师风评价的类型与方法

师德师风评价方法是指教师在师德师风评价过程中所采用的各种方式和手段的总称。良好的师德师风评价方法是实现师德评价的任务、保证师德评价顺利进行、取得师德评价良好效果的关键性因素，根据不同的评价标准有不同的分类：

依据评价主体不同，可以分为内部评价和外部评价；依据评价标准不同，可以分为相对评价、绝对评价和个体内差异评价；依据评价作用不同，可以分为诊断性评价、形成性评价和终结性评价；依据评价方法不同，可以分为量化评价和质性评价。

（一）内部评价和外部评价

1. 内部评价

内部评价，指的是评价对象作为评价主体对自己进行的评价。在师德中的自我评价是教师依据教师职业道德规范和教师职业道德评价的标准、原则等一系列评价体系，对自己的道德所进行的一种自我认识、自我判断、自我评价。教师只有正确地评价自己，才能实事求是地为自己定位，准确评价自己是进行自我完善，自我发展的重要途径之一，教师对自身的师德师风进行评价，也是促使师德规范由"他律"向"自律"过渡过程中的重要步骤。教师的自评可以强化教师对师德评价的体验感和参与感，有利于发挥教师的主动精神，增强教师的责任心和自信心，培养教师自我调节、自我教育的能力和习惯。自评一般是内隐性的，如通过反思、自查等方式进行，但有时也有外显性的，如给自己的教学工作评分，给自己的思想品德写自我鉴定等。由于评价结果有时与个人利益息息相关，个别人可能不能如实评价，那么就需要借助他评这个辅助手段。

2. 外部评价

外部评价是非评价对象作为评价主体对评价对象的评价。对于师德师风评价，外部评价主要是抛开教师本身而言的其他人员对教师本人的师德师风所做出的评价，既包括校内的学生、同行以及领导，也包括校外的一些社会人员对教师的师德师风所做出的评价。他评作为一面镜子，可以从外部反映评价对象的客观情况。因此在师德师风评价过程中要充分发挥他评的作用，帮助教师树立科学的道德观、价值观和教育观，提高教师的职业判断能力和行为选择能力。

（二）相对评价、绝对评价和个体内差异评价

1. 相对评价

相对评价是在评价对象的群体中确定一定的评价标准，然后利用这个标准来评定每个评价对象在群体中的相对位置的评价。其特点就在于，标准源于该群体，也适用于该群体，标准会随群体的变化而变化。

2. 绝对评价

绝对评价是一种在评价对象群体之外，预定一个客观的或理想的标准，并运用这个客观的或理想的标准去评价每个对象的评价。其标准不受评价对象群体状况的影响，评价

的结果只与对象自身的水平相关,和其所处的群体无关。这就需要制定统一的标准来对师德师风进行考评。如为深入贯彻习近平新时代中国特色社会主义思想和党的十九大精神,深入贯彻落实全国教育大会精神,扎实推进《中共中央 国务院关于全面深化新时代教师队伍建设改革的意见》的实施,进一步加强师德师风建设,教育部研究制定了《新时代中小学教师职业行为十项准则》,山西朔州对于师德考评,则要求各学校要按照《教育部关于建立健全中小学校师德师风长效机制的意见》,研究制定出各自的师德师风考评制度,围绕师德规范、师德考评指标,采取以个人自评、教师互评、督导参评、学生评价、组织考评相结合的师德评价机制,坚决摒弃单纯以学生成绩考核教师,忽视教师师德师风评价的弊端,依据《全区师德考核评分标准》,因校制宜,制定出可操作、可执行的师德考核暂行办法,切实将教师师德考评结果作为教师资格定期注册、业绩考核、职称评审、岗位聘用、评优奖励的首要依据。

3. 个体内差异评价

个体内差异评价是一种把评价对象个体的过去和现在进行比较,或者把个体的有关侧面相互比较,从而得出结论的评价。它以评价对象个体的自身状况作为参照系。在师德师风评价的过程中可以利用个体差异内评价的方法,用发展的眼光来看待教师的职业成长,这样可以激发教师的无限潜力。如各地区、各学校开展的优秀教师选拔活动,形成榜样在身边、人人可学可做的局面,激发教师的师德意识,抛去以前的想法,更快地融入优秀师德的建设与发展之中。

(三) 诊断性评价、形成性评价和终结性评价

1. 诊断性评价

诊断性评价是指在教育、教学活动之前,为使计划更有效地实施而进行的预测性、摸底性评价。其目的是为了摸清评价对象的基础和情况,分析存在的问题,为解决问题搜集必要的资料。在师德评价中,诊断性评价最常用于教师招聘,这就需要规范教师资格申请认定,完善教师的招聘和引进制度,严格思想政治和师德考察,避免教师招聘引进中的唯分数、唯文凭、唯职称、唯论文、唯帽子等倾向。

2. 形成性评价

形成性评价又称过程性评价,是指在活动计划实施的过程中,对计划、方案执行的情况进行的评价。其目的是为了了解动态过程的效果,及时反馈信息,及时调节,使计划、方案不断完善,以便顺利达到预期的目的。在师德考核过程中要充分利用形成性评价的优势,如平时的师德师风监督机制,政府针对群众反映强烈的问题、师德师风问题多发的地方展开专项监督;各类学校公布举报电话、邮箱等信息,依法依规接受监督举报;社会建立师德师风监督员制度,定期对学校的师德师风建设情况进行评议,向教育主管部门反馈,这些都是形成性评价在师德师风建设过程中所发挥的作用,在师德评价过程中,要合理运用形成性评价,以促进师德师风建设的有序开展。

3. 终结性评价

终结性评价是在某一活动告一段落时,为了解并确定其成果而进行的评价。在师德

师风评价过程中,最常用的就是年度师德考核,如深圳把师德考核作为年度考核的首要内容,应当每学年末在学校年度考核前进行。考核结果分为合格、基本合格、不合格三个等次。师德考核结果定为不合格等次的,年度考核定为基本称职或不称职等次。因此在师德考评中可以利用终结性评价来对教师进行年终师德考评。

表 6 - 1　深圳市师德表现学年度综合评价表①

(20　　—20　　学年度)

姓　名		性　别		任教学科	
师德师风小结					
学生评议意见					
同行评议意见					
家长评议意见					
师德表彰情况记载					
师德处分情况记载					
学校师德考核工作组意见	负责人(签字):　　年　月　日		学校师德档案管理工作小组意见	(盖章)　　年　月　日	
被考核人意见				本人签名:　　年　月　日	

　　该表充分反映了各类评价在师德师风建设中所发挥的作用,其中包括教师的自我评价,如师德师风小结;也包括学生、家长以及同行评价,归结为他人评价;也运用了形成性评价,如师德表彰情况记载与师德处分情况记载;还运用了终结性评价,如学校师德考核工作组意见与学校师德档案管理工作小组意见。因而在师德师风建设与评价过程中,可以同时采用多种评价方式来促进师德师风的整体提升。

---

　　① 可参见,深圳市教育局门户网站,深圳市教育局关于印发《深圳市中小学教师师德档案管理规定》的通知,http://szeb. sz. gov. cn/szsjyjwzgkml/szsjyjwzgkml/zcfgjzcjd/zcfg/jsgl/content/post_5515105. html。

（四）量化评价和质性评价

1. 量化评价

所谓量化评价,就是试图把复杂的现象简化为数量,进而从数量的分析与比较中,推断某一评价对象的成效。量化评价方法的认识论基础是科学实证主义,这种理论认为,只有定量的研究、量化的数据才是科学的,才能得出客观可信的结论。

2. 质性评价

所谓质性评价,就是力图通过自然的调查,全面充分地揭示和描述评价对象的各种特质,以彰显其中的意义,促进理解。质性评价方法,也被称为自然主义评价方法,它在认识上反对科学实证主义的基本观点,反对把复杂的现象简化为数字,这就有可能丢失重要信息。质性评价主张应全面反映师德现象的真实情况,为改进教育实践提供真实可靠的依据。例如案例6－4深圳市在师德师风评价过程中利用档案袋评价法。

案例 6－4

深圳市中小学教师师德档案管理规定①

第一条 为贯彻落实教育部《关于建立健全中小学师德建设长效机制的意见》(教师〔2013〕10号),提高师德水平,根据市委教育工委、市教育局《关于进一步加强教育系统工作作风和师德师风建设的实施意见》(深教党〔2013〕10号),制定本规定。

第二条 市教育行政部门负责本市中小学教师师德档案管理的指导、监督工作,区(含新区)教育行政部门(以下简称区教育行政部门)负责本辖区中小学教师师德档案管理的指导、监督工作。

中小学校应当建立师德档案管理、使用制度,开展师德考核活动,对师德建设进行过程管理、量化管理和常态管理。

第三条 教师师德档案资料应当包括:

(一)教师每学年度师德总结;

(二)师德表现学年度综合评价表,其内容包括个人自评、学生评议、家长评议、教师互评等;

(三)师德奖励与荣誉事项登记表;

(四)重大师德失范行为事项登记表;

(五)有关师德情况的其他资料。

市教育行政部门可以与相关部门建立教师个人信用信息共享机制,将师德考核与本市个人信用信息制度相衔接,适时将教师违反公共道德情况纳入师德档案。

---

① 可参见,深圳市教育局门户网站,深圳市教育局关于印发《深圳市中小学教师师德档案管理规定》的通知,http://szeb. sz. gov. cn/szsjyjwzgkml/szsjyjwzgkml/zcfgjzcjd/zcfg/jsgl/content/post _ 5515105. html。

第四条 师德考核包括政治思想规范、业务工作规范、教书育人规范、为人师表规范四个方面。

政治思想规范，主要考核教师的政治立场、思想觉悟与遵纪守法情况。

业务工作规范，主要考核教师的爱岗敬业、对教育教学研究与改革的热爱和进取精神、学术素养和学术道德、终身学习并不断提高专业水准等情况。

教书育人规范，主要考核教师的专业道德精神和态度，包括对学生的关心和情感沟通、对学生人格和尊严的尊重与维护、对学生创新精神和独立思考精神的维护与培育、科学评价学生与促进学生个性发展、公平对待每一个学生等方面情况。

为人师表规范，主要考核教师的公共道德、生活道德、个人修养、言行文明规范、集体观等情况。

第五条 师德考核作为年度考核的首要内容，应当每学年末在学校年度考核前进行。

考核结果分为合格、基本合格、不合格三个等次。师德考核结果定为不合格等次的，年度考核定为基本称职或不称职等次。

师德考核发现教师违反师德规范的，按照有关规定处理。

第六条 教师有以下行为之一的，师德考核应当定为不合格等次：

（一）散布损害国家声誉的言论，组织或者参加旨在损害国家利益的集会、游行、示威等活动的；

（二）严重违反公共道德，造成恶劣社会影响的；

（三）侮辱、歧视学生，造成学生重大精神伤害的；

（四）体罚、变相体罚学生，造成学生精神和身体伤害的；

（五）对学生性骚扰的；

（六）在保护学生安全方面玩忽职守的；

（七）索要和收受学生、家长财物的；

（八）违反"有偿家教五不准"规定，情节严重的；

（九）巧立名目，向学生乱收费用的；

（十）有抄袭、剽窃、侵吞他人学术成果，伪造、篡改数据文献，捏造事实等学术不端行为的；

（十一）在申报职称、岗位、项目、荣誉等过程中弄虚作假的；

（十二）工作态度恶劣，造成不良社会影响的；

（十三）生活作风严重腐化的；

（十四）其他严重违反政治纪律、工作纪律、廉洁从教纪律和职业道德的行为。

第七条 市教育行政部门应当建立全市师德考核结果为基本合格和不合格的教师名单。区教育行政部门应当建立本辖区师德考核结果为基本合格和不体格的教师名单。

师德考核结果基本合格的教师，由学校进行重点警示、帮扶，帮助教师改正错误，提高师德水平。

有严重失德违纪违法行为、师德考核结果不合格的教师，由教育行政部门、学校将其调离教师岗位或依法予以解聘。

第八条　师德考核应当包括自我评议、学生评议、家长评议、同行评议等方式，结合学校实际，根据相应的评议指标，设计调查问卷。

第九条　学校成立由校班子成员、教师专业委员会主任或学术委员会主任等组成的师德档案管理工作小组，负责组织本学校师德考核和师德档案的建档、管理工作，审定年度教师师德考核等次。

学校成立由人事干部、中层干部、年级组长、学科组长、教师代表、家长委员会代表、社区代表等组成的师德考核工作组，负责综合研究、审核相关师德材料和各项评议情况，提出师德考核等次建议。

第十条　师德考核应按照以下程序进行：

（一）自我评议。被考核人如实作出自我评议，并填写在《师德表现学年度综合评价表》的对应栏目中。

（二）学生评议、家长评议和同行评议。学校以年级组或学科组为单位，向学生、家长和教师发放师德调查问卷，回收并统计调查问卷，整理并分析教师师德表现及存在问题，将各项评议情况填写在《师德表现学年度综合评价表》对应栏目中。

（三）核实情况。学校人事部门负责核实评议情况，并将师德表彰和师德失范情况填写到《师德表现学年度综合评价表》对应栏目中。存在本规定第六条规定行为的，学校人事部门应在《重大师德失范行为事项登记表》予以记录。

（四）提出考核等次建议。学校师德考核工作组综合研究、审核相关师德材料和各项评议情况，提出师德考核等次建议。

（五）审定考核等次。学校师德档案管理工作小组根据学校师德考核工作组的建议审定师德考核等次。

（六）公示。经审定的师德考核结果在全校范围内公示5个工作日。

（七）确认存档。学校人事部门应当将考核等次记入《师德表现学年度综合评价表》，交被考核人签字确认。学校应当指定专人负责，于每学年末完成该学年的师德档案归档工作。

（八）备案。学校应当将师德考核结果为基本合格和不合格的教师名单报所属教育行政部门备案，区教育行政部门应当将本区师德考核基本合格和不合格的教师名单报市教育行政部门。

第十一条　教师对学校师德档案管理工作小组决定的师德考核等次有异议的，可于学校公示之日起5个工作日内向学校所属教育主管部门提出书面申诉。教育主管部门应当组织人员对申诉事项进行核查，自收到申诉书之日起20个工作日内作出复核决定。

第十二条　师德档案遵循客观公正、实事求是、真实全面的原则，应当如实载入教师的师德表现，不夸大事实，不少记、漏记、瞒记，不得擅自修改、销毁有关内容。

师德档案的管理由学校人事部门负责,归入学校综合档案室设专柜管理,并严格履行工作移交时的档案移交、接收等手续。

第十三条 教师师德档案的内容,是评优评先、职称评审、岗位聘任、提薪晋职、绩效考核的重要依据。教师在参加评优评先、职称评审时需提交个人《师德表现学年度综合评价表》和《重大师德失范行为事项登记表》,教育行政部门在组织各类专业、荣誉评审评选中可以查阅教师师德档案。

第十四条 教育行政部门应当建立师德档案管理实施情况检查制度,开展定期、不定期的检查与抽查。

教育行政部门开展督导评估工作,应当将教师的师德档案作为学校教师队伍建设考核的重要依据。

民办学校在参与教育质量评估或办理年审手续时,应按要求提供师德档案管理情况的相关材料。

第十五条 市教育行政部门应当建立师德档案动态数据库,作为监督师德师风的重要平台。

区教育行政部门应当结合本区情况制定师德档案管理实施办法,学校应当结合本校实际制定具体的操作办法。

鼓励区教育行政部门、学校吸收最新师德评价考核研究成果。鼓励引入第三方专业机构协助开展师德调查和测评。

对校长的职业道德考核,由教育行政部门根据校长专业标准等要求,另行制定考核办法。

第十六条 本规定自 2014 年 2 月 14 日起施行。有效期为 5 年。

四、师德师风评价的基本程序

(一)健全组织

师德师风评价机制的建立不同于一般意义上的评价活动,而是一个多方面、连续不断的过程。它既包括教师"爱岗敬业""教书育人""为人师表"等三个方面进行具体的考核评价,也包括对教师"依法执教""热爱学生""严谨治学""团结协作""尊重家长"等五个方面的考核评价。在教师职业道德评价过程中涉及社会、学校领导、学生和家长等各方面的因素。因此,应在学校设立一个常设的评价组织机构,学校校长和工会干部要负责、统一协调与评价有关的各项工作,防止在教师师德师风评价过程中可能出现的扯皮现象。

(二)制定评价方案与实施办法

师德师风评价方案的出台,是保证师德师风有效实施的向导与指南,这就要求每一个学校要根据国家的发展规划与指南,依据本校的独有文化制定切实可行的评价方案和实施办法。

师德师风评价方案是学校师德师风考核评价的指导性文件,实施办法是师德师风评价方案的细化,是操作手册性质的文件。师德师风评价方案一般包括方案拟定的依据与意义、考核范围、考核领导小组、考核要求等。实施办法一般包括以下内容:

(1)实施办法制定的意义与依据

(2)考核对象

(3)考核原则

(4)考核内容

(5)考核程序和办法

这一部分包括考核小组、考核细则、组织评价等,其中切实可行的考核细则和多主体参与的多元评价是确保考核公平公正的关键,也是整个是实施办法制定的重点所在。

(6)审核公示

(7)备案存档

(8)考核结果的运用

(9)工作要求

➤ **扫章首二维码查看:阅读补充材料 W6－1:A 中学教师师德师风考核实施办法**

(三)利用多种手段展开评价

对教师师德师风发展情况很难从教育教学工作中分析得出,而应采用校长、工会干部日常观察记录或找任课教师、学生座谈以及教师之间互评等手段获得,对教师心理素质的测评可以编制或利用已有的心理测评表测评为基础,辅之以观察、谈话来了解。只有通过多种手段协调使用,才能更全面客观地反映教师师德师风的真实情况。

(四)总结与反馈

评价结果得出后并不意味过程的结束,而应根据评价结果分析教师师德师风优劣的原因,据此提出改进建议,并把这些信息及时传达给评价对象,使评价结果变为真实具体的行为,才能真正发挥教师师德师风评价的功能,使教师师德师风评价的运行形成良性循环,最终促进教师职业道德的发展。

👉 思考与拓展

1. 简述师德师风建设的总体要求。

2. 简述师德师风评价的基本原则。

3. 运用本章知识请你就某中学或小学师德德师风建设的规章制度或实施办法进行分析。

4. 实践调查:新时代中小学师德风建设现状调查。

选择一所中学或小学,以《新时代中小学教师职业行为十项准则》《中小学教师违反教师职业处理办法(2018 年修订)》和《关于加强和改进新时代师德师风建设的意见》等文件为主要依据,采用问卷、访谈等方法调查分析该校师德师风建设的主要成绩和存在的问题,并提出改进建议。依据调查研究结果撰写一篇调查报告,递交给该校校长或其他负责人。

参考文献

[1] 曹茹. 新闻从业者职业倦怠研究[M]. 北京:中国传媒大学出版社,2008.

[2] 陈瑞华. 看得见的正义[M]. 北京:法律出版社,2019.

[3] 蔡辰梅. 小学大爱:小学教师师德案例读本[M]. 上海:华东师范大学出版社,2016.

[4] 陈大伟. 教师职业道德[M]. 北京:高等教育出版社,2015.

[5] 陈爱芯,吴安民. 教师职业道德修养[M]. 北京:北京出版社,2003.

[6] 戴晓阳. 常用心理评估量表手册[M]. 北京:人民军医出版社,2010.

[7] 何怀宏. 良心论:传统良知的社会转化[M]. 上海:上海三联书店,1994.

[8] 黄正平. 教师职业道德新编[M]. 南京:南京大学出版社,2019.

[9] [德]赫尔巴特. 普通教育学·教育学讲授纲要[M]. 李其龙,译. 杭州:浙江教育出版社,2002.

[10] 《教育学原理》编写组. 教育学原理[M]. 北京:高等教育出版社,2019.

[11] 金忠明. 走出教师职业倦怠的误区[M]. 上海:华东师范大学出版社,2006.

[12] 姜忠喆,代建春. 教师心理健康手册[M]. 合肥:安徽人民出版社,2012.

[13] 姜明安. 行政法[M]. 北京:北京大学出版社,2017.

[14] 姜明安. 行政诉讼法[M]. 北京:北京大学出版社,2016.

[15] 贾子若. 安全绩效与工作压力研究[M]. 石家庄:河北科学技术出版社,2015.

[16] 《教学哲学》编写组. 教育哲学[M]. 北京:高等教育出版社,2019.

[17] 卢咏莉,申继亮. 教师评价[M]. 北京:北京师范大学出版社,2012.

[18] 李虹. 教师工作压力管理[M]. 北京:中国轻工业出版社,2009.

[19] 刘启珍,明庆华. 教师问题心理与行为研究[M]. 成都:四川教育出版社,1999.

[20] 刘济良. 德育原理[M]. 北京:高等教育出版社,2012.

[21] 刘济良. 教师职业道德[M]. 北京:华文出版社,2008.

[22] [法]卢梭. 爱弥儿[M]. 李平沤,译. 北京:商务印书馆,2004.

[23] 孟育群,宋学文. 现代教师论[M]. 哈尔滨:黑龙江教育出版社,1991.

[24] 潘玉峰,赵蕴华. 教师职业倦怠与应对[M]. 合肥:安徽人民出版社,2012.

[25] [苏]苏霍姆林斯基. 苏霍姆林斯基选(五卷本),第4卷[M]. 蔡汀,译. 北京:教育科学出版社,2001.

[26] [苏]马卡连科. 论共产主义教育[M]. 刘长松,译. 北京:人民教育出版社,1979.

[27] [苏]苏霍姆林斯基. 给教师的一百条建议[M]. 天津:天津人民出版社,1981.

[28] 孙河川. 教师评价指标体系的国际比较研究[M]. 北京:商务印书馆,2011.

[29] 申继亮. 师德心语[M]. 北京:北京师范大学出版社,2006.

[30] 田丽. 小学教师心理健康教育教程[M]. 哈尔滨:哈尔滨地图出版社,2006.

[31] 田秀云. 社会道德与个体道德[M]. 北京:人民出版社,2004.

[32] 伍新春,张军. 教师职业倦怠预防[M]. 北京:中国轻工业出版社,2008.

[33] 王伟,刘作军. 中国教师心理健康手册[M]. 成都:电子科技大学出版社,2014.

[34] 王以仁,陈芳玲,林本乔. 教师心理卫生[M]. 北京:中国轻工业出版社,1999.

[35] 卫建国. 教育法规与教师道德[M]. 北京:北京师范大学出版社,2014.

[36] 许小东,孟晓斌. 工作压力应对与管理[M]. 北京:航空工业出版社,2004.

[37] 徐廷福. 教师职业道德修养[M]. 北京:北京师范大学出版社,2015.

[38] 新课程实施过程中培训问题研究课题组. 新课程与评价改革[M]. 北京:教育科学出版社,2001.

[39] 俞国良. 中小学心理健康教育教师指导手册[M]. 北京:开明出版社,2000.

[40] 郑宽明,南锐. 教师职业道德[M]. 北京:北京师范大学出版社,2015.

[41] 习近平. 决胜全面建成小康社会　夺取新时代中国特色社会主义伟大胜利——在中国共产党第十九次全国代表大会上的报告[M]. 北京:人民出版社,2017.

[42] 沈继亮,陈英和. 中国教育心理测评手册[M]. 北京:高等教育出版社,2014.

[43] 张作记. 行为医学量表手册[M]. 北京:中华医学电子音像出版社,2005.

[44] 张海芹. 教师心理健康导论[M]. 北京:线装书局,2009.

[45] 张明园. 精神科评定量表手册[M]. 长沙:湖南科学技术出版社,1998.

[46] 赵汀阳. 论可能生活[M]. 北京:中国人民大学出版社,2004.

[47] 赵军华. 中华伦理[M]. 北京:首都师范大学出版社,1997.

[48] 韩东屏. 道德准则、道德范畴、道德原则——论道德规范系统的层级结构[J]. 河南师范大学学报(哲学社会科学版),2011,38(03).

[49] 黄向阳. 德育内容分类框架——兼析我国公德教育的困境[J]. 全球教育展望,2008,254(9).

[50] 金昕,王彤彤. 高校师德制度建设的问题与出路[J]. 思想理论教育导刊,2016(3).

[51] 李晓晴. 关于构建新时期师德建设长效机制的思考[J],教育探索,2008.

[52] 宋旭璞. 分层分类的师德评价体系初探[J]. 中国教师,2007(54).

[53] 徐长江. 工作压力系统研究:机制、应付与管理[J]. 浙江师范大学报(社科版),1999.

[54] 俞国良,曾盼盼. 论教师心理健康及其促进[J]. 北京师范大学学报(人文社会科学版),2001(1).

[55] 张彩云. 我国中小学不合格教师退出机制研究[J]. 教育科学研究,2017(03).

[56] 习近平. 决胜全面建成小康社会　夺取新时代中国特色社会主义伟大胜利——在中国共产党第十九次全国代表大会上的报告[N]. 人民日报,2017-10-28.

[57] 习近平. 做党和人民满意的好教师———同北京师范大学师生代表座谈时的讲话[N]. 人民日报,2014-9-10.

[58] 习近平. 用新时代中国特色社会主义思想铸魂育人贯彻党的教育方针落实立德树人根本任务[N]. 人民日报,2019-3-19.

[59] 习近平. 习总书记给中央民族大学附属中学全校学生的回信[N]. 人民日报,2013-10-7.

[60] 兰雪梅. 新时期我国道德评价标准研究[D]. 吉林大学,2007.